高等职业教育财务会计类专业新形态一体化教材

Excel 在财务中的应用

李秋含　隋东旭　主编

清华大学出版社
北京

内 容 简 介

本书基于 Excel 2016 版软件，按照财务数据整理与计算、汇总与分析、图形呈现等工作步骤，将 Excel 基本操作工具与财务数据处理实际工作进行有效结合。本书共 9 章，使学生在完成财务岗位工作的过程中，循序渐进地学习数据输入编辑、函数、统计图表等 Excel 工具，最终完成企业工资数据处理、固定资产管理及计提折旧核算、应收账款分析与管理、进销存业务数据汇总与分析、成本费用分析与预测、财务分析、筹资与投资的管理和分析及 Excel 在本量利分析中的应用等内容的学习。能帮助学生提高分析财务问题的能力，拓展学生解决财务问题的思路，为学生能够高效率、高质量地利用 Excel 完成财务工作奠定基础。

本书可作为高职高专院校财经类相关专业 Excel 数据处理课程的教材，还可作为 Excel 在会计和财务中应用的培训教材，也可供在职会计、审计及财务管理人员参考使用。

本书封面贴有清华大学出版社防伪标签，无标签者不得销售。
版权所有，侵权必究。举报：010-62782989，beiqinquan@tup.tsinghua.edu.cn。

图书在版编目（CIP）数据

Excel 在财务中的应用/李秋含，隋东旭主编．—北京：清华大学出版社，2022.12（2024.7重印）
高等职业教育财务会计类专业新形态一体化教材
ISBN 978-7-302-62252-9

Ⅰ.①E… Ⅱ.①李… ②隋… Ⅲ.①表处理软件－应用－财务管理－高等职业教育－教材 Ⅳ.① F275-39

中国版本图书馆 CIP 数据核字（2022）第 229818 号

责任编辑：吴梦佳
封面设计：傅瑞学
责任校对：袁　芳
责任印制：沈　露

出版发行：清华大学出版社
网　　址：https://www.tup.com.cn, https://www.wqxuetang.com
地　　址：北京清华大学学研大厦A座　　　　邮　编：100084
社 总 机：010-83470000　　　　　　　　　　邮　购：010-62786544
投稿与读者服务：010-62776969, c-service@tup.tsinghua.edu.cn
质量反馈：010-62772015, zhiliang@tup.tsinghua.edu.cn
课件下载：https://www.tup.com.cn, 010-83470410

印 装 者：三河市龙大印装有限公司
经　　销：全国新华书店
开　　本：185mm×260mm　　　印　张：17　　　字　数：366 千字
版　　次：2022 年 12 月第 1 版　　　　　　　印　次：2024 年 7 月第 2 次印刷
定　　价：49.00 元

产品编号：097675-01

前言

在竞争日益激烈的市场环境中，现代企业对经济管理工作特别是财务工作提出了较高的要求，要及时将财务信息提供给信息使用者。而企业常用的财务软件由于其固有的局限性，在使用中往往不够灵活，提供的财务数据难以满足经济管理的需要，因此需要采用更高效、便捷的数据处理方式。Excel 电子表格作为一种常用的办公软件，为企业的日常管理提供了一定的帮助。

Excel 电子表格有着极其强大的数据处理能力，其强大的计算、管理、分析功能不仅能有效提高工作效率，还可利用其在数据处理和分析方面的灵活性及时满足各方面的数据需求。由于 Excel 具有针对性强、操作简单及应用成本低等优势，Excel 现已成为广大财务人员最常用的工具之一，无论在财务记录、资产管理分析中，还是在成本费用分析中，都得以大量运用，Excel 数据处理和应用能力已经成为财务人员不可或缺的基本技能。本书从 Excel 初学者的需求出发，以 Excel 2016 为软件环境，全面、系统地讲解 Excel 在财务数据处理与分析中的应用，以期为本书使用者提供指导。

编写思路

本书以财务岗位工作内容为导向，以 Excel 在财务工作中的具体应用为主线，以技能为核心编排教材内容，以图文并茂的方式，结合大量实例和详尽的操作步骤说明，向读者介绍 Excel 2016 在财务中的具体应用。本书从 Excel 的基础知识入手，由浅入深地介绍如何利用 Excel 解决企业财务核算和管理中的问题，包括 Excel 在工资核算、固定资产管理、应收账款管理、进销存核算管理、成本费用管理及财务分析中的应用。另外，本书还对财务数据呈现进行详细讲解。本书的目标是让读者在理解理论知识的基础上，快速掌握 Excel 在财务中的具体应用方法、技巧，并将其应用到实践中。

第 1 章介绍 Excel 2016 基础知识。通过本章的学习，读者可以了解 Excel 的工作界面，掌握启动与退出 Excel 的方法，学会工作簿与工作表的操作技能，能够对单元格进行编辑，输入并处理财务数据，为后续学习奠定基础。

第 2 章对工资资料进行分析，完成员工信息表、员工考勤表及应扣应缴统计表的制作，设置工资明细表样式，输入基本工资数据，完成工资条的制作及生成，最后制作工资发放表。

第 3 章在分析固定资产信息的基础上，制作固定资产卡片和创建固定资产管理表，掌握固定资产的变更情况。然后创建固定资产折旧统计表，并应用平均年限法、双倍余额递减法、年度总和法对固定资产折旧进行核算。

第4章根据企业管理应收账款的需要，制作应收账款记录表，并对逾期应收账款及应收账款账龄进行分析，根据分析结果创建账龄分配图表，最后计算出应收账款坏账准备的金额并利用图表对坏账进行分析。

第5章介绍Excel在采购管理、销售管理及库存管理中的应用。首先通过创建申请单和统计表对物资采购进行管理，其次利用编制销售统计表对销售商品进行分析，最后对库存情况进行统计及分析。

第6章将Excel运用到成本费用管理中，利用成本预测知识，采用历史成本分析法和因素分析法编制成本分析表，以此对成本数据进行分析和预测，并将成本数据形成成本比例图，最后创建出费用变动图表。

第7章根据企业财务管理中的常用比率指标，创建比率分析模型，并将财务比率应用到实例中。此外，还利用数据透视表进行财务对比分析，同时利用图表对财务数据进行直观分析，为企业财务管理提供数据支持。

第8章利用Excel 2016进行资金筹集与投资管理。首先通过对资金需要量进行预测，确定筹资数额，其次设计长期借款基本模型和筹资单变量决策模型，并分析资本成本及最优资本结构，最后对投资决策及其风险进行分析。

第9章通过设定的销量、变动成本、固定成本和售价推算保本点，创建出本量利分析模型，同时定量分析出企业成本、销量和利润三者之间的变化关系，创建本量利表及盈亏平衡分析表，最后通过创建滚动条窗体和散点图将本量利数据直观地提供给信息使用者。

本书特色

（1）教学目标明确，符合初学者的认知水平。本书围绕财务岗位的工作内容，巧妙设计教学目标，重难点突出，适应初学者的认知水平，以满足财务工作的原则来组织编写内容。在进行职业岗位工作分析的基础上，结合职业资格标准，按照财务工作常设岗位设计内容，建构理论知识框架，通过实际操作巩固知识学习，着力培养读者的财务职业能力和财务职业素养。

（2）采用"工学结合"新模式，实现"教、学、做"一体化。本书基于财务岗位工作的内容进行设计，将教、学、练、做融为一体，既是教师的教案，又是使用者的操作指导手册，真正实现了"做中学、学中做"的"工学结合"教学模式，非常符合职业教育重点培养学生技能的要求。

（3）突出职业特点，科学选取教学内容。在内容的选择上，本书突出课程内容的职业指向性，淡化课程内容的宽泛性；突出课程内容的实践性，淡化课程内容的理论性；突出课程内容的实用性，淡化课程内容的形式性；突出课程内容的时代性，避免课程内容的陈旧性。在介绍Excel操作技术的同时，涵盖财务会计的应用知识，做到专业教学、职业培训、技能训练"三位一体"的有机融合。

（4）学习技巧丰富，提高综合应用能力。在实际工作中，并不是会使用软件就一定能顺利完成任务，因为很多经验和技巧需要在实践中才能领悟和总结。本书为满足读者即学即用的需求，在讲解 Excel 基本功能与操作的基础上，对知识点进行延展和提升，对难点进行辨析，介绍极具实用性的工作技巧，使读者能更全面地理解每一个知识点，提高综合应用能力。无论是初学者还是有经验的读者，阅读本书都能有所收获。

（5）提供配套微课资源，便于巩固学习效果。本书注重易懂性和扩展性，文中设计了"财务小知识"及"函数小解析"栏目，拓展读者的操作技巧，解决读者在学习过程中可能遇到的问题，拓展更多的财务知识。另外，本书还提供了丰富的教学资源，不仅配备了 PPT、教案、视频等，还通过二维码的方式提供了知识点讲解，读者扫描二维码即可阅读，便于巩固学习效果。

本书理论知识实用清晰，知识点安排符合财务工作的实际需要，并注重理论与实际操作相结合。本书实例丰富、针对性强，既可用作大数据与会计、财务管理、会计电算化专业及信息管理专业等相关专业的教材，还可用作"Excel 在会计和财务中的应用"的培训教材，也是在职会计、审计及财务管理人员的一本参考书。

本书由李秋舍、隋东旭主编，具体分工如下：李秋舍编写第 1~4 章和第 9 章；隋东旭编写第 5~8 章。

本书专注于用 Excel 2016 解决财务业务问题，兼顾职业知识、职业能力和职业道德，突出数字、图表的应用能力培养。由于编者的理论和实践水平有限，加上实务规则和技术水平的迅猛发展，书中难免存在不足和疏漏之处，欢迎广大读者和同行批评、指正。

编　者
2022 年 3 月

目录

第1章 Excel基础

1.1 Excel 2016的基本认知 2
- 1.1.1 背景资料 2
- 1.1.2 Excel 2016的启动与退出 2
- 1.1.3 Excel 2016工作界面介绍 5

1.2 工作簿与工作表 7
- 1.2.1 新建和保存工作簿 7
- 1.2.2 打开和关闭工作簿 10
- 1.2.3 插入和删除工作表 13
- 1.2.4 重命名工作表 14
- 1.2.5 移动或复制工作表 15
- 1.2.6 隐藏与显示工作表 16

1.3 单元格 17
- 1.3.1 选择单元格及区域 17
- 1.3.2 调整行高和列宽 18
- 1.3.3 合并后居中单元格 20

1.4 输入和编辑Excel数据 22
- 1.4.1 输入和修改数据 22
- 1.4.2 移动和复制数据 26
- 1.4.3 选择性粘贴数据 27
- 1.4.4 删除单元格数据 28
- 1.4.5 撤销和恢复操作 29

本章小结 30

思考练习 30

第2章 Excel在工资核算中的应用

2.1 工资信息表初始化设置 32
- 2.1.1 背景资料 32
- 2.1.2 制作员工信息表 32
- 2.1.3 制作员工考勤表 37
- 2.1.4 制作应扣应缴统计表 44

2.2 工资明细表 49
- 2.2.1 创建工资明细表 49
- 2.2.2 工资数据的输入 53

2.3 工资条和工资发放表 57
- 2.3.1 制作工资条 57
- 2.3.2 制作工资发放表 60

本章小结 63

思考练习 63

第3章 Excel在固定资产管理中的应用

3.1 固定资产初始化设置 65
- 3.1.1 背景资料 65
- 3.1.2 编制固定资产管理表 65

3.2 固定资产的管理 71
- 3.2.1 创建固定资产标识卡 71
- 3.2.2 固定资产的变更 75

3.3 固定资产折旧核算 80
- 3.3.1 创建固定资产折旧统计表 80
- 3.3.2 平均年限法的应用 83
- 3.3.3 双倍余额递减法的应用 85
- 3.3.4 年数总和法的应用 88

本章小结 91

思考练习 91

第4章　Excel在应收账款管理中的应用

4.1 应收账款初始化设置 93
- 4.1.1 背景资料 93
- 4.1.2 制作应收账款记录表 93

4.2 应收账款分析 97
- 4.2.1 逾期应收账款分析 97
- 4.2.2 应收账款账龄分析 100

4.3 应收账款管理 105
- 4.3.1 创建应收账款账龄分析图 105
- 4.3.2 制作应收账款催款单 111

本章小结 121

思考练习 122

第5章　Excel在进销存核算管理中的应用

5.1 进销存统计初始化设置 124
- 5.1.1 背景资料 124
- 5.1.2 创建采购申请单 124

5.2 销售管理 128
- 5.2.1 销售统计表的编制 128
- 5.2.2 销售数据分析 132

5.3 库存管理 135
- 5.3.1 商品分类表的编制 135
- 5.3.2 入库单和统计表的制作 140
- 5.3.3 出库单和统计表的编制 145
- 5.3.4 库存统计表的制作 147

本章小结 151

思考练习 151

第6章　Excel在成本费用管理中的应用

6.1 成本费用管理初始化设置 154
- 6.1.1 背景资料 154
- 6.1.2 成本预测法的应用 154
- 6.1.3 成本分析表的编制 157
- 6.1.4 建立成本比例图 163

6.2 费用统计与预测 166
- 6.2.1 创建费用统计表 166
- 6.2.2 费用预测法的应用 170
- 6.2.3 创建费用变动图表 174

本章小结 178

思考练习 178

第7章　Excel在财务分析中的应用

7.1 财务分析初始化设置 181
- 7.1.1 背景资料 181
- 7.1.2 创建财务比率分析模型 181
- 7.1.3 财务比率的应用 184

7.2 财务对比分析 192
- 7.2.1 数据透视表下的财务对比分析 192
- 7.2.2 财务图表直观分析 199

本章小结 204

思考练习 204

第8章　Excel在筹资与投资管理中的应用

8.1 资金筹集管理初始化设置 207
- 8.1.1 背景资料 207
- 8.1.2 资金需要量预测分析 207

8.2 筹资决策和最优资本结构分析 211
8.2.1 长期借款基本模型设计 211
8.2.2 筹资单变量决策模型设计 214
8.2.3 资本成本分析 216
8.2.4 最优资本结构分析 219

8.3 投资决策分析 222
8.3.1 投资决策对比分析 222
8.3.2 投资决策风险分析 226

本章小结 229
思考练习 229

第9章 Excel在本量利分析中的应用

9.1 本量利分析初始化设置 232
9.1.1 背景资料 232
9.1.2 创建本量利分析模型 232

9.2 本量利基本分析表 235
9.2.1 创建本量利数据表 235
9.2.2 创建盈亏平衡分析表 242

9.3 本量利动态分析表 247
9.3.1 创建滚动条窗体 247
9.3.2 绘制本量利分析散点图 250

本章小结 256
思考练习 256

参考文献 258

Excel 基础

第1章

学习目标

（1）了解 Excel 2016 的工作界面，掌握各工具的功能和使用方法。
（2）熟悉工作簿和工作表的创建及编辑方法。
（3）掌握编辑单元格的编辑方法。
（4）掌握 Excel 数据输入及编辑的方法。

课程思政

（1）遵循会计职业道德，维护国家和企业利益。
（2）树立爱岗敬业的职业精神。
（3）培养认真负责及精益求精的职业素养。

学习重点

（1）掌握创建及编辑工作簿和工作表的方法。
（2）掌握编辑单元格的方法。

学习难点

（1）掌握 Excel 2016 的工作界面各工作窗口的功能。
（2）掌握 Excel 的数据输入及编辑方法。

随着计算机对人类社会的全方位渗透，面向各行各业的计算机应用软件应运而生，其中电子表格制作软件 Excel 2016 作为人们工作和学习中的一种高效的数据通信、组织、管理和分析工具，备受众人瞩目。Excel 2016 是 Microsoft 公司 2016 年研制开发的一个优秀的电子表格处理软件。它是目前市场上最强大的电子表格制作软件，不仅具有强大的数据组织、计算、分析和统计功能，而且可以通过图表、图形等多种形式将数据处理结果形象地显示出来。相比之前推出的 Excel 2007、Excel 2010 及 Exce 2013，Excel

2016 增加了许多新功能。本章的主要目的便是帮助初学者以 Windows 10 版本系统为基础，建立对 Excel 2016 的基础认知及掌握基本操作。

1.1 Excel 2016的基本认知

1.1.1 背景资料

大学毕业后，小王经过层层选拔进入华联公司从事会计工作。华联公司是一家商品流通企业，主要业务是商品的购进与销售。为扩大生产规模，还需进行筹资及投资管理等经济业务活动。由于该公司尚未购买专用财务软件，而手工记账烦琐且容易出错，所以该公司计划使用 Excel 2016 进行会计核算工作，而小王工作之前所掌握的办公软件基本操作技能已经无法满足财务岗位的实际需要。因此，小王决定开始学习 Excel 2016 的基础知识，以掌握相关技能。

1.1.2 Excel 2016的启动与退出

启动代表一项程序的开始，而退出则代表一项程序的结束。在 Excel 2016 的各种操作中，启动与退出是最基础的操作。启动和退出 Excel 2016 有多种方法，每种方法的操作步骤、效果和效率均有所不同。

1. Excel 2016的启动

Excel 2016 常用的启动方法有以下三种。

方法一：通过"搜索"功能启动 Excel，这是在 Windows 操作系统中打开应用软件最常用的方法，适用于打开所有已安装的应用软件，具体步骤如下。

步骤 01 单击计算机任务栏中的搜索图标，打开搜索对话框，并将鼠标移动至"应用"图标，此时会自动显示"查找结果：应用"，如图 1-1 所示。

步骤 02 单击"应用"图标，在搜索对话框中输入"Excel"，菜单中自动显示的最佳匹配结果为"Excel 2016 桌面应用"图标，如图 1-2 所示。

步骤 03 单击"Excel 2016"图标启用常用模板，选择"空白工作簿"模板，然后单击，即可创建工作簿，如图 1-3 所示。

方法二：双击计算机桌面上的 Excel 2016 快捷方式图标，选择"空白工作簿"模板，然后单击，即可创建工作簿，如图 1-4 所示。

方法三：在计算机桌面空白处右击，在弹出的快捷菜单中选择"新建"命令，在弹出的子菜单中选择"Microsoft Excel 工作表"命令，计算机桌面上将出现新建的 Excel 2016 工作表，如图 1-5 所示。

图 1-1　打开搜索对话框

图 1-2　搜索 Excel 2016

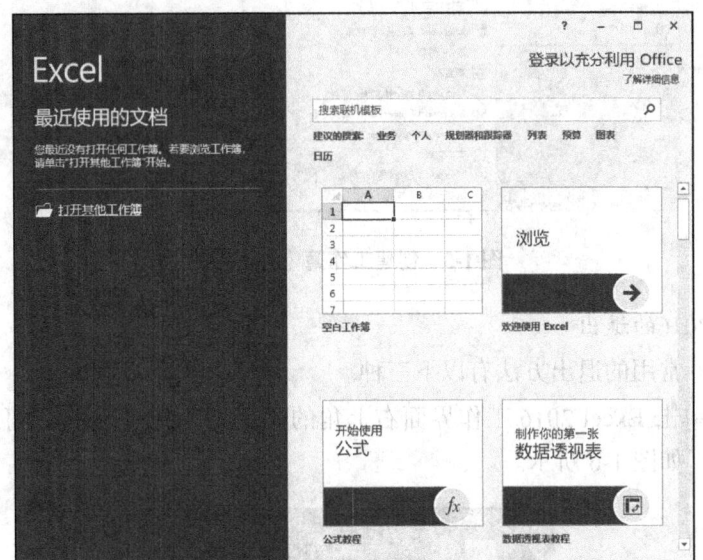

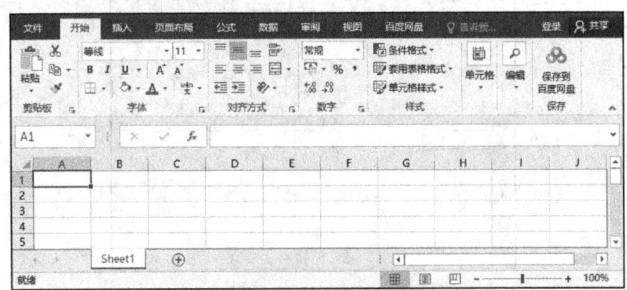

图 1-3　创建工作簿（方法一）

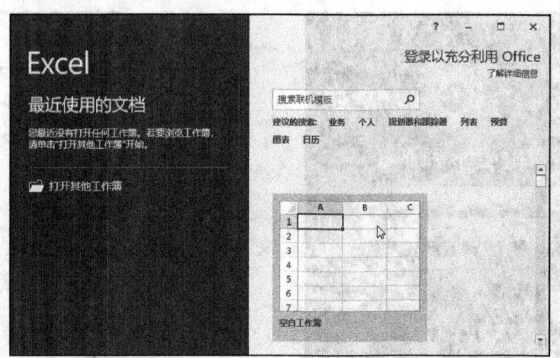

图 1-4 创建工作簿(方法二)

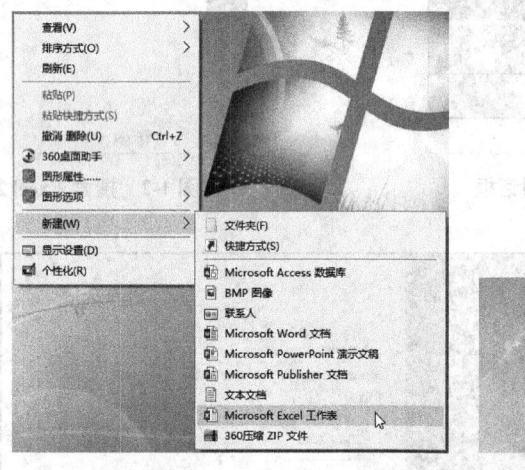

图 1-5 创建工作簿(方法三)

2. Excel 2016的退出

Excel 2016常用的退出方法有以下三种。

方法一: 单击 Excel 2016 工作界面右上角的"关闭"按钮 ,即可关闭文件并退出 Excel 软件,如图 1-6 所示。

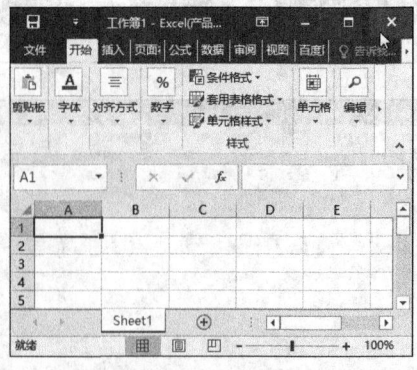

图 1-6 退出工作簿(方法一)

方法二：右击任务栏中的 Excel 图标，打开菜单选项，单击"关闭窗口"，即可关闭文件并退出 Excel 软件，如图 1-7 所示。

方法三：在 Excel 2016 中按 Alt+F4 组合键后，即可退出 Excel 软件。

图 1-7 退出工作簿（方法二）

1.1.3　Excel 2016工作界面介绍

在 Excel 2016 中，可以在工作簿文件中执行各种操作，也可以根据需要创建多个工作簿，并进行编辑，主要通过工作界面上的按钮进行操作。Excel 2016 工作界面主要由标题栏、自定义快速访问工具栏、"文件"选项卡、功能区选项卡、功能区、编辑栏、工作表编辑区、工作表标签、滚动条、状态栏和缩放滑块等部分组成，如图 1-8 所示。

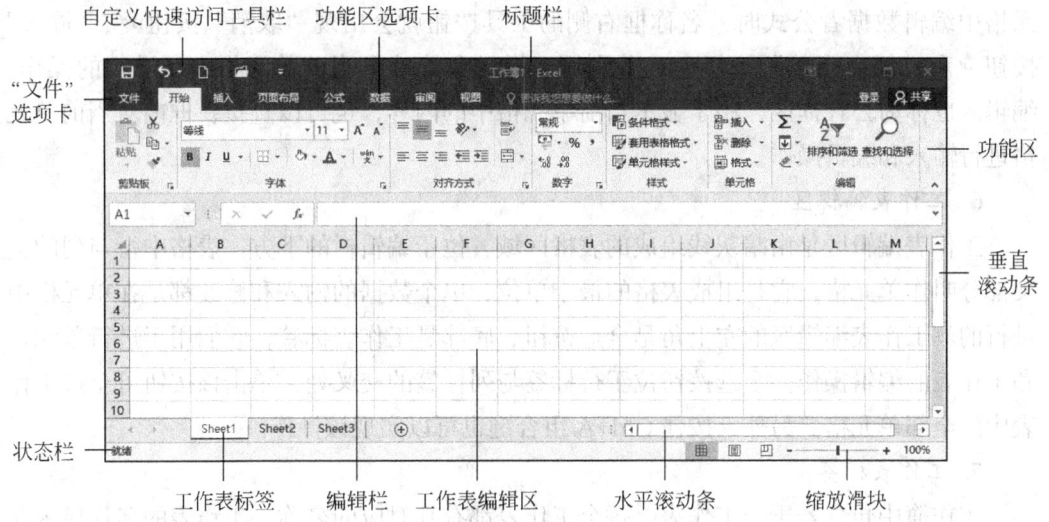

图 1-8　Excel 2016 工作界面

1. 标题栏

标题栏位于 Excel 窗口的最上方，用于显示当前工作界面所属程序和文件的名称，如图 1-8 所示，"工作簿 1-Excel"即为 Excel 2016 打开的一个空工作簿的系统暂定名。标题栏右端列示控制 Excel 窗口的按钮，从左到右依次为最小化按钮、最大化按钮和关闭按钮，这些按钮统称为控制按钮，用于控制工作簿窗口的状态。

2. 自定义快速访问工具栏

自定义快速访问工具栏放置常用的命令按钮，帮助用户快速完成工作，用户可以根据需要自行添加常用命令，如"保存""撤销"和"新建"等。

3. "文件"选项卡

"文件"选项卡提供了"新建""打开""另存为""打印"和"关闭"等基本操作，

通过该选项卡可以进行新建、打开、另存为、打印和关闭工作簿等操作。

4. 功能区选项卡、功能区

选项卡：Excel 2016中所有的操作命令都包含在对应的选项卡中，默认包含"开始""插入""页面布局""公式""数据""审阅""视图"7个选项卡。各个选项卡又包含若干工作组，每个工作组中又包含一些具体的操作命令。

功能区：为方便用户使用，Excel 2016把大量的操作命令都布置在功能区中，功能区按照不同的功能细分成若干个工作组。当我们要进行某项操作时，只需先单击功能区上方的选项卡，然后选择相应的操作命令即可。当把鼠标指针停放在命令按钮上时，系统会自动显示出该按钮的功能提示，同时，还可以单击不同工作组右下方的按钮，打开相应的对话框来进行更多操作。

5. 编辑栏

编辑栏从左到右依次是名称框、工具按钮和编辑区。名称框中可显示当前单元格的地址（也称单元格的名称），或者在输入公式时用于从下拉列表中选择常用数。当在单元格中编辑数据者公式时，名称框右侧的工具按钮就会出现"取消"按钮 ×、"输入"按钮 ✓ 和"插入函数"按钮 f_x，分别用于撤销和确认在当前单元格中所进行的操作。编辑区也称为公式框区，用于显示当前单元格中的内容，也可以直接在框内对当前单元格进行输入和编辑操作。

6. 工作表编辑区

工作表编辑区是由暗灰线组成的表格区域，位于编辑栏的下方。表格中行与列的交叉部分叫作单元格，它是组成表格的最小单位，单个数据的输入和修改都是在单元格中进行的。工作表编辑区的左上角是全选按钮、底部是工作表标签，它们用于进行单元格和工作表的编辑操作。全选按钮位于行标签与列标签的交叉处，单击该按钮可全选工作表中的全部单元格。另外，按住Ctrl+A组合键也可以实现该操作。

7. 工作表标签

工作簿中包含若干个工作表，每个工作表都有其对应的名称。工作表的名称显示在工作表标签上，单击工作表标签即可进行工作表的切换，双击工作表标签即可重命名该工作表。

8. 滚动条

利用滚动条，可以方便地查看整个工作表的内容。滚动条与滚动框的使用方法如下。

（1）用鼠标单击上、下、左、右箭头，表格往上、下、左、右各移动一个单位。

（2）拖曳滚动条，移到想要的位置。

（3）用鼠标单击滚动框，如在滚动框上方区域处单击，则往上移动一个屏幕；在滚动框下方区域处单击，则往下移动一个屏幕，左右移动方式与之相似。

9. 状态栏

状态栏位于工作界面的左下方，显示当前数据的编辑情况，包括"就绪""输入"和"编辑"三种状态。右击，在弹出的快捷菜单中可以更改状态栏所显示的信息。

10. 缩放滑块

拖曳缩放滑块可以缩放整个工作表编辑区，调整页面显示效果及显示比例。

1.2 工作簿与工作表

1.2.1 新建和保存工作簿

在 Excel 2016 中，文档又被称为工作簿，工作簿是存储并处理数据、数据运算公式、数据格式等信息的文件。要掌握 Excel 2016 的基本操作，首先要学会如何管理 Excel 2016 工作簿。具体来看，工作簿的基本操作主要包括新建工作簿、保存工作簿、打开工作簿、关闭工作簿等。

1. 新建工作簿

启动 Excel 2016 时，既可以通过"最近使用的文档"选项快速打开最近使用过的工作簿，也可以通过"打开其他工作簿"命令浏览本地计算机或云共享中的其他工作簿，还可以根据需要新建工作簿。下面介绍新建工作簿的两种主要方法。

（1）新建空白工作簿。在 Excel 2016 中，如果要新建空白工作簿，可以通过以下步骤实现。

步骤 01 启动 Excel 2016 程序，双击计算机桌面上的 Excel 快捷方式图标，然后单击右侧的"空白工作簿"图标，如图 1-9 所示。

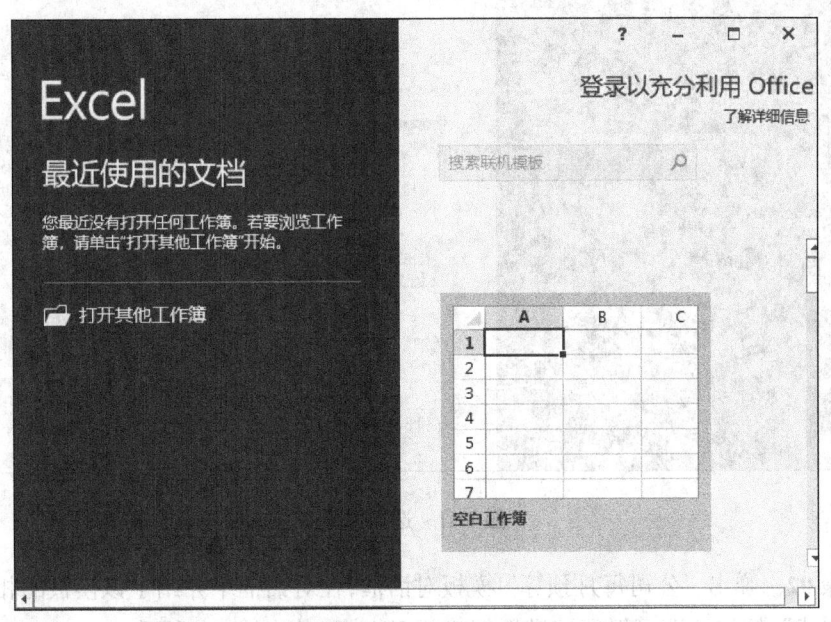

图 1-9　启动 Excel 程序

步骤 02 新建空白工作簿，此时工作簿1中会有一个默认生成的工作表 Sheet1，如图 1-10 所示。

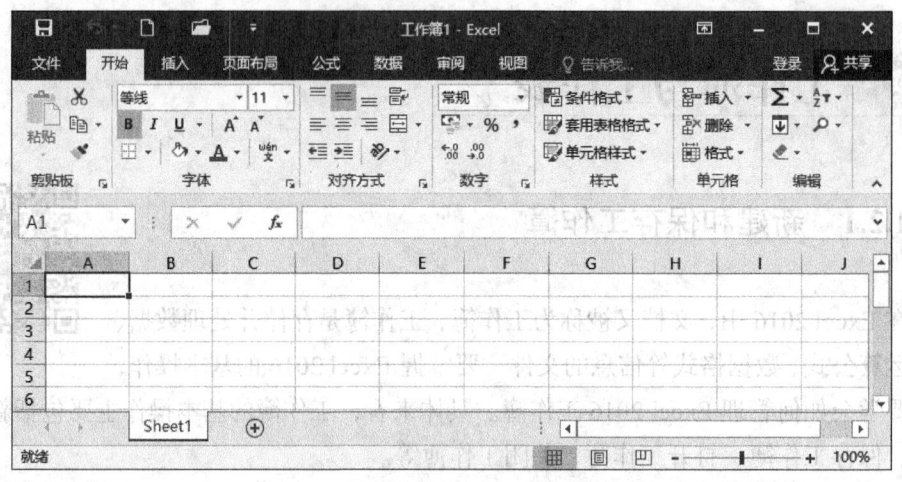

图 1-10 新建空白工作簿

（2）根据模板创建工作簿。Excel 2016 中为用户提供了许多工作簿模板，通过这些模板可以快速创建具有特定格式的文档。下面以通过模板新建"公司每月预算"工作簿为例，具体创建方法如下。

步骤 01 启动 Excel 2016 程序，双击计算机桌面上的 Excel 快捷方式图标，然后单击右侧的"公司每月预算"图标，如图 1-11 所示。

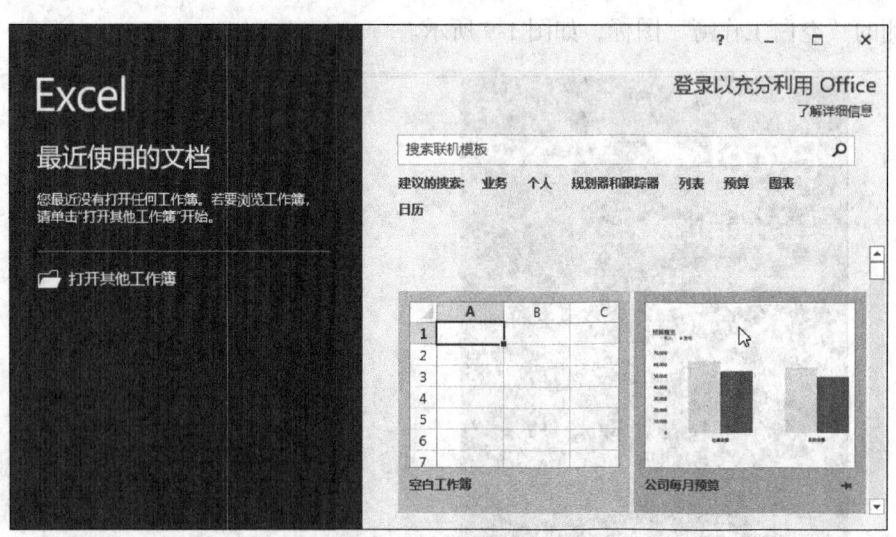

图 1-11 选择模板

步骤 02 弹出"公司每月预算"模板对话框，在对话框中介绍了该模板的相关信息，单击"创建"按钮，即可根据该模板创建新工作簿，如图 1-12 所示。

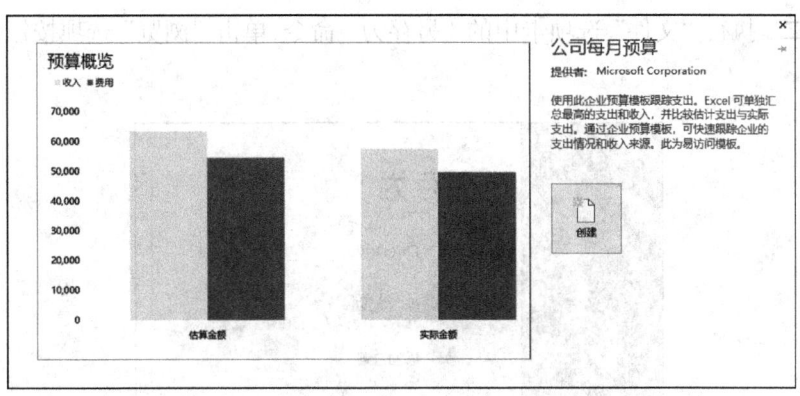

图 1-12　根据模板创建工作簿

步骤 03　创建的新工作簿的效果如图 1-13 所示。

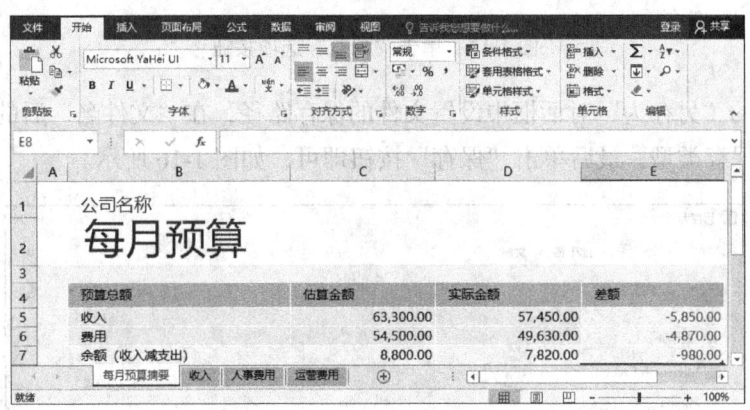

图 1-13　新工作簿的效果

2. 保存工作簿

创建工作簿后，用户需要将其保存，避免编辑的数据丢失，造成损失。下面介绍保存工作簿的具体操作方法。

方法一：单击"快速访问工具栏"中的"保存"按钮，如图 1-14 所示。

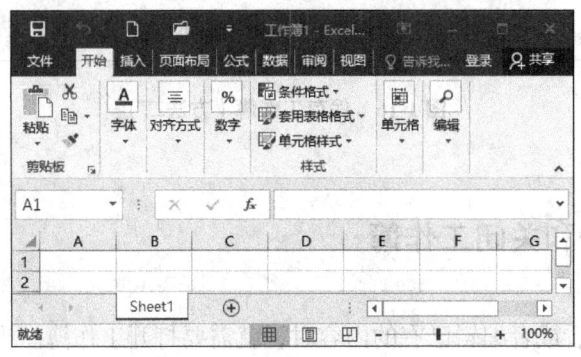

图 1-14　保存工作簿（方法一）

方法二：执行"文件"选项卡中的"另存为"命令，单击"浏览"选项按钮，如图 1-15 所示。

图 1-15　单击"浏览"选项按钮

在弹出的"另存为"对话框中设置文件的保存路径，在"文件名"后的文本框中输入文件名及保存类型，最后单击"保存"按钮即可，如图 1-16 所示。

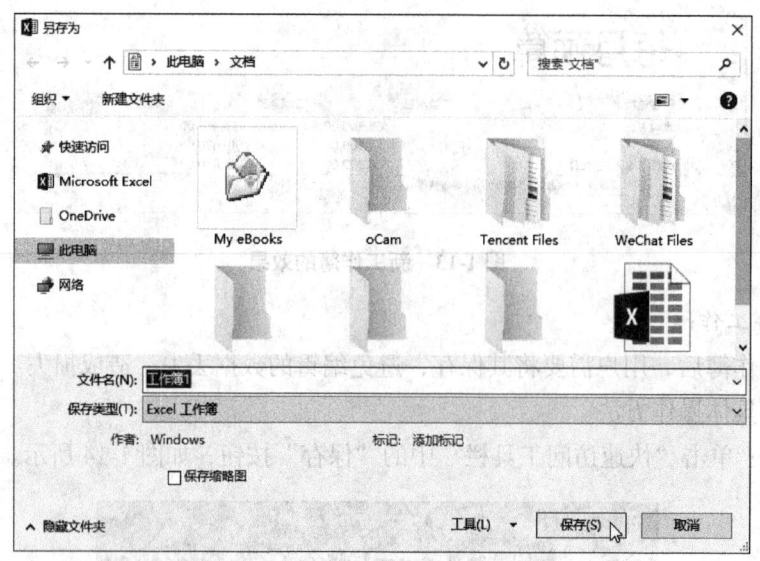

图 1-16　保存工作簿（方法二）

1.2.2　打开和关闭工作簿

当用户需要查看或者编辑已有的内容时，就需要打开工作簿。当用户不再使用打开的工作簿时，就可以将其关闭，具体操作介绍如下。

1. 打开工作簿

常用的打开工作簿的方法有以下三种。

方法一：在"计算机"窗口中，找到要打开的工作簿文件，然后双击图标，即可快速打开已保存的工作簿。

方法二：在 Excel 2016 窗口中，单击"文件"按钮，自动切换至"打开"面板，然后单击"最近"按钮，在右侧的窗格中单击要打开的工作簿即可，如图 1-17 所示。

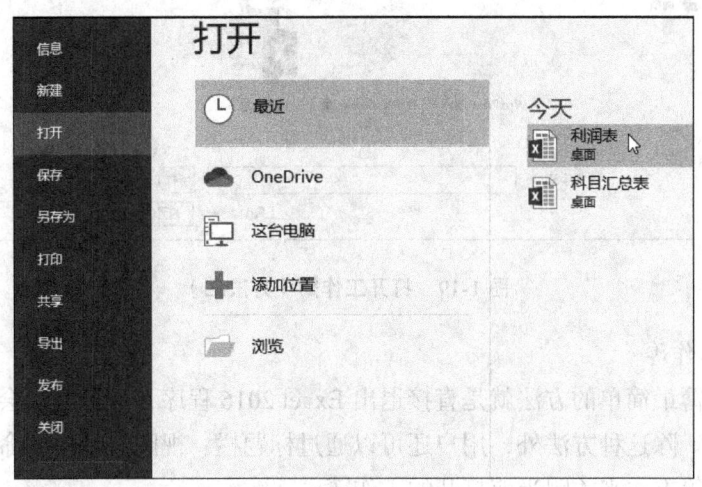

图 1-17　打开工作簿（方法二）

方法三：在 Excel 2016 窗口中，单击"文件"按钮，自动切换至"打开"面板，在右侧窗格中单击"浏览"按钮，如图 1-18 所示。

图 1-18　切换"打开"面板

在弹出的"打开"对话框中找到并选中要打开的工作簿文件，然后单击"打开"按钮即可，如图 1-19 所示。

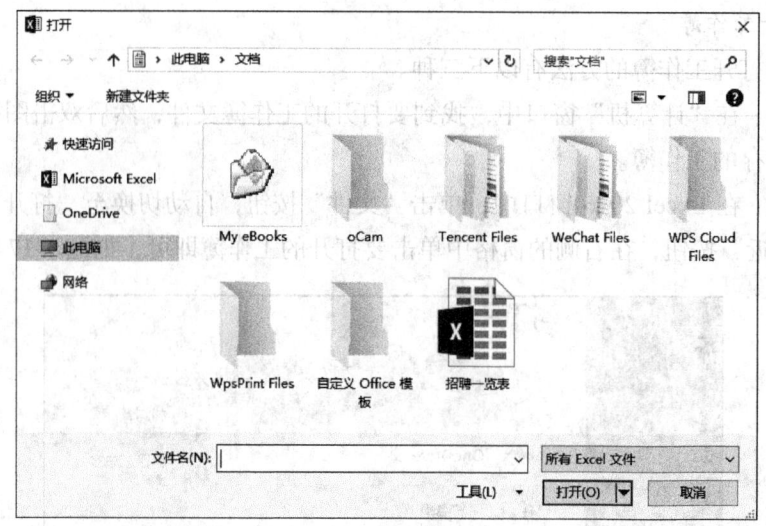

图 1-19　打开工作簿（方法三）

2. 关闭工作簿

关闭工作簿最简单的方法就是直接退出 Excel 2016 程序，这种方法会将所有打开的工作簿都关闭。除这种方法外，用户还可以通过标题栏、视图窗口中的命令、窗口控制按钮、任务栏等方法来关闭当前打开的工作簿。

方法一：通过标题栏关闭当前打开的工作簿。打开原始文件，在标题栏的任意位置右击，在弹出的快捷菜单中选择"关闭"命令，如图 1-20 所示。或者直接按 Alt+F4 组合键，即可关闭当前工作簿。

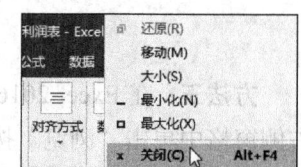

图 1-20　关闭工作簿（方法一）

方法二：通过视图窗口中的命令关闭当前工作簿。单击"文件"按钮，在弹出的视图窗口中选择"关闭"命令，也可快速关闭当前工作簿，如图 1-21 所示。

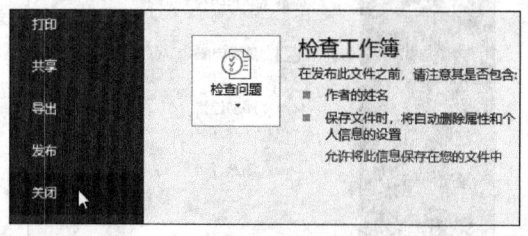

图 1-21　关闭工作簿（方法二）

方法三：通过窗口控制按钮关闭当前工作簿。直接单击工作簿窗口右上角的"关闭"按钮，也可将其关闭，如图 1-22 所示。

方法四：通过任务栏按钮关闭当前工作簿。在任务栏右击打开的工作簿图标，然后在弹出的快捷菜单中选择"关闭窗口"命令，也可将其关闭，如图 1-23 所示。

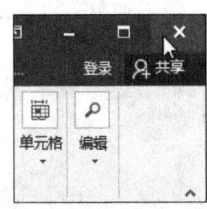
图 1-22 关闭工作簿（方法三）

图 1-23 关闭工作簿（方法四）

1.2.3 插入和删除工作表

Excel 2016 中，工作表是由行和列组成的表格，工作簿是工作表的集合。在默认情况下，一个 Excel 工作簿中包含 1 个工作表。但如果用户实际需要使用的工作表数目较多，可以在工作簿中自行进行添加。对于不再使用的工作表，可以将其删除。

1. 插入工作表

方法一：在 Excel 功能区的"开始"选项卡中找到"单元格"组，单击"插入"选项，选择"插入工作表"命令，如图 1-24 所示。

方法二：单击工作表标签右侧的"新工作表"按钮，在工作表的末尾处可快速插入新工作表，如图 1-25 所示。

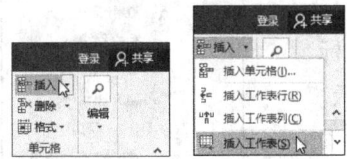
图 1-24 插入工作表（方法一）

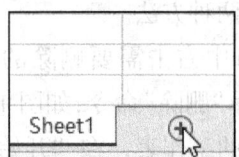
图 1-25 插入工作表（方法二）

方法三：在当前工作表的标签上右击，在弹出的快捷菜单中选择"插入"命令，如图 1-26 所示。

图 1-26 快捷菜单

然后，在弹出的"插入"对话框中选择工作表，单击"确定"按钮，即可成功插入工作表，如图 1-27 所示。

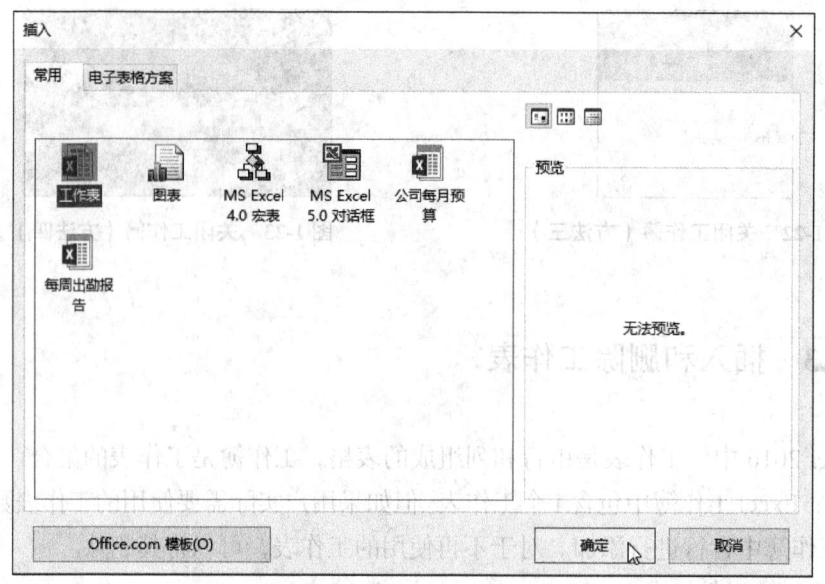

图 1-27 插入工作表（方法三）

2. 删除工作表

在编辑工作簿时，如果工作簿中存在多余的工作表，可以将其删除。工作表一旦删除就无法恢复，删除时应谨慎。删除工作表主要有以下两种方法。

方法一：在工作簿窗口中右击需要删除的工作表标签，在弹出的快捷菜单中选择"删除"命令，如图 1-28 所示。

方法二：选中需要删除的工作表，在"开始"选项卡的"单元格"组中选择"删除"右侧的下拉菜单，执行"删除工作表"命令，如图 1-29 所示。

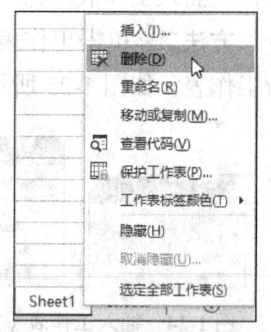

图 1-28 删除工作表（方法一）

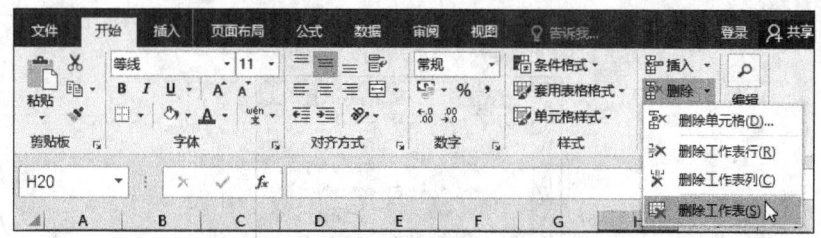

图 1-29 删除工作表（方法二）

1.2.4 重命名工作表

在默认情况下，工作表以 Sheet1，Sheet2，Sheet3，…依次命名。在实际应用中，为区分工作表，可以根据表格名称、创建日期、表格编号等对工作表进行重命名。重命名工作表的方法主要有以下两种。

方法一： 在 Excel 窗口中双击需要重命名的工作表标签，此时工作表标签呈可编辑状态，直接输入新的工作表名称即可，如图 1-30 所示。

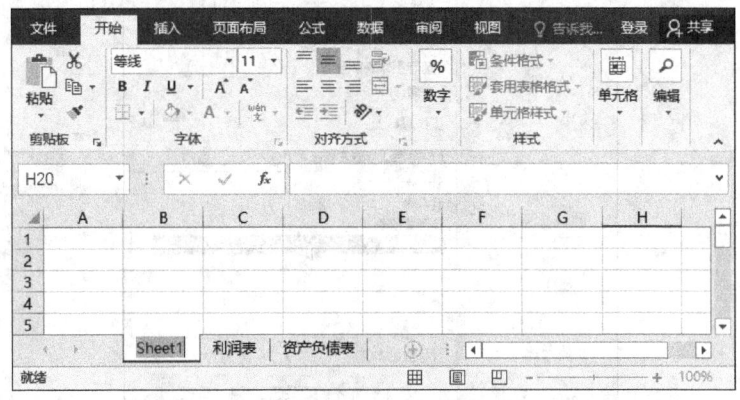

图 1-30　重命名工作表（方法一）

方法二： 右击工作表标签，在弹出的快捷菜单中选择"重命名"命令，此时工作表标签呈可编辑状态，直接输入新的工作表名称即可，如图 1-31 所示。

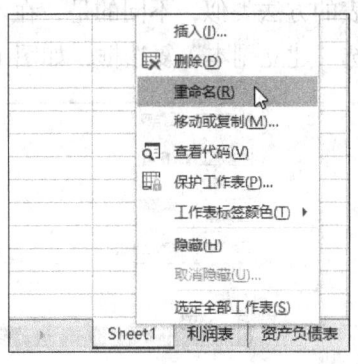

图 1-31　重命名工作表（方法二）

1.2.5　移动或复制工作表

1. 移动工作表

（1）在同一个工作簿中移动工作表。选择工作表用，鼠标拖动工作表标签，可以改变工作表在同一工作簿中的排列顺序。选中工作表后，按住 Ctrl 键的同时用鼠标拖动工作表标签，可以复制这个工作表，原工作表名称加一个带括号的序号即是新工作表的名称。

（2）在不同工作簿中移动工作表。右击想要移动的工作表标签，在弹出的快捷菜单中选择"移动或复制"命令，打开"移动或复制工作表"对话框，确定将选定工作表移至工作簿的名称，然后单击"确定"按钮，则所选定的工作表移动到目标工作簿，原工作簿中对应的工作表将被删除，如图1-32所示。

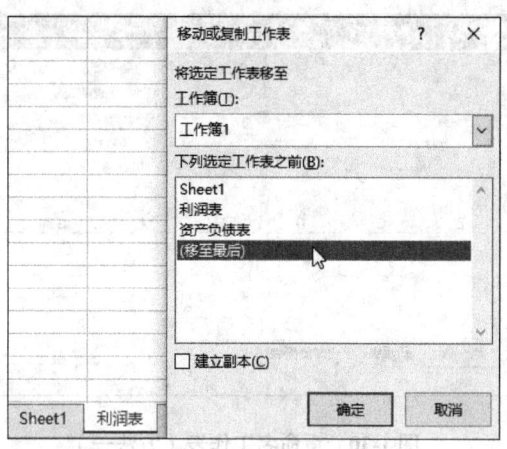

图 1-32　移动工作表

2. 复制工作表

复制工作表与移动工作表的方法类似，不同的是，在"复制工作表"对话框中，单击"确定"按钮之前应先勾选"建立副本"复选框，如图1-33所示。

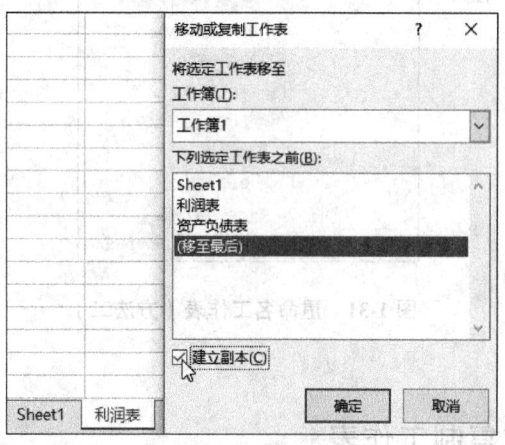

图 1-33　复制工作表

1.2.6　隐藏与显示工作表

用户在编辑工作表过程中，如果不希望表中的重要数据信息外露，可以将数据所在的工作表隐藏，待需要时再将其显示出来。隐藏工作表主要有以下两种方法。

方法一：选中想要隐藏的工作表，在"开始"选项卡的"单元格"组中单击"格式"下拉按钮，在弹出的下拉菜单中选择"隐藏和取消隐藏"命令，然后在扩展菜单中选择"隐藏工作表"命令即可，具体操作如图 1-34 所示。

方法二：在工作表标签上右击，在弹出的快捷菜单中选择"隐藏"命令，如图 1-35 所示。

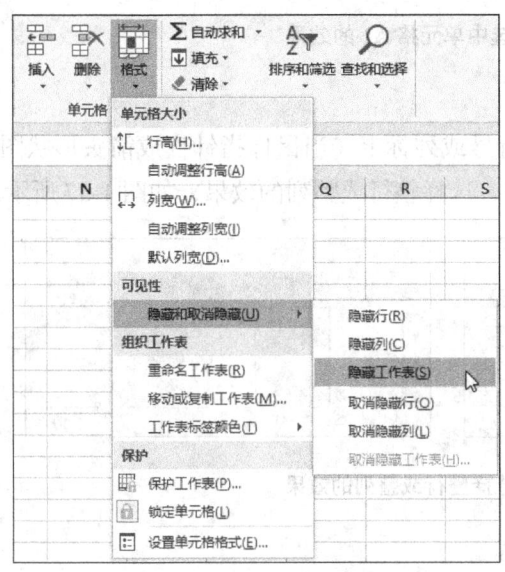

图 1-34　隐藏工作表（方法一）

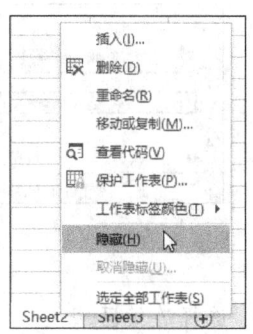

图 1-35　隐藏工作表（方法二）

1.3　单元格

在 Excel 中进行的任何操作都直接针对单元格，所以在学习其他操作之前，需了解如何使用单元格或单元格区域，主要包括选择单元格或单元格区域、调整行和列的尺寸及合并单元格等。

1.3.1　选择单元格及区域

在输入数据前，用户需要学会选择单元格的方法，这是输入数据的基础。选择单元格或单元格区域包括以下四种情况。

1. 选择一个单元格

将鼠标指针移至要选择的单元格处，此时鼠标指针变成 ✪ 形状，单击即可选择该单元格，选中单元格 A1 的效果如图 1-36 所示。

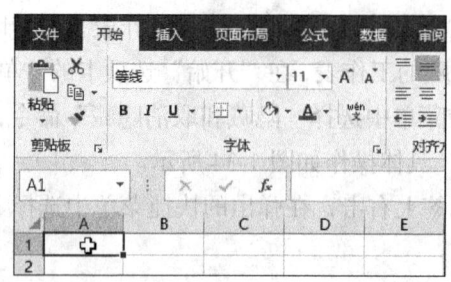

图 1-36 选中单元格 A1 的效果

2. 选择整行或整列

将鼠标指针移至需选择行或列的行号或列标上，当鼠标指针变成箭头形状图标时，单击即可选择该行或该列的所有单元格，选择整行或整列的效果，如图 1-37 所示。

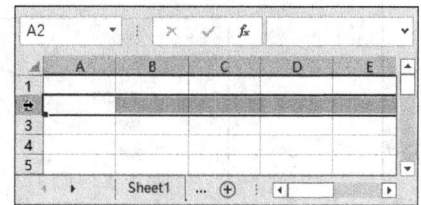 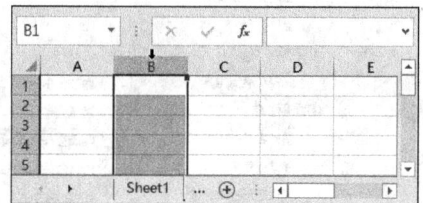

图 1-37 选择整行或整列的效果

3. 选择连续区域

首先选择 B2 单元格，然后按住鼠标左键不放并拖动至 C4 单元格区域，释放鼠标，即可选中拖动过程中所选的全部单元格，其效果如图 1-38 所示。

4. 选择不连续单元格

按住 Ctrl 键不放，用鼠标选择 A3、B2、B5、C4 等不连续的单元格，其效果如图 1-39 所示。

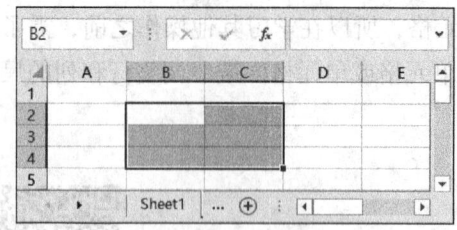 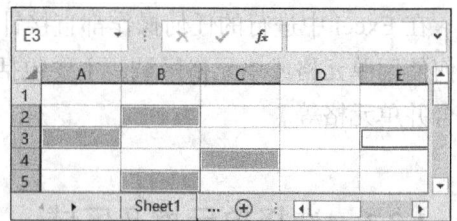

图 1-38 选择连续区域的效果　　　　图 1-39 选择不连续单元格的效果

1.3.2 调整行高和列宽

新建工作表时，所有单元格都具有相同的高度和宽度，但实际应用中往往需要根据内容的多少、字符的大小进行调整。调整行和列的尺寸有两种方法：一是通过"行高"或"列宽"对话框精确设置；二是用鼠标拖动调整。调整行高和列宽的方法类似，下面就以调整列宽为例进行介绍。

	配套资源
	第1章\订货单—原始文件
	第1章\调整列宽—最终效果

1. 设置精确的列宽

通过"列宽"对话框可对单元格的列宽进行精确设置，具体操作方法如下。

步骤01 选择要调整尺寸的列。首先打开原始文件，然后选择要调整尺寸的列，如选择 B 列，如图 1-40 所示。

步骤02 选择 B 列之后，单击"列宽"选项。在"开始"选项卡的"单元格"组中单击"格式"按钮，在展开的下拉列表中单击"列宽"选项，如图 1-41 所示。

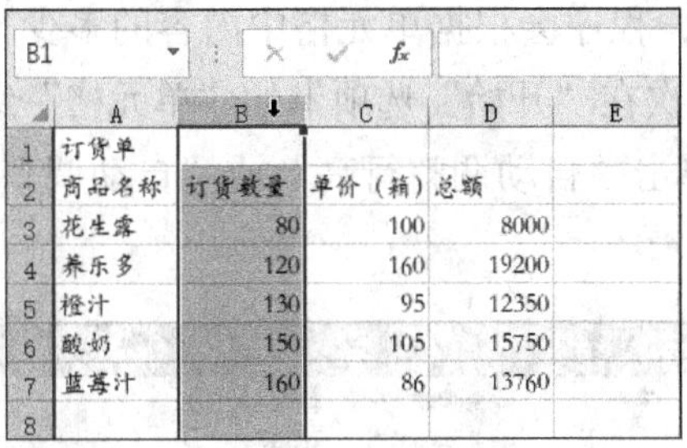

图 1-40 选择要调整尺寸的列

图 1-41 单击"列宽"选项

步骤03 输入列宽值。弹出"列宽"对话框，在"列宽"文本框中输入精确的列宽值，如输入"15"，然后单击"确定"按钮，如图 1-42 所示。

步骤04 显示调整后的列宽。返回工作表中可看到 B 列明显变宽，并且能够将单元格的内容完整显示出来，如图 1-43 所示。

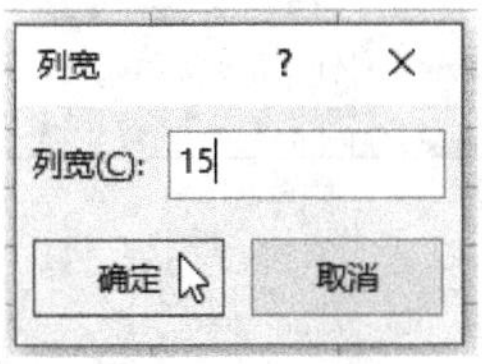

图 1-42 输入列宽值

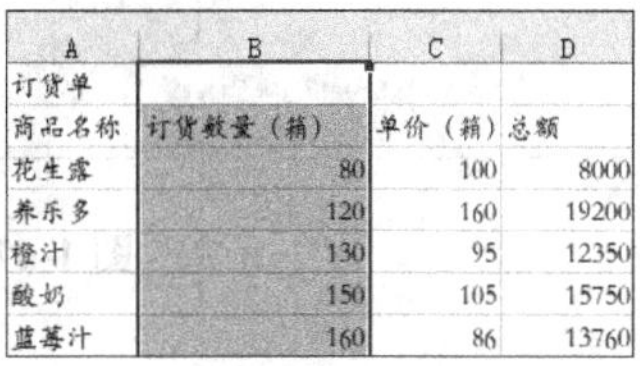

图 1-43 显示调整后的列宽

2. 拖动鼠标调整列宽

拖动鼠标调整列宽是最直观、便捷的方法，用户可直接将列宽拖动至需要的位置，具体操作方法如下。

步骤01 放置鼠标指针。将鼠标指针移至 A 列和 B 列的间隔线处，其形状会变成 ✢，如图 1-44 所示。

步骤02 将光标放在 A 列和 B 列的间隔线处，按下鼠标

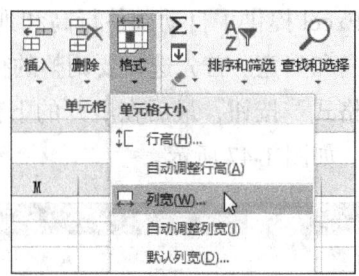

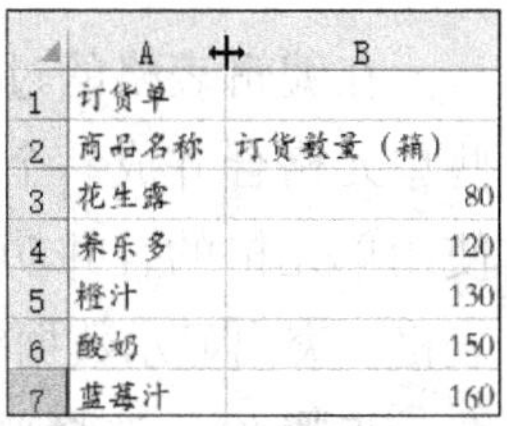

图 1-44 放置鼠标指针

左键不放并向右拖动，如图 1-45 所示。

步骤 03 显示调整后的宽度。拖曳至宽度 15 的位置后释放鼠标左键，此时 A 列单元格与 B 列单元格的宽度就相同了，如图 1-46 所示。

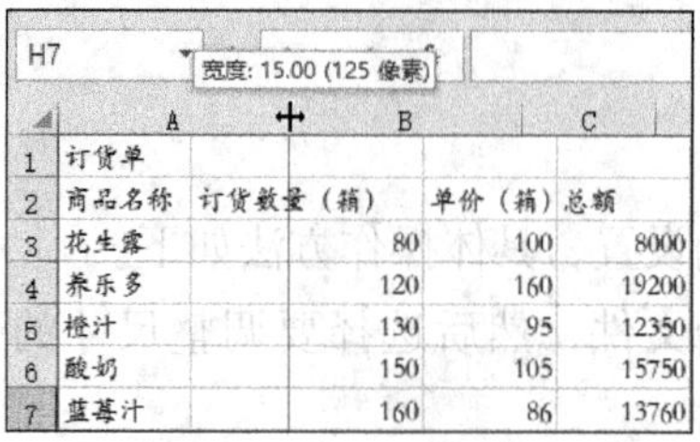

图 1-45 拖动鼠标 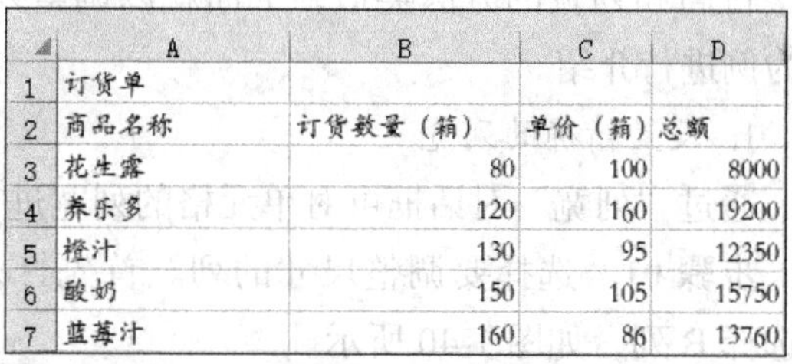　　　　　　　　　图 1-46 显示调整后的宽度

3. 自动调整行高和列宽

Excel 提供了自动调整行高和列宽的功能，程序会根据单元格中内容的多少自动调整行高和列宽。首先选择要调整的行或列，其次在"开始"选项卡的"单元格"组中单击"格式"按钮，最后在展开的下拉列表中单击"自动调整行高"或"自动调整列宽"选项，如图 1-47 所示。

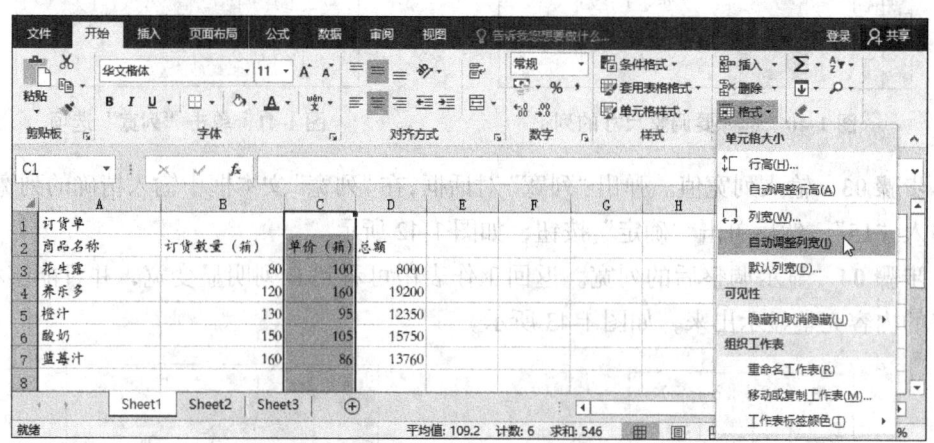

图 1-47 自动调整行高和列宽

1.3.3 合并后居中单元格

在编辑表格的过程中，有时会遇到需将一些单元格合并成一个单元格的情况，此时可以使用单元格的合并功能进行操作，以达到美化表格、突出显示数据等目的。

配套资源	
第1章\采购单—原始文件	
第1章\合并单元格—最终效果	

步骤 01 选择要合并的单元格区域。打开原始文件，选择要合并的单元格区域，

如选择标题行单元格区域 A1:D1，如图 1-48 所示。

A	B	C	D
采购单			
商品名称	采购数量（箱）	单价（箱）	总额
花生露	80	100	8000
养乐多	120	160	19200
橙汁	130	95	12350
酸奶	150	105	15750
蓝莓汁	160	86	13760

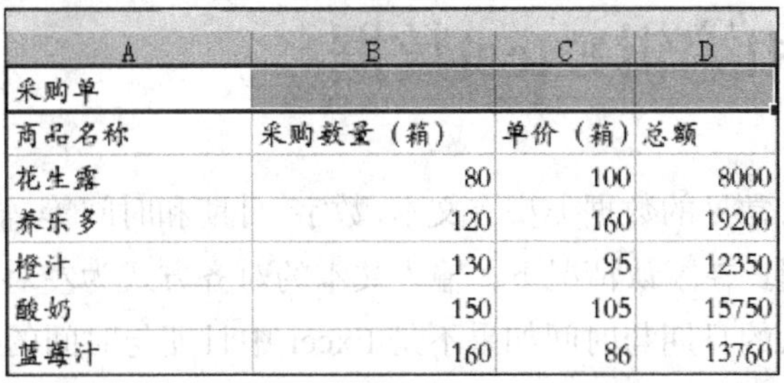

图 1-48　选择要合并的单元格区域

步骤 02　启动合并单元格功能。在“开始”选项卡的“对齐方式”组中单击“合并后居中”右侧的下三角按钮,在展开的下拉列表中单击“合并后居中”选项,如图 1-49 所示。

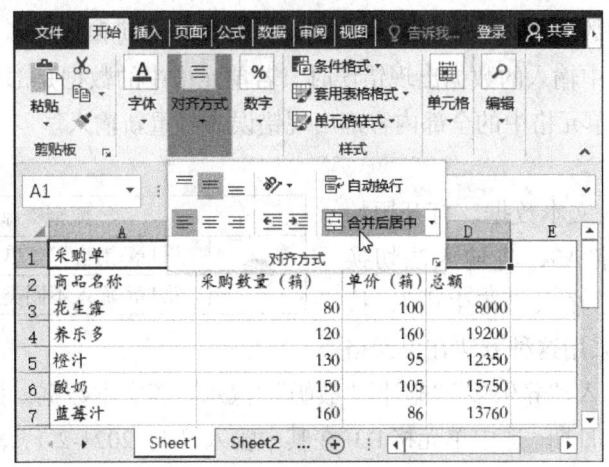

图 1-49　启动合并单元格功能

步骤 03　合并为一个单元格。此时，单元格区域 A1:D1 合并为一个单元格，并将其中的文本居中显示，如图 1-50 所示。

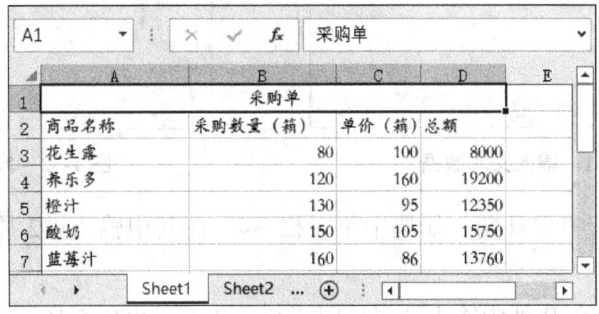

图 1-50　合并为一个单元格

1.4 输入和编辑Excel数据

在Excel表格中,常见的数据类型有文本、数字、日期和时间等,输入不同类型的数据,其显示方式也会不同。在默认情况下,输入文本的对齐方式为左对齐,输入数字的对齐方式为右对齐,输入的日期与时间如果不是Excel中日期与时间的数据类型,则不能识别其显示结果。

1.4.1 输入和修改数据

输入数据是创建表格的基础,不同用户的需求不同,对数据的要求也不尽相同,财务工作人员常用的数据包括文本、数值、货币性数据或时间和日期等。此外,在制作表格过程中,单元格中输入的数据出现错误时,若单元格中的数据是部分错误,可在单元格中进行修改;若单元格中的全部内容都出现错误,可重新输入。

1. 输入数据

步骤01 输入文本数据。打开原始文件,选中单元格A3,将输入法切换至中文状态,然后输入"花生露",按下Enter键确认,采用这种方法在单元格

配套资源
第1章\销售记录单—原始文件
第1章\输入不同类型数据—最终效果

A4至A7中分别输入"养乐多""椰汁""酸奶""汽水"等文本数据,如图1-51所示。

步骤02 输入日期。选中单元格B3,在其中输入日期"2021-2-1",然后按下Enter键,此时单元格B3中的日期显示为日期格式,如图1-52所示。

图1-51 输入文本数据   图1-52 输入日期

步骤03 输入中文日期。如选中单元格B4,在其中输入"2月6日",如图1-53所示。

步骤04 继续在B列中输入销售日期"2021-3-7""2021-5-10""2021-6-1",输入完毕选择所输入的日期,如图1-54所示。

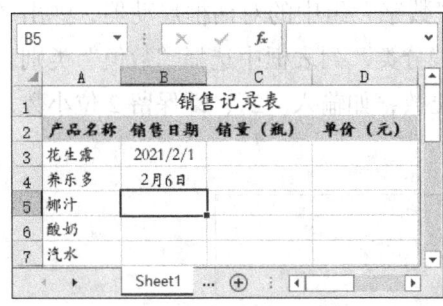
图 1-53 输入中文日期

图 1-54 选择修改数字类型的单元格

步骤 05 打开数字启动器。在"开始"选项卡的"数字"组中单击对话框启动器，如图 1-55 所示。

步骤 06 选择日期类型。在弹出的"设置单元格格式"对话框中，在"数字"选项卡的"分类"列表框中选择"日期"类别，然后在"类型"列表框中选择要统一应用的日期类型，如选"3月14日"样式，如图 1-56 所示。

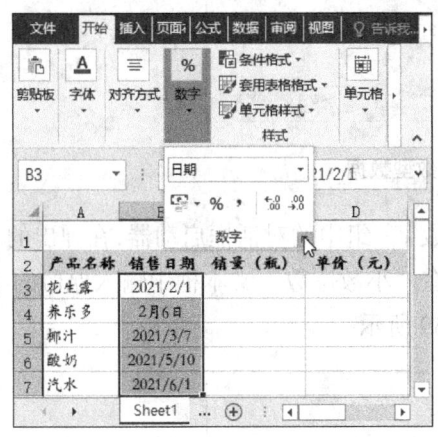
图 1-55 打开数字启动器

图 1-56 选择日期类型

步骤 07 输入数值。单击"确定"按钮，返回工作表，就可以看到 B 列中的日期都统一为短中文日期样式。然后在 C 列和 D 列对应的单元格中输入销量和单价数值，如图 1-57 所示。

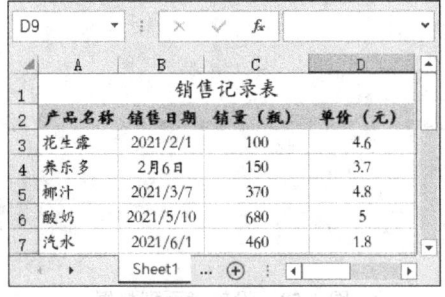
图 1-57 输入数值

步骤 08 选择单元格区域 C3：C7，单击"数字"组中的对话框启动器，弹出"设置单元格格式"对话框，在"数字"选项卡的"分类"列表框中选择"数值"类别，然后在"小数位数"文本框中输入要保留的小数位数，如输入"2"，即保留 2 位小数，设置完毕单击"确定"按钮，如图 1-58 所示。

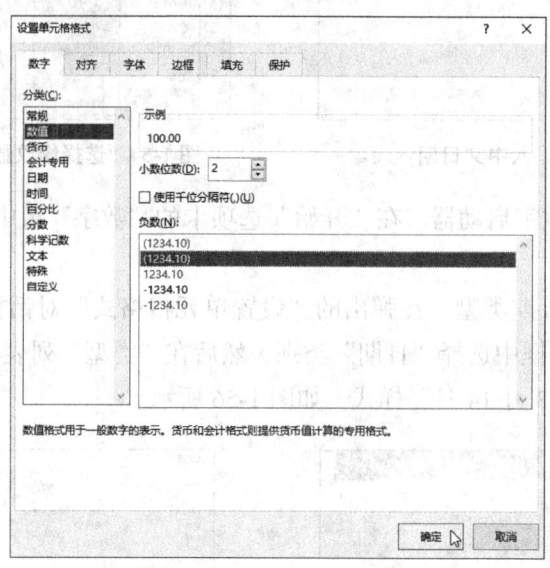

图 1-58　设置小数型数据

步骤 09 选择单元格区域 D3：D7，单击"数字"组中的对话框启动器，在弹出的"设置单元格格式"对话框中选择"货币"类别，在"小数位数"文本框中输入保留的小数位数，如输入"2"，即保留 2 位小数，如图 1-59 所示。

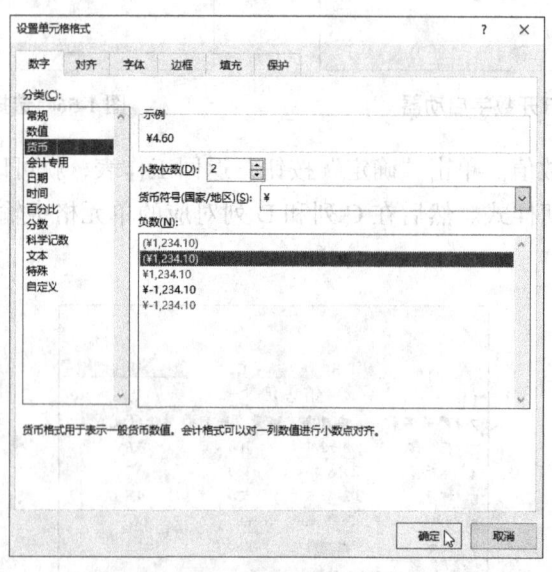

图 1-59　设置货币型数据

步骤 10 单击"确定"按钮返回工作表中,此时,"销量"列数据自动保留 2 位小数,"单价"列数据前面自动添加了货币符号"¥",并保留 2 位小数,效果如图 1-60 所示。

图 1-60 显示设置效果

2. 修改数据

步骤 01 选择要修改的数据。打开原始文件,双击要修改数据所在的单元格,这里双击单元格 A6,选择单元格中的"青岛"二字,如图 1-61 所示。

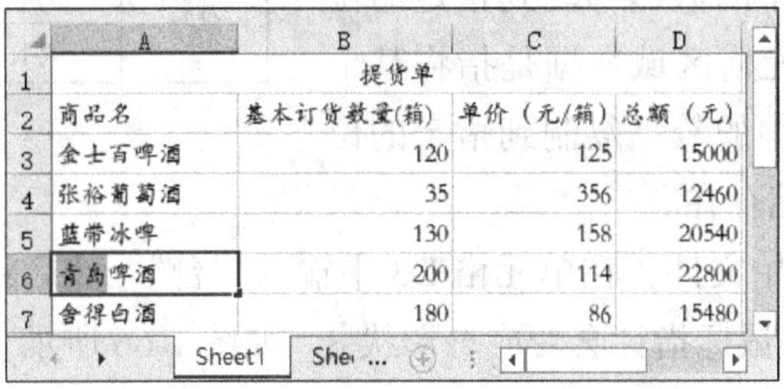

配套资源
第1章\提货单—原始文件
第1章\修改数据—最终效果

图 1-61 选择要修改的数据

步骤 02 重新输入正确的数据"哈尔滨",如图 1-62 所示。

步骤 03 输入完毕按下 Enter 键确认修改的数据,如图 1-63 所示。

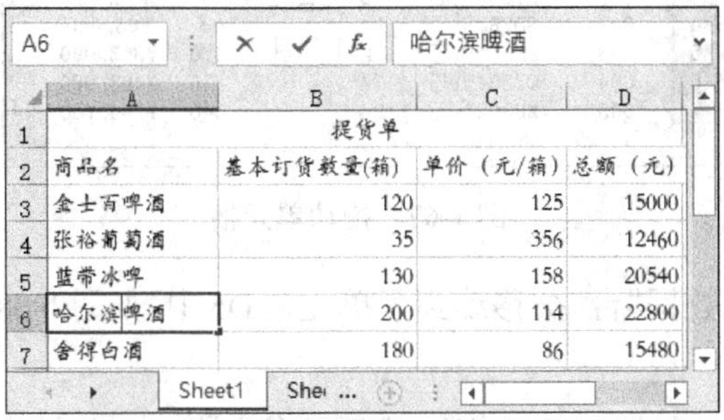

图 1-62 重新输入数据 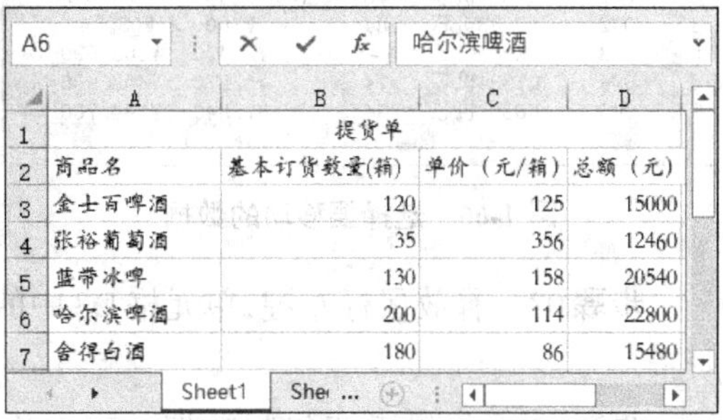　　　　图 1-63 确认修改

步骤 04 若需修改整个单元格的数据,首先选中该单元格,如选中单元格 A7,如图 1-64 所示。

· 25 ·

步骤 05 重新输入数据"郎酒",按下 Enter 键,确认对单元格 A7 中数据的修改,修改后的效果如图 1-65 所示。

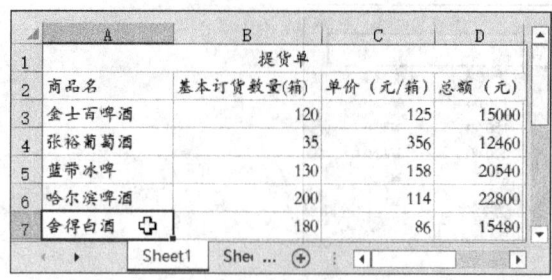

图 1-64 选中单元格

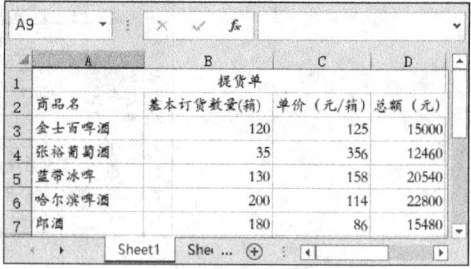

图 1-65 确认修改

1.4.2 移动和复制数据

移动单元格或单元格区域数据是指将某个单元格或单元格区域中的数据移动到指定的位置;复制单元格或单元格区域数据是指将某个单元格或单元格区域中的数据复制到指定的位置,原位置的数据仍然存在。

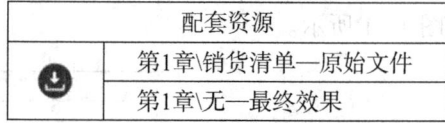

步骤 01 打开原始文件,在单元格 D3 中输入"台",然后将鼠标指针放置在单元格 D3 四周的框线上,鼠标指针会变成❄形状,如图 1-66 所示。

步骤 02 按住鼠标左键将其拖动至单元格 D5,如图 1-67 所示。

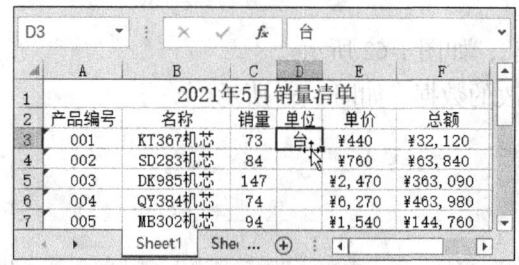

图 1-66 选择要移动的数据

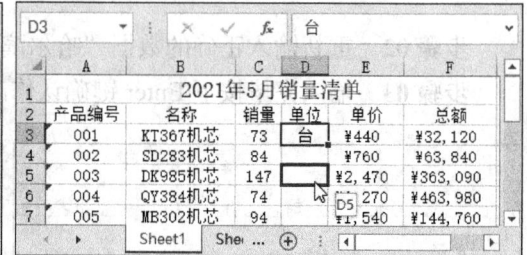

图 1-67 拖动单元格

步骤 03 释放鼠标左键,单元格 D3 中的数据"台"被移动到了单元格 D5 中,如图 1-68 所示。

步骤 04 如果需要复制数据,可在拖动前按住 Ctrl 键,然后再往下拖动。例如,按住 Ctrl 键将单元格 D3 拖曳至单元格 D6,如图 1-69 所示。

步骤 05 释放鼠标左键,单元格 D3 中的数据被复制到了单元格 D6 中,单元格 D3 中的数据保持不变,如图 1-70 所示。

第 1 章 Excel 基础

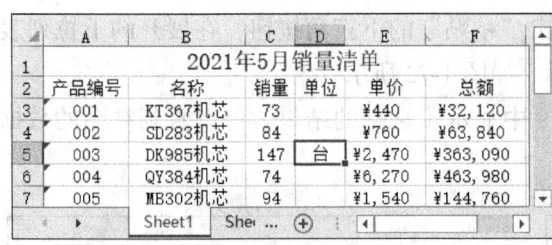

图 1-68　移动数据结果　　　　图 1-69　复制单元格数据

图 1-70　复制数据结果

1.4.3　选择性粘贴数据

在实际工作中，若不需要粘贴单元格中的全部数据，而只需粘贴单元格中的格式、公式等，可以使用 Excel 提供的选择性粘贴功能，选择需粘贴的选项即可。

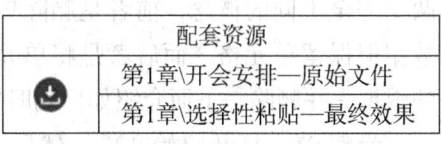

配套资源
第1章\开会安排——原始文件
第1章\选择性粘贴——最终效果

步骤 01　复制数据。打开原始文件，选择要复制的数据所在的区域，如选择单元格区域 B2:F2，在"开始"选项卡的"剪贴板"组中单击"复制"按钮，如图 1-71 所示。

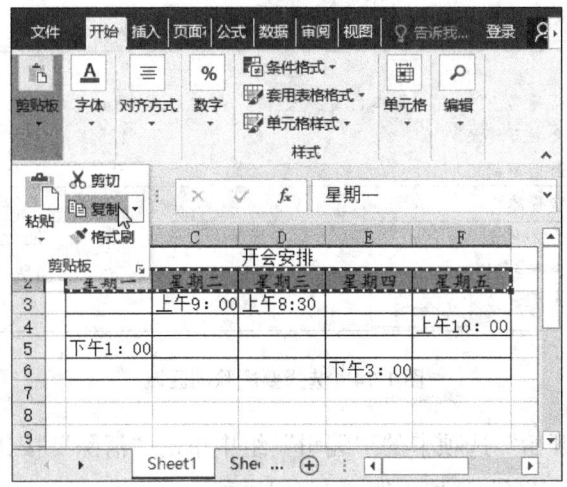

图 1-71　复制数据

步骤 02 选择要粘贴的位置后，单击"粘贴"的下三角按钮，在展开的下拉列表中选择粘贴选项，如单击"无边框"图标，如图 1-72 所示。

步骤 03 此时，在单元格区域 B9:F9 中显示了粘贴的结果，可以看到粘贴的数据已经没有了边框，如图 1-73 所示。

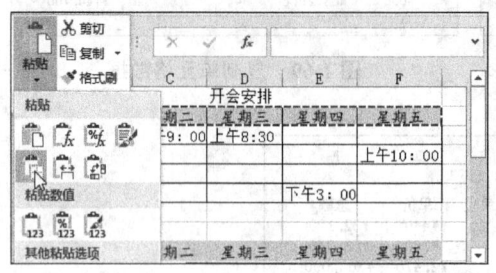
图 1-72 选择粘贴选项

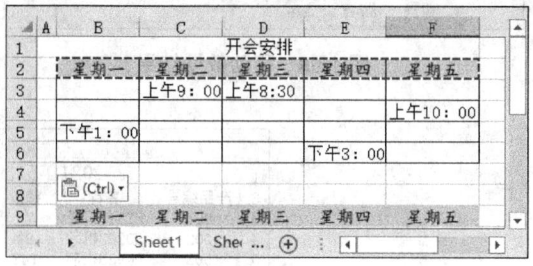
图 1-73 显示选择性粘贴的结果

1.4.4 删除单元格数据

如果不再需要表格中的数据，可以将其删除。删除数据与删除单元格数据在 Excel 中是两个完全不同的概念，前者是删除单元格中的数据但保留单元格，而后者是将单元格和其中的数据一并删除。下面介绍如何同时删除多个单元格数据。

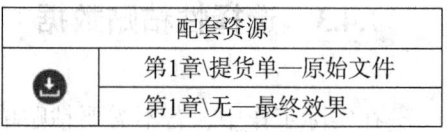

配套资源
第1章\提货单—原始文件
第1章\无—最终效果

步骤 01 打开原始文件，然后选择要删除数据所在的区域，如选择单元格区域 A5:D5，如图 1-74 所示。

图 1-74 选择要删除的区域

步骤 02 在"开始"选项卡的"编辑"组中单击"清除"按钮，然后在展开的下拉列表中单击"清除内容"选项，如图 1-75 所示。

图 1-75 执行删除操作

步骤 03 此时所选区域的数据被删除，如图 1-76 所示。

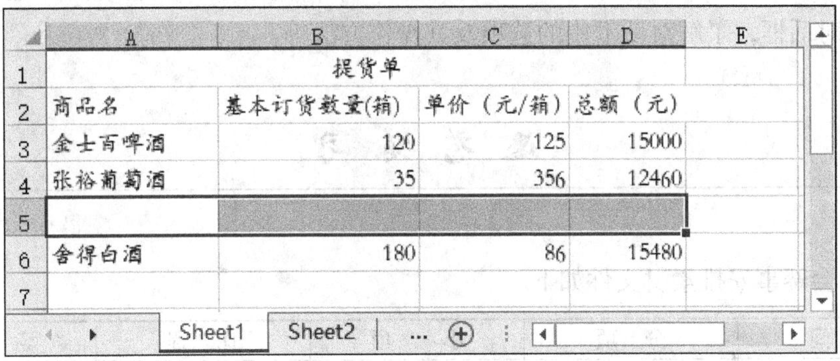

图 1-76 显示清除内容的效果

1.4.5 撤销和恢复操作

在编辑工作表时，有时可能会出现错误，此时可以使用撤销或恢复操作，撤销或恢复到需要的编辑步骤后再继续编辑，避免了重新制作表格的麻烦。

撤销操作能让表格还原到执行错误操作前的状态。其操作方法是单击"快速访问"工具栏中的"撤销"按钮，或者单击其右侧的下三角按钮，在展开的下拉列表中选择返回到某一具体操作前的状态，如图 1-77 所示。

只有执行撤销操作后，"恢复"按钮才会变成可用状态。恢复操作就是让表格恢复到执行撤销操作前的状态。其操作方法是单击"快速访问"工具栏中的"恢复"按钮，或者单击其右侧的下三角按钮，在展开的下拉列表中选择恢复到某一具体操作后的状态，如图 1-78 所示。

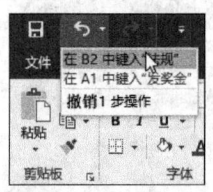
图1-77 撤销操作

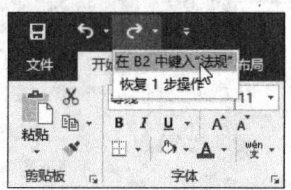
图1-78 恢复操作

本 章 小 结

通过本章的学习，使读者对 Excel 的工作界面有了全面的认识，并对 Excel 的基本操作有所了解。完成本章学习后，读者应：熟悉 Excel 的工作界面，知道各部分的名称、用途；学会使用水平、垂直滚动条；了解 Excel 的菜单类型并掌握其操作方法；学会使用 Excel 对话框，了解对话框中的选项及其操作方法等。

思 考 练 习

亚运会赛事安排素材文件如下。

时 间	分 项	小 项	比 赛	场 馆
6:20	高尔夫	男子团体	第三轮	高尔夫俱乐部
6:20	高尔夫	男子个人	第三轮	高尔夫俱乐部
7:20	高尔夫	女子团体	第三轮	梦高尔夫俱乐部
7:20	高尔夫	女子个人	第三轮	高尔夫俱乐部
8:00	保龄球	男子三人赛	第一场	安养虎溪体育馆
8:00	藤球	女子团体	半决赛	富川体育馆
8:30	垒球	女子	循环赛	松岛LNG棒球场
9:00	乒乓球	男子团体	预赛	水原体育馆

按照下列要求完成表格的编辑。

（1）在第 2 行上插入一个空行。

（2）在 D11 单元格内输入日期型数据"2021-9-27"。

（3）将工作表命名为"赛事"。

（4）删除 A 列。

（5）删除工作表"Sheet2""Sheet3"。

Excel 在工资核算中的应用

第2章

学习目标

（1）了解员工工资的构成要素。
（2）理解工资管理中的常用函数。
（3）掌握工资核算表的创建方法。

课程思政

（1）培养学生诚实守信的职业素养。
（2）培养学生严谨细致的工作作风。
（3）树立学生精益求精的工匠精神。

学习重点

（1）掌握员工信息表的创建过程。
（2）掌握员工考勤记录表及考勤统计表的制作方法。

学习难点

（1）掌握应扣应缴统计表及工资明细表的数据引用方法。
（2）掌握员工工资条和工资发放表的制作方法。

工资核算是企业会计核算中基本的业务之一，不仅关系到每个职工的切身利益，也是直接影响产品成本核算的重要因素。工资核算中涉及大量的数据和复杂计算，手工进行工资核算，需要占用财务人员大量的精力和时间，并且容易出现错误，而应用 Excel 电子表格强大的计算能力和统计分析能力进行工资核算，可以有效提高工资核算的准确性和及时性。

2.1 工资信息表初始化设置

2.1.1 背景资料

由于华联公司员工众多，财务人员小王的工资核算工作量较大。本公司工资核算及管理方法多为手工计算，虽然部分数据用 Excel 进行计算，但较为凌乱，不成体系，因此工资核算工作给小王带来了巨大的压力。为方便工资管理、避免核算失误，小王决定通过 Excel 2016 建立一套完整的工资核算表，从而减轻财务部门的工作量，提高工作效率。

> **财务小知识**
>
> **工 资 核 算**
>
> 工资核算是企业会计核算中基本的业务之一，是指对企业员工的工资预算、结算及各项相关费用的计提。该核算主要包括工资预算、工资发放及五险一金等费用的提取。

2.1.2 制作员工信息表

员工信息表是工资管理的基础表格，该表格记录了员工的基本信息，包括员工的工号、姓名、部门、入职时间及基本工资等信息。下面将详细讲解员工信息表的具体创建过程。

步骤 01 在计算机桌面上右击，在菜单中找到"新建"选项，单击后面的">"，选择 Microsoft Excel 工作表"，然后将新建的工作表重新命名为"员工信息表"，如图 2-1 所示。

步骤 02 在"员工信息表"的 A1 单元格中输入表格标题"员工信息表"，合并单元格 A1:G1，设置标题居中，然后在 A2:G2 分别输入列标题"工号""姓名""所属部门""职务""入职时间""工作年限""基本工资"，字号及字体自行设置，最后在 A2:G12 区域添加所有框线，如图 2-2 所示。

步骤 03 选中 A2:A12 单元格区域，然后在"开始"选项卡中选择"数字"选项组，打开下拉菜单，选择"常规"选项，然后单击右下角的启动按钮，查看"全部数字格式选项"，如图 2-3 所示。

第 2 章 Excel 在工资核算中的应用

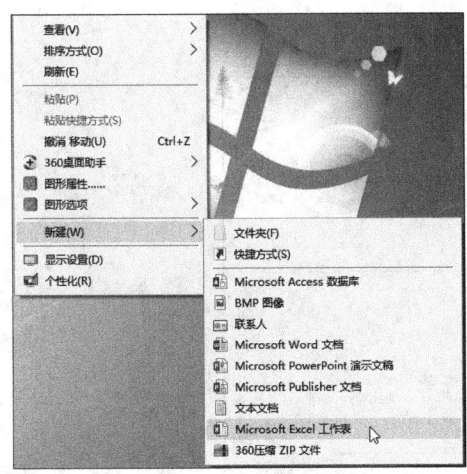

图 2-1　建立员工信息表

图 2-2　设置员工信息表样式

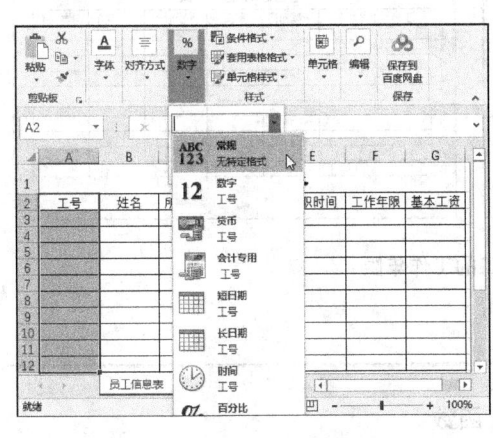

图 2-3　设置工号格式

步骤 04　在弹出的"设置单元格格式"对话框中单击"数字"选项卡,然后在"分类"列表框中选择"自定义"选项,在"类型"文本框中输入"00#",最后单击"确定"

· 33 ·

按钮,如图 2-4 所示。

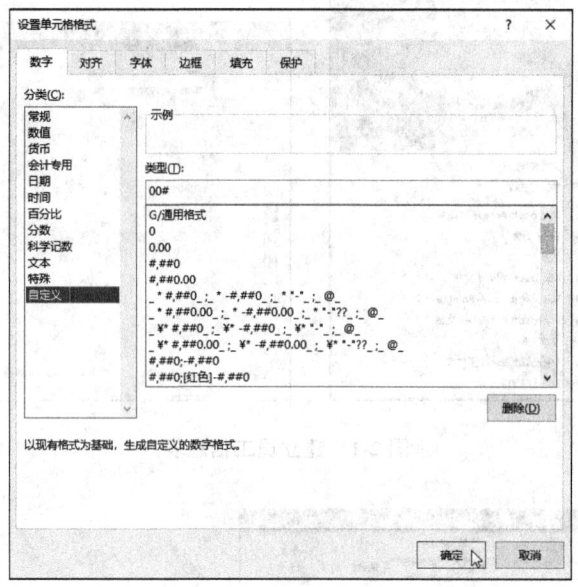

图 2-4　自定义工号类型

步骤 05　选中 F3 单元格,然后输入公式 "=FLOOR(DAYS360(E3,TODAY()) / 365,1)",最后按 Enter 键确认,计算出员工的工作年限,工作年限自动显示为 120,如图 2-5 所示。

图 2-5　计算员工的工作年限

FLOOR 函数

FLOOR 函数用于将数字向下舍入最接近的整数或最接近的指定基数的倍数。该函数的语法格式为 FLOOR(number,significance)。其中,参数 number 表示要舍入的数值;参数 significance 为要舍入的倍数。

> **函数小解析**
>
> **DAYS360 函数**
>
> DAYS360 函数将一年按照 360 天计算，返回两日期间相差的天数。该函数的语法格式为 DAYS360（start_date,end_date,[method]）。其中，参数 start_date 表示计算的起始日期；参数 end_date 表示计算的终止日期；参数 method 是一个逻辑值，用于指定在计算中是采用欧洲方法还是美国方法。

步骤 06 选中 G3 单元格，然后输入公式"=IF（C3=" 人事部 ",2500,IF（C3=" 财务部 ",2800,IF（C3=" 设计部 ",3500,IF（C3=" 办公室 ",2500,2000））））"，最后按 Enter 键确认，计算出员工的基本工资，基本工资显示为 2000，如图 2-6 所示（提示：如果企业员工存在特殊岗位的工资的情况，则需要个别手动修改）。

图 2-6　计算员工的基本工资

步骤 07 在 H2 单元格输入列标题"工龄工资"，然后为 H2:H12 添加所有框线，将 A1:H1 合并居中，选中 H3 单元格输入公式"=IF（F3<=1,F3*50,IF（F3>=2,F3*100））"，最后按 Enter 键确认，就可以计算员工的工龄工资，其工龄工资显示为 12000，如图 2-7 所示。

图 2-7　计算员工的工龄工资

步骤 08 选中 F3：H3 单元格区域，然后将光标移动到 H3 单元格的右下角。当光标变成"✚"形状时，按住鼠标左键不放向下拖，填充公式，最后得出所有员工的工作年限、基本工资和工龄工资，如图 2-8 和图 2-9 所示。

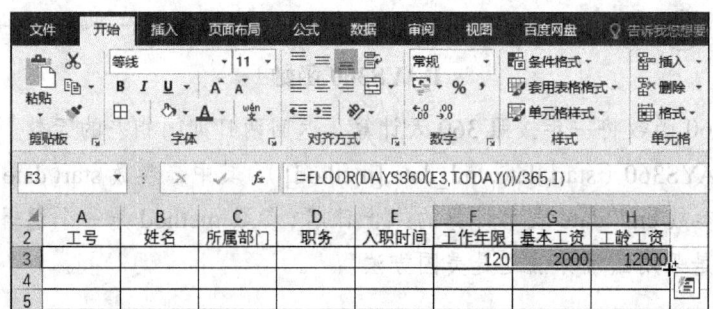

图 2-8　填充公式

图 2-9　计算所有员工的工作年限、基本工资和工龄工资

步骤 09　输入员工工号、姓名、所属部门、职务及入职时间等信息，当员工"所属部门"被手动录入后，基本工资会自动显示，最后要按照"年/月/日"的格式输入员工"入职时间"，"工作年限"和"工龄工资"便自动显示出来，如图 2-10 所示。

	A	B	C	D	E	F	G	H
2	工号	姓名	所属部门	职务	入职时间	工作年限	基本工资	工龄工资
3	001	徐·敏	财务部	经理	2007/2/1	14	2800	1400
4	002	刘·志	人事部	职员	2010/3/9	11	2500	1100
5	003	蒋·	办公室	经理	2007/4/5	14	2500	1400
6	004	张·	财务部	主管	2017/7/13	4	2800	400
7	005	李·国	设计部	经理	2010/5/6	11	3500	1100
8	006	胡·丽	办公室	员工	2012/6/7	9	2500	900
9	007	孙·祥	人事部	员工	2015/6/4	6	2500	600
10	008	王·吉	设计部	主管	2019/8/12	2	3500	200
11	009	周·	设计部	员工	2018/7/5	3	3500	300
12	010	高·梅	人事部	员工	2020/1/1	1	2500	50

图 2-10　员工信息表

2.1.3 制作员工考勤表

配套资源
第2章\员工信息表—原始文件
第2章\员工考勤表—最终效果

员工考勤表是员工上班的凭证，能够记录员工病假、事假、迟到及早退等出勤情况。同时员工的考勤表也是计算工资的重要依据，对财务核算具有很重要的作用。因此，企业必须制作考勤记录表及考勤统计表，以便为核算工资提供依据。下面将介绍员工考勤记录表和考勤统计表的创建过程。

步骤 01 新建一个工作表，将其重新命名为“员工考勤表”，选择 A1:AH1 进行合并，输入表标题“考勤记录表（2021 年 1 月）”，设置居中对齐。在 A2:C2 区域输入列标题“工号、姓名和部门”，在 D2:AH2 区域依次输入日期 1—31，将 A:AH 区域的每一列的第 2 行与第 3 行的单元格纵向进行合并，然后在 A1:AH13 单元格区域内创建“考勤记录表”并增添所有框线。最后将员工信息及出勤情况录入表中 [其中 s 表示事假，b 表示病假，k 表示旷工（员工本月无旷工），n 表示年假，迟到半小时用 0.5 表示，迟到 1 小时用 1 表示]，如图 2-11 所示。

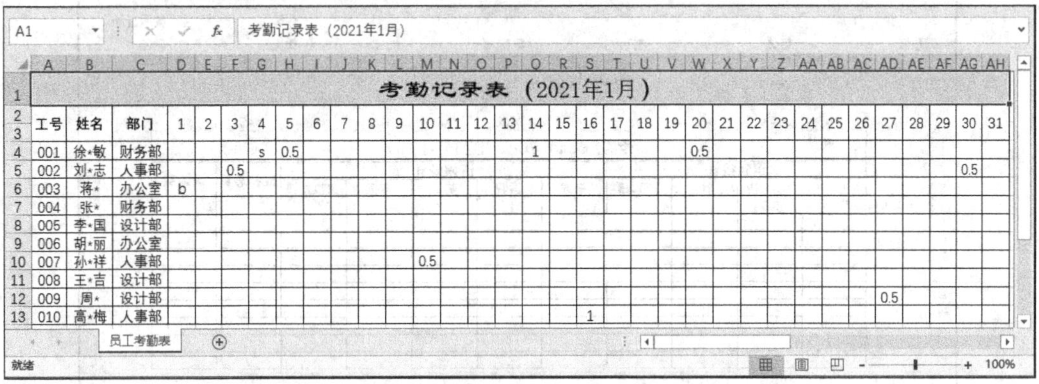

考勤记录表（2021年1月）

工号	姓名	部门	1	2	3	4	5	6	7	8	9	10	11	12	13	14	15	16	17	18	19	20	21	22	23	24	25	26	27	28	29	30	31
001	徐*敏	财务部				s	0.5									1						0.5											
002	刘*志	人事部			0.5																											0.5	
003	蒋*	办公室	b																														
004	张*	财务部																															
005	李*国	设计部																															
006	胡*丽	办公室																															
007	孙*祥	人事部										0.5																					
008	王*吉	设计部																															
009	周*	设计部																											0.5				
010	高*梅	人事部																1															

图 2-11 创建考勤记录表

步骤 02 在已建立的“员工考勤表”中的 AJ1:AT13 单元格区域内创建“考勤统计表”，然后按照图 2-12 中的格式，在 AJ1:AT1 区域输入表标题“考勤统计表（2021 年 1 月）”，在 AJ2:AM2 区域内输入“迟到统计”，在 AN2:AR2 区域内输入“请假统计”，合并后居中，在 AS2:AS3 区域内输入“应扣总额”、在 AT2:AT3 区域内输入“满勤奖”，同时，在 AJ2:AR3 区域分别输入图中的标题名称，最后选中 AJ1:AT13 区域添加所有框线。此表可统计 2021 年 1 月企业员工的迟到时长及请假天数，并算出应扣金额和满勤奖金额等信息，如图 2-12 所示。

图 2-12　创建考勤统计表

步骤 03　选中 AJ4 单元格，输入公式"=COUNTIF（D4:AH4,"<=0.5"）"，然后按 Enter 键确认，即可统计出员工迟到半小时内的次数，如图 2-13 所示。

图 2-13　统计出员工迟到半小时内的次数

COUNTIF 函数

　　COUNTIF 函数用于计算指定区域中满足给定条件的单元格的个数。该函数的语法格式为 COUNTIF（range,criteria）。其中，参数 range 表示要对其进行计算的一个或多个单元格，包括数字、名称、数组或包含数字的引用，空值和文本值将被忽略；参数 criteria 用于定义将对哪些单元格进行计数的数字、表达式、单元格引用或文本字符串。

步骤 04 选中 AK4 单元格，输入公式 "=COUNTIF（D4:AH4,">0.5"）－COUNTIF（D4:AH4,">1"）"，然后按 Enter 键确认，即可统计员工迟到时间在半小时到一小时之间的次数，如图 2-14 所示。

图 2-14　统计员工迟到时间在半小时到一小时之间的次数

步骤 05 选中 AL4 单元格，然后输入公式 "=COUNTIF（D4:AH4,">1"）"，最后按 Enter 键确认，即可统计员工迟到超过一小时的次数，如图 2-15 所示。

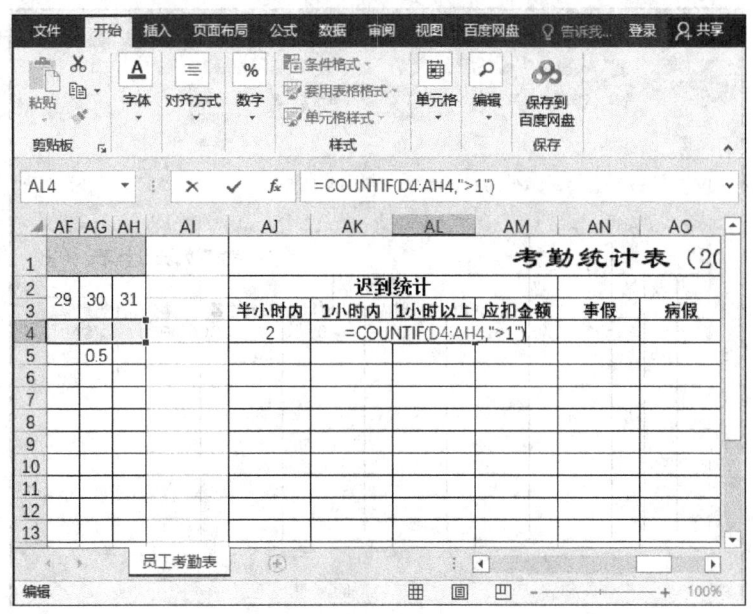

图 2-15　统计员工迟到超过一小时的次数

步骤 06 选中 AM4 单元格，然后输入公式 "=AJ4*20+AK4*50+AL4*100"，最后按 Enter 键确认，即可统计迟到员工的应扣金额，如图 2-16 所示。

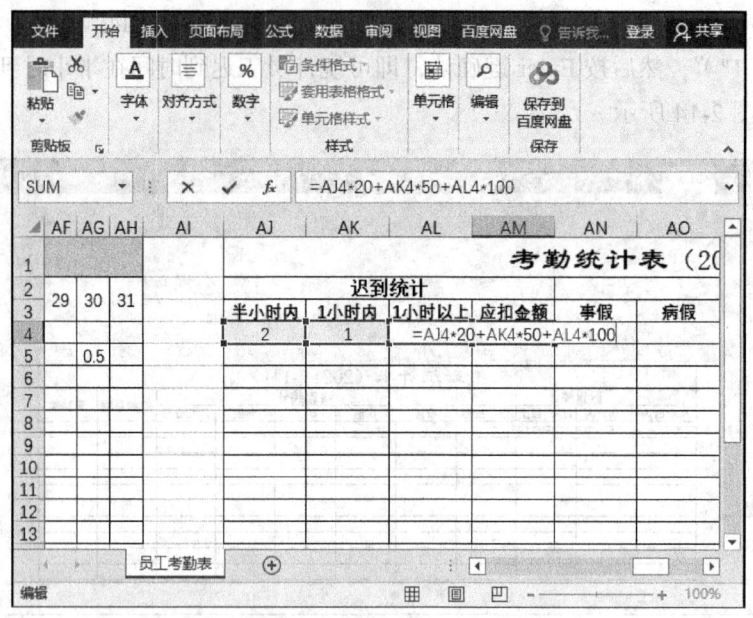

图 2-16 统计迟到员工的应扣金额

步骤 07 选中 AN4 单元格，然后输入公式"=COUNTIF（D4:AH4,"S"）"，最后按 Enter 键确认，即可统计员工本月请事假的次数，如图 2-17 所示。

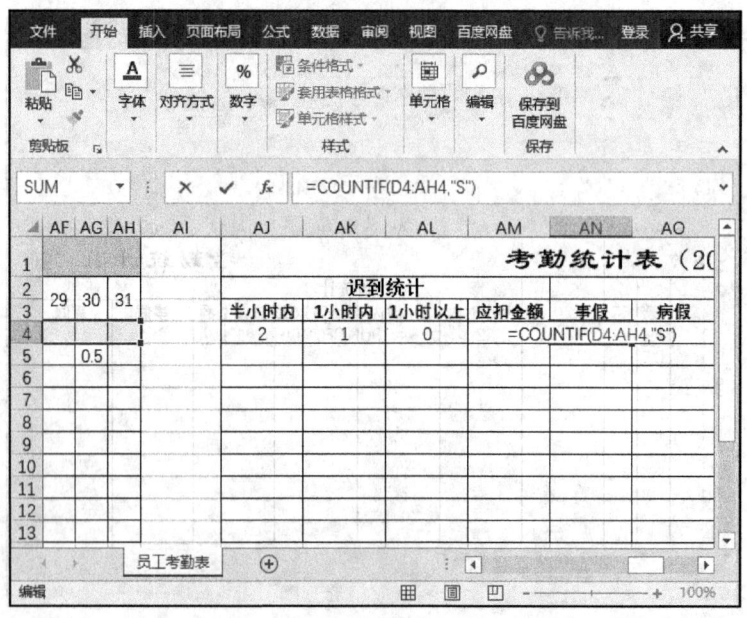

图 2-17 统计员工本月请事假的次数

步骤 08 选中 AO4 单元格，然后输入公式"=COUNTIF（D4:AH4,"b"）"，最后按 Enter 键确认，即可统计员工本月请病假的次数，如图 2-18 所示。

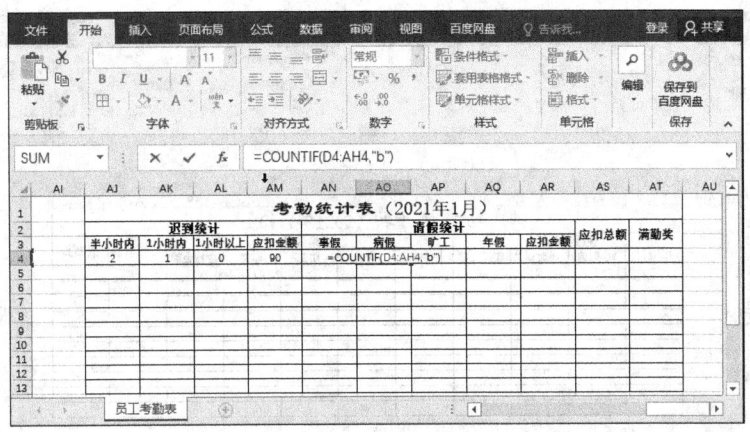

图2-18 统计员工本月请病假的次数

步骤09 选中AP4单元格,然后输入公式"=COUNTIF(D4:AH4,"k")",最后按Enter键确认,即可统计员工本月旷工的次数,如图2-19所示。

图2-19 统计员工本月旷工的次数

步骤10 选中AQ4单元格,然后输入公式"=COUNTIF(D4:AH4,"n")",最后按Enter键确认,即可统计员工本月请年假的次数,如图2-20所示。

步骤11 选中AR4单元格,然后输入公式"=AN4*200+AO4*50+AP4*300+AQ4*0",最后按Enter键确认,即可统计员工本月请假旷工应扣的金额,如图2-21所示。

步骤12 选中AS4单元格,然后输入公式"=AM4+AR4",最后按Enter键确认,即可统计员工本月应扣的总额,如图2-22所示。

步骤13 选中AT4单元格,然后输入公式"=IF(AS4=0,200,0)",最后按Enter键确认,即可统计员工本月的满勤奖,如图2-23所示。

步骤14 选中AJ4:AT4单元格区域,将光标移动到AT4单元格的右下角,当光标变成"+"形状时,按住鼠标左键向下拖,即可填充到统计、请假统计、应扣总额和满勤奖的公式,如图2-24所示。

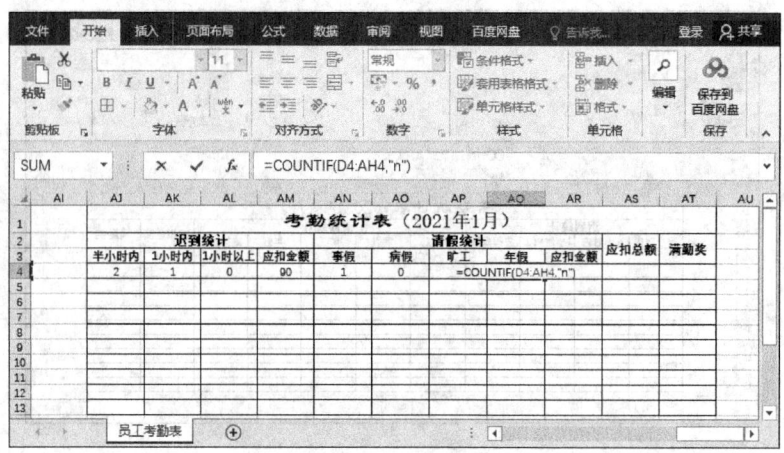

图 2-20 统计员工本月请年假的次数

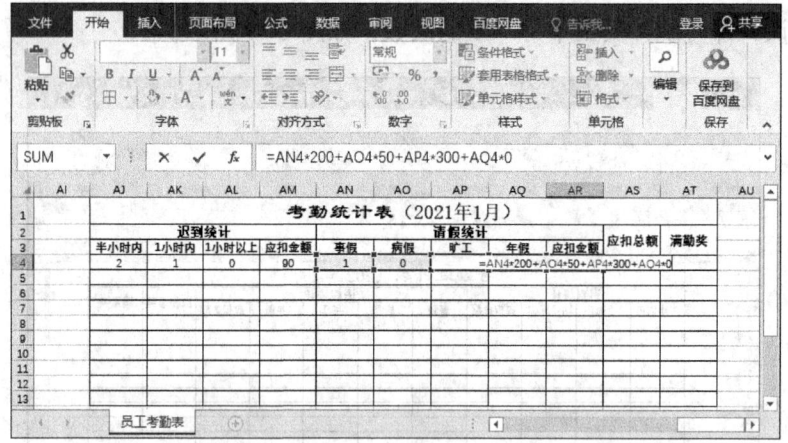

图 2-21 统计员工本月请假旷工应扣的金额

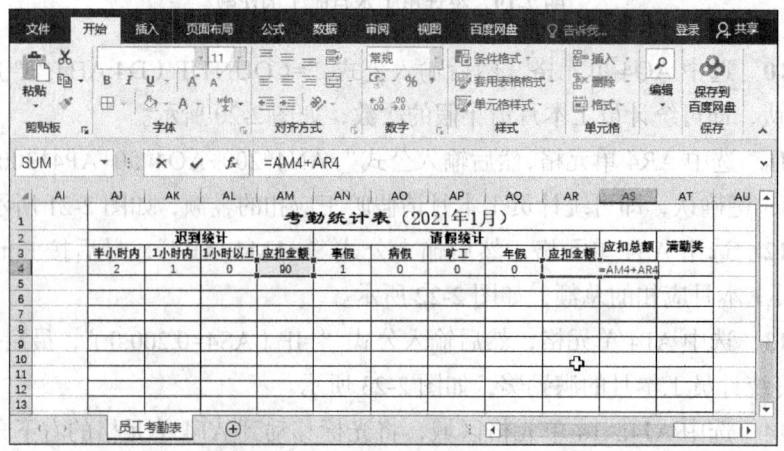

图 2-22 统计员工本月应扣的总额

第 ② 章　Excel 在工资核算中的应用

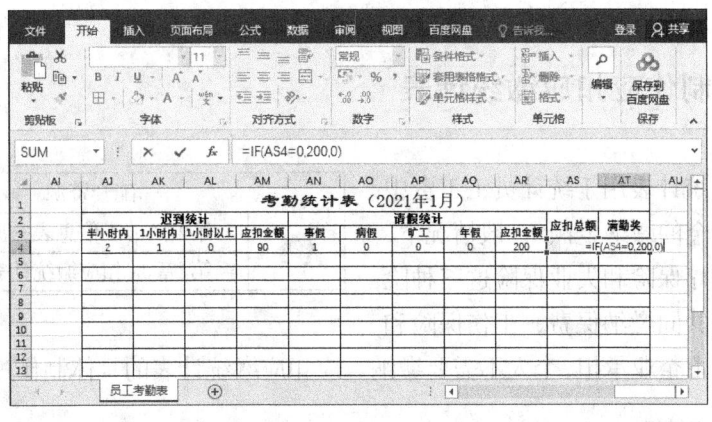

图 2-23　统计员工本月的满勤奖

图 2-24　填充迟到统计、请假统计、应扣总额和满勤奖的公式

步骤 15　拖拽至第 13 行即可，此时根据"考勤记录表"就把"考勤统计表"制作完成了，其效果如图 2-25 所示。

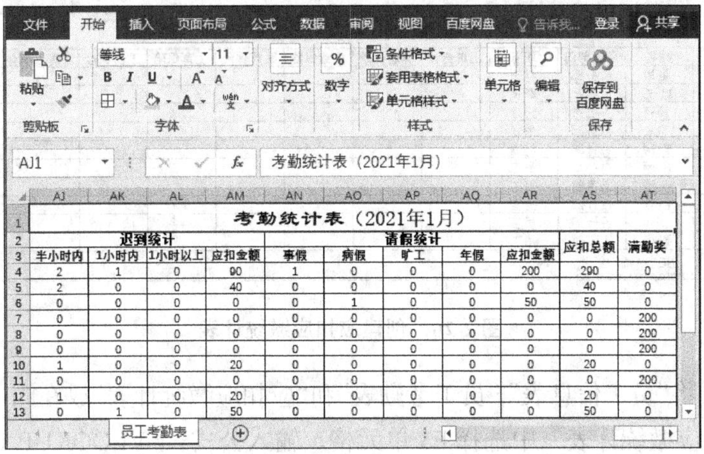

图 2-25　考勤统计表效果图

2.1.4　制作应扣应缴统计表

配套资源	
	第2章\员工信息表—原始文件
	第2章\应扣应缴统计表—最终效果

应扣应缴统计表用于统计员工工资中应扣除五险一金的缴纳金额。一般情况下，养老保险、医疗保险和失业保险这三种险由企业和个人共同缴纳保费，工伤保险和生育保险完全由企业承担，个人不需要缴纳。应扣应缴统计表的具体制作过程介绍如下。

财务小知识

五险一金的扣除比例

五险一金是用人单位给予劳动者保障性待遇的合称，包括养老保险、医疗保险、失业保险、工伤保险、生育保险及住房公积金。华联公司员工个人承担的缴费比例：养老保险费 8%、失业保险费 1%、医疗保险费 2%、住房公积金 8%。

步骤 01　新建一个工作表，命名为“应扣应缴统计表”，然后在 A2:D2 区域输入员工的“工号、姓名、所属部门及职务”等基本信息，并在 E2:L2 区域增加“工资合计、养老保险、失业保险、医疗保险、生育保险、工伤保险及住房公积金”等列标题，最后在 A2:L12 区域为表格添加所有框线，如图 2-26 所示。

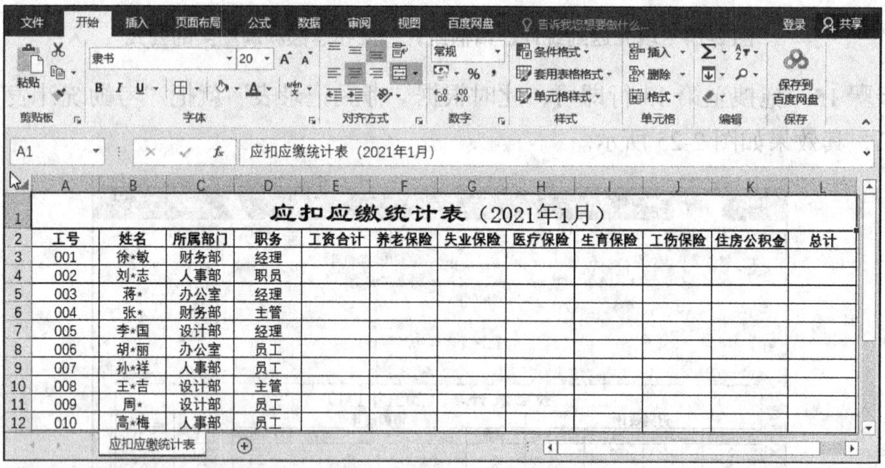

应扣应缴统计表（2021年1月）

工号	姓名	所属部门	职务	工资合计	养老保险	失业保险	医疗保险	生育保险	工伤保险	住房公积金	总计
001	徐*敏	财务部	经理								
002	刘*志	人事部	职员								
003	蒋*	办公室	经理								
004	张*	财务部	主管								
005	李*国	设计部	经理								
006	胡*丽	办公室	员工								
007	孙*祥	人事部	员工								
008	王*吉	设计部	主管								
009	周*	设计部	员工								
010	高*梅	人事部	员工								

图 2-26　创建应扣应缴统计表

步骤 02　将“员工信息表”“员工考勤表”和“应扣应缴统计表”放在同一个工作簿中。然后在“应扣应缴统计表”中选择 E3 单元格，输入公式“=VLOOKUP（A3, 员工信息表 !$A:$H,7）+VLOOKUP（A3, 员工信息表 !$A:$H,8）”，最后按 Enter 键确认，即可计算出员工的工资合计金额，如图 2-27 所示。

第 2 章 Excel 在工资核算中的应用

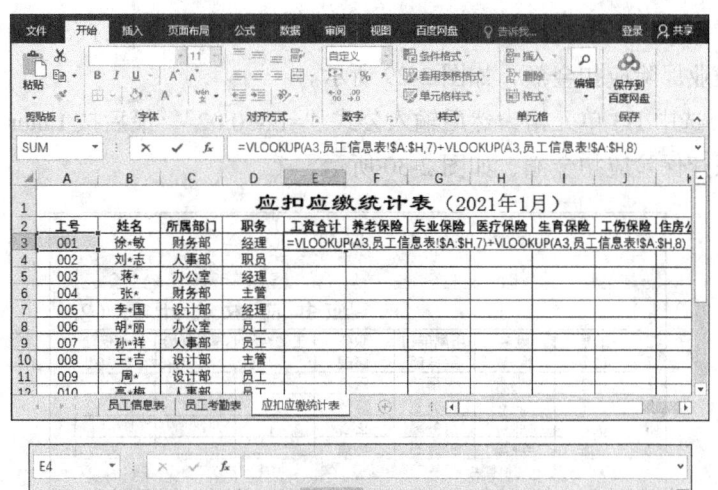

图 2-27 计算员工的工资合计金额

> **函数小解析**
>
> **VLOOKUP 函数**
>
> VLOOKUP 函数用于在数据表的首列查找指定的值，并返回数据表当前行中指定列的值。该函数的语法格式为 VLOOKUP（lookup_value,table_array,col_index_num,[range_lookup]）。其中，参数 lookup_value 表示要在表格或区域的第一列中搜索的值；参数 table_array 包含数据的单元格区域；参数 col_index_num 表示 table_array 中必须返回的匹配值的列标；参数 range_lookup 是一个逻辑值，如果为 FALSE，函数将只查找精确匹配值。

步骤 03 选中 F3 单元格，然后输入公式"=E3*0.08"，最后按 Enter 键确认，即可计算出员工养老保险应扣金额，如图 2-28 所示。

图 2-28 计算员工养老保险应扣金额

步骤 04 选中 G3 单元格，然后输入公式"=E3*0.01"，最后按 Enter 键确认，即可计算出员工失业保险应扣金额，如图 2-29 所示。

步骤 05 选中 H3 单元格，然后输入公式"=E3*0.02"，最后按 Enter 键确认，即可计算出员工医疗保险应扣金额，如图 2-30 所示。

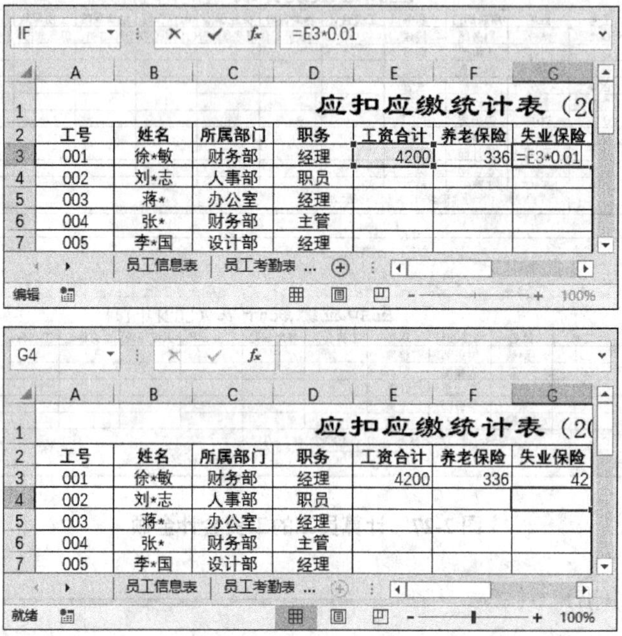

图 2-29　计算员工失业保险应扣金额

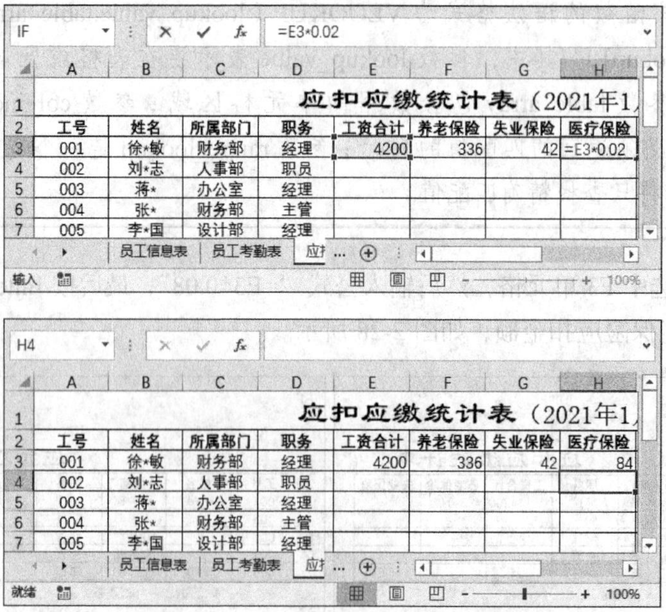

图 2-30　计算员工医疗保险应扣金额

步骤 06 在 I3 单元格和 J3 单元格中，均输入公式"=E3*0"，最后按 Enter 键确认，由于生育保险和工伤保险都由单位缴纳，因此显示金额为 0，如图 2-31 所示。

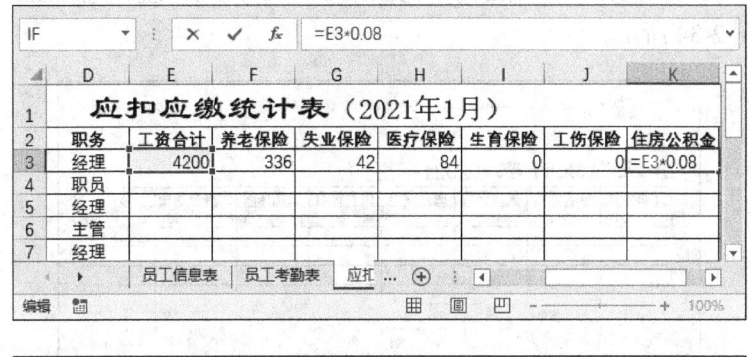

图 2-31 计算员工生育保险和工伤保险应扣金额

步骤 07 选中 K3 单元格，然后输入公式"=E3*0.08"，最后按 Enter 键确认，即可计算出员工住房公积金应扣金额，其效果如图 2-32 所示。

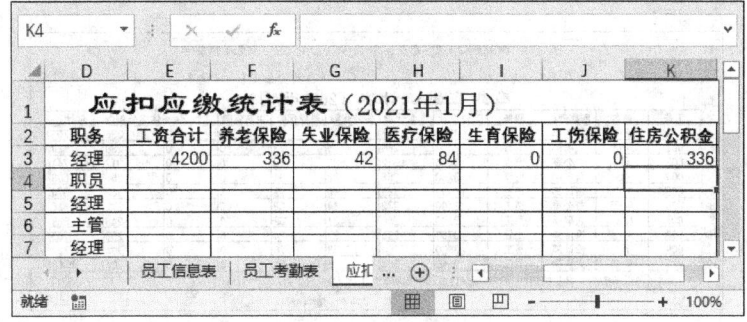

图 2-32 计算员工住房公积金应扣金额

步骤 08 选中 L3 单元格,然后输入公式"=SUM(F3:K3)",最后按 Enter 键确认,即可计算出员工应扣除的总额,如图 2-33 所示。

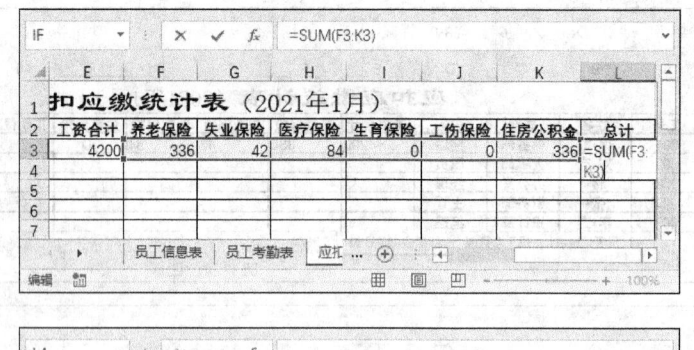

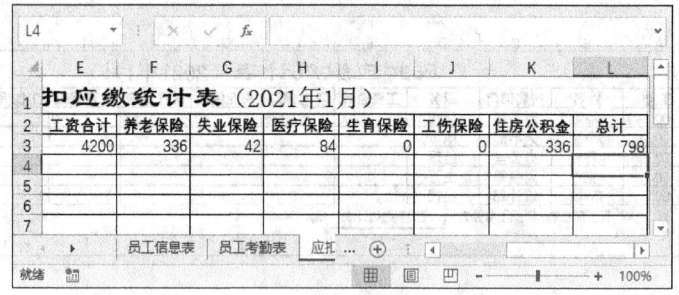

图 2-33 计算出员工应扣除的总额

步骤 09 选中 E3:L3 单元格区域,然后将光标移动到 L3 单元格的右下角,当光标变成"+"形状时,按住鼠标左键向下拖至第 12 行,此时"应扣应缴统计表"便制作完成了,如图 2-34 所示。

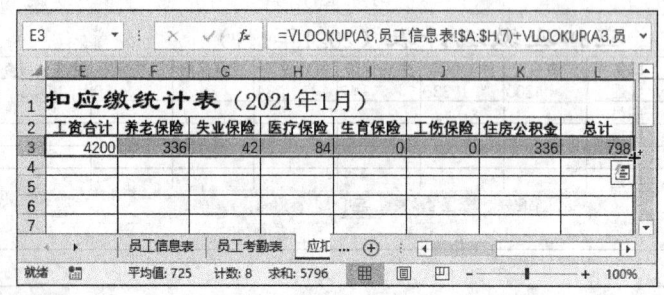

图 2-34 应扣应缴统计表效果图

2.2 工资明细表

2.2.1 创建工资明细表

为让表格看起来更加美观，用户可设置表格样式，如套用表格格式或使用单元格样式等。下面将介绍员工工资明细表的创建过程及美化的方法。

> **财务小知识**
>
> **实发工资与应发工资**
>
> 员工应发工资是基本工资、工龄工资及满勤奖等加在一起的金额；而实发工资是扣减了五险一金后，员工最后拿到手的薪资。

步骤01 在"工作簿"中单击"新工作表"按钮，在"应扣应缴统计表"右侧新建一个工作表，将其重新命名为"工资明细表"，如图2-35所示。

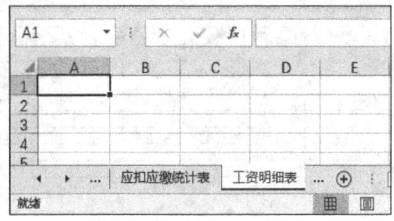

图2-35 创建工资明细表

步骤02 在"工资明细表"A1单元格中输入表标题"员工工资明细表（2021年1月）"，并合并A1:O1区域，然后在A2:O2单元格区域依次输入"工号、姓名、所属部门、职务、基本工资、工龄工资、满勤奖、缺勤扣款、养老保险、失业保险、医疗保险、生育保险、工伤保险、住房公积金及实发工资"等，并设置居中对齐。接下来在A3:D12区域输入员工信息，最后选择A2:D12区域添加所有框线，如图2-36所示。

步骤03 选中A2:O12单元格区域，然后打开"开始"选项卡，单击"样式"选项组中的"套用表格格式"按钮，最后从展开的列表中选择"浅绿,表样式浅色7"选项，如图2-37所示。

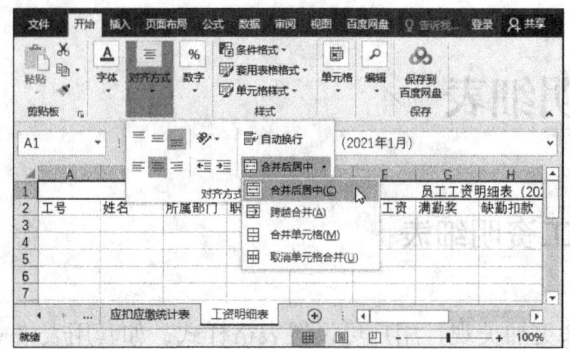

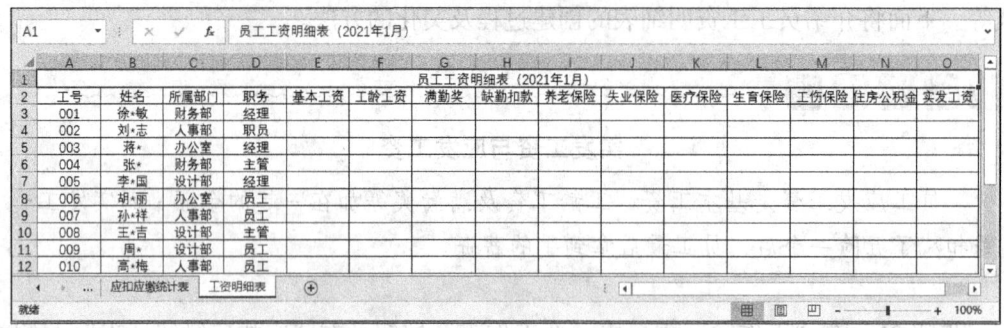

图 2-36 输入员工信息及列标题

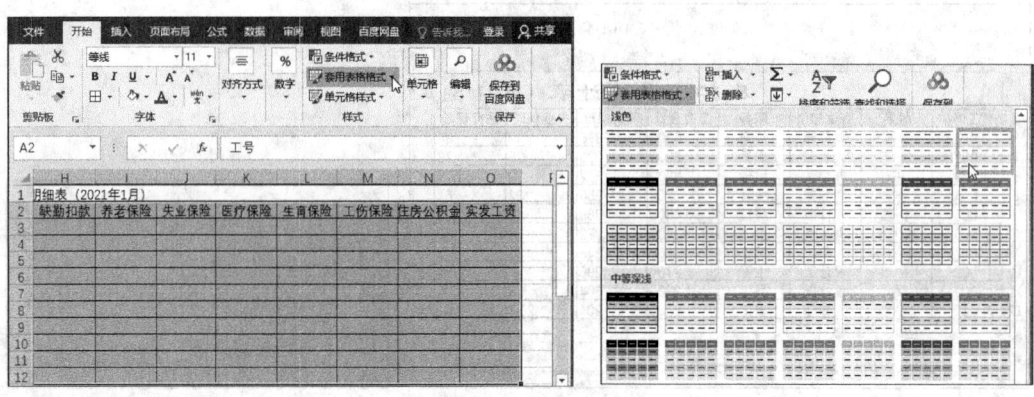

图 2-37 设置表的样式

步骤 04 按 Enter 键确认时，会弹出"套用表格式"对话框，从中确认表数据的来源是否为 A2:O12 区域，确认无误后，勾选"表包含标题"复选框，单击"确定"按钮，如图 2-38 所示。

步骤 05 打开"开始"选项卡，单击"样式"选项组中的"单元格样式"按钮，在弹出的下拉列表的"标题"选项上右击，从快捷菜单中选择"修改"命令，如图 2-39 所示。

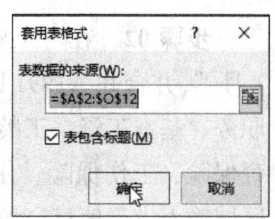

图 2-38 套用表格式

第 ② 章　Excel 在工资核算中的应用

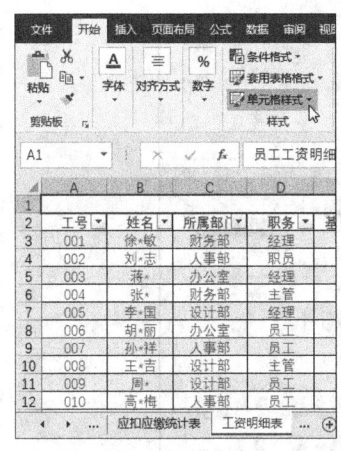
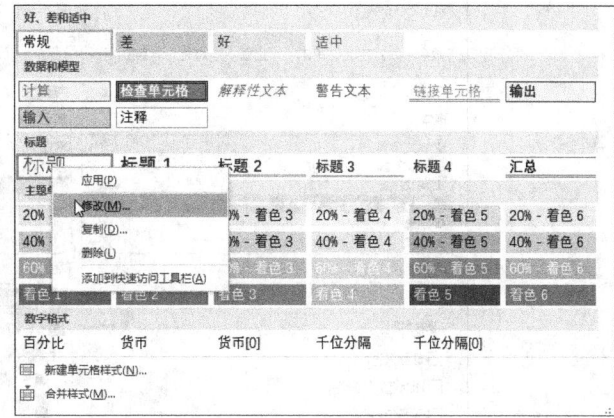

图 2-39　修改标题样式

步骤 06　按 Enter 键确认时，弹出"样式"对话框，保持默认设置，单击"格式"按钮，如图 2-40 所示。

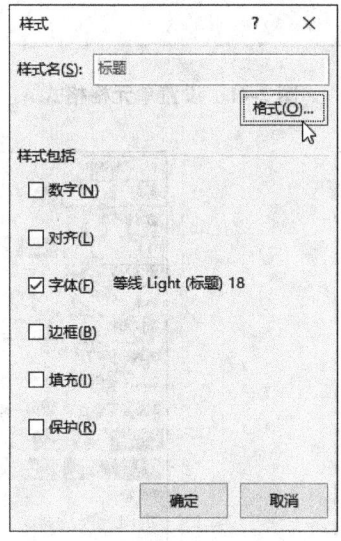

图 2-40　确认表格样式

步骤 07　在弹出的"设置单元格格式"对话框中单击"字体"选项卡，然后设置字体为"楷体，加粗，18 号和红色"，最后单击"确定"按钮，如图 2-41 所示。

步骤 08　在弹出的"样式"对话框中再次单击"确定"按钮，如图 2-42 所示。

步骤 09　选中"员工明细表"的标题，然后单击"样式"选项组中的"单元格样式"按钮，从展开的列表中选择"标题"选项，最后按 Enter 键确认，如图 2-43 所示。

步骤 10　此时，表格标题就套用了设置的单元格样式。至此，员工工资明细表的样式就设置好了，最终效果如图 2-44 所示。

Excel 在财务中的应用

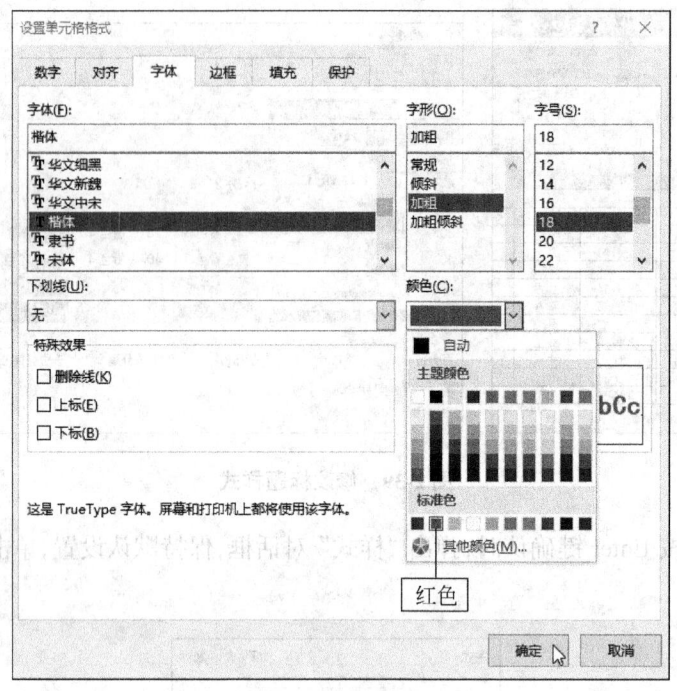

图 2-41　设置单元格格式

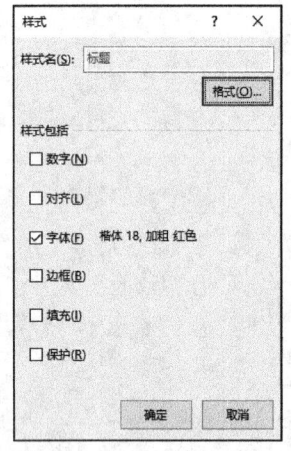

图 2-42　确认单元格样式

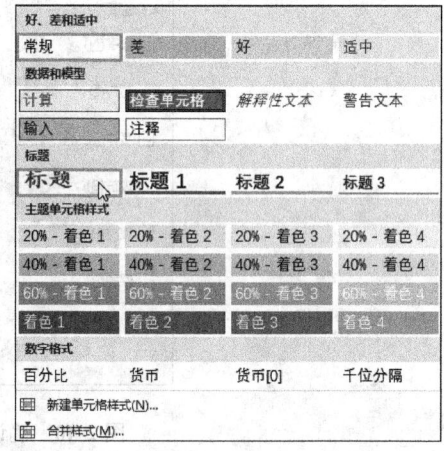

图 2-43　将表格的标题套用单元格样式

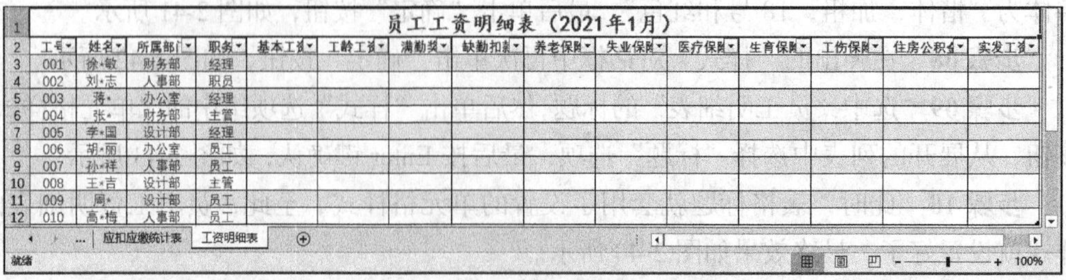

图 2-44　工资明细表效果图

2.2.2 工资数据的输入

在设置好员工工资明细表的样式后,就需要在其中输入员工的工资数据,此时用户可以通过公式引用其他工作表中的数据。下面将介绍如何使用公式输入数据,最终生成员工工资明细表的各项内容。

配套资源	
	第2章\引用"员工信息表、员工考勤表、应扣应缴统计表"—最终效果
	第2章\生成工资明细表—最终效果

步骤 01 打开"工资明细表",选中 E3 单元格,然后输入公式"=VLOOKUP(A3,员工信息表!$A:$H,7)",最后按 Enter 键确认,即可引用基本工资数据,如图 2-45 所示。

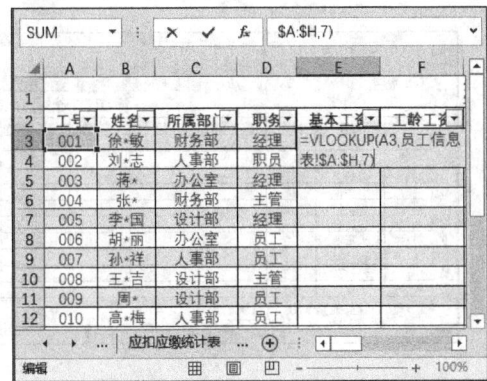

图 2-45 引用基本工资数据

步骤 02 打开"工资明细表",选中 F3 单元格,然后输入公式"=VLOOKUP(A3,员工信息表!$A:$H,8)",最后按 Enter 键确认,即可引用工龄工资数据,如图 2-46 所示。

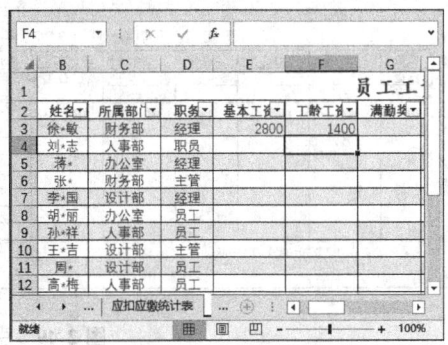

图 2-46 引用工龄工资数据

步骤 03 选中 G3 单元格,然后输入公式"=VLOOKUP(A3,员工考勤表!$A:$AT,46)",最后按 Enter 键确认,即可引用满勤奖数据,如图 2-47 所示。

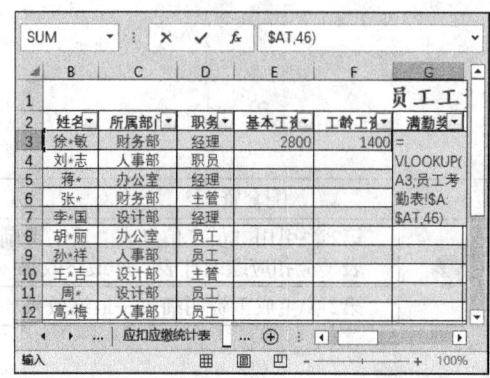 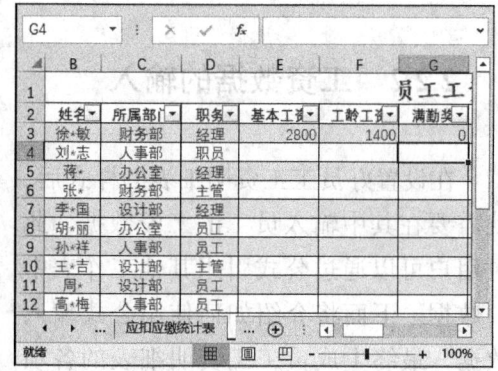

图 2-47 引用满勤奖数据

步骤 04 选中 H3 单元格，然后输入公式"=VLOOKUP（A3,员工考勤表!$A:$AT,45）"，最后按 Enter 键确认，即可引用缺勤扣款数据，如图 2-48 所示。

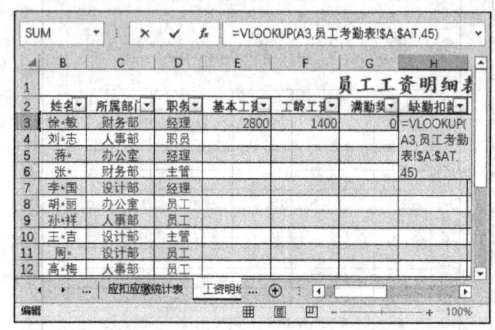 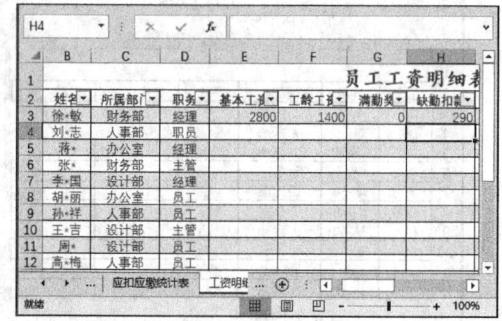

图 2-48 引用缺勤扣款数据

步骤 05 选中 I3 单元格，然后输入公式"=VLOOKUP（A3,应扣应缴统计表!$A:$L,6）"，最后按 Enter 键确认，即可引用养老保险数据，如图 2-49 所示。

图 2-49 引用养老保险数据

步骤 06 选中 J3 单元格，然后输入公式"=VLOOKUP（A3,应扣应缴统计表!$A:$L,7）"，最后按 Enter 键确认，即可引用失业保险数据，如图 2-50 所示。

第 ② 章　Excel 在工资核算中的应用

图 2-50　引用失业保险数据

步骤 07　选中 K3 单元格，然后输入公式 "=VLOOKUP（A3,应扣应缴统计表 !\$A:\$L,8）"，最后按 Enter 键确认，即可引用医疗保险数据，如图 2-51 所示。

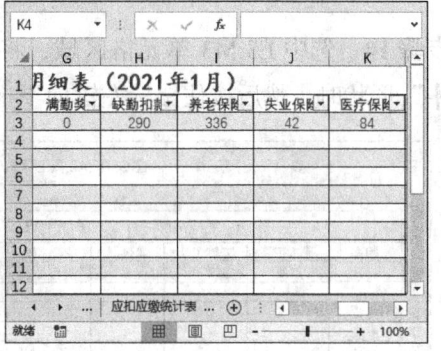

图 2-51　引用医疗保险数据

步骤 08　将生育保险与工伤保险两列删除，然后选中 L3 单元格，输入公式 "=VLOOKUP（A3,应扣应缴统计表 !\$A:\$L,11）"，最后按 Enter 键确认，即可引用住房公积金数据，如图 2-52 所示。

图 2-52　引用住房公积金数据

步骤 09　选中 M3 单元格，输入公式 "=[@ 基本工资]+[@ 工龄工资]+[@ 满勤奖]−[@ 缺勤扣款]−[@ 养老保险]−[@ 失业保险]−[@ 医疗保险]−[@ 住房公积金]"，最后按 Enter 键确认，即可计算出实发工资，如图 2-53 所示。

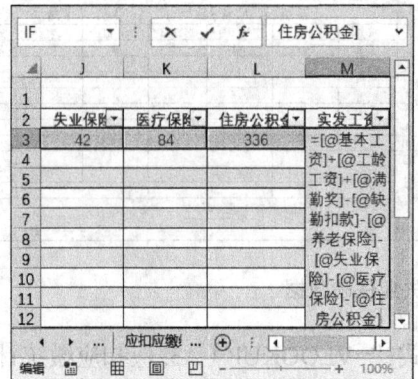 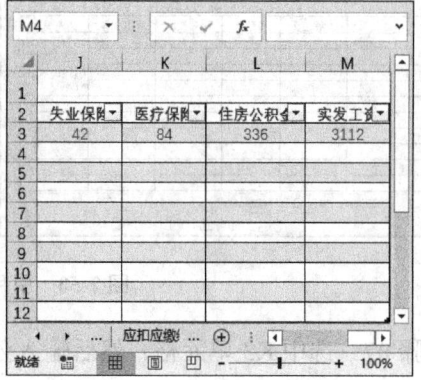

图 2-53 计算实发工资数额

步骤 10 选中 E3:M3 单元格区域，将光标移动到 M3 单元格的右下角，当光标变成 "+" 形状时，然后按住鼠标左键向下拖至 M12 单元格，如图 2-54 所示。

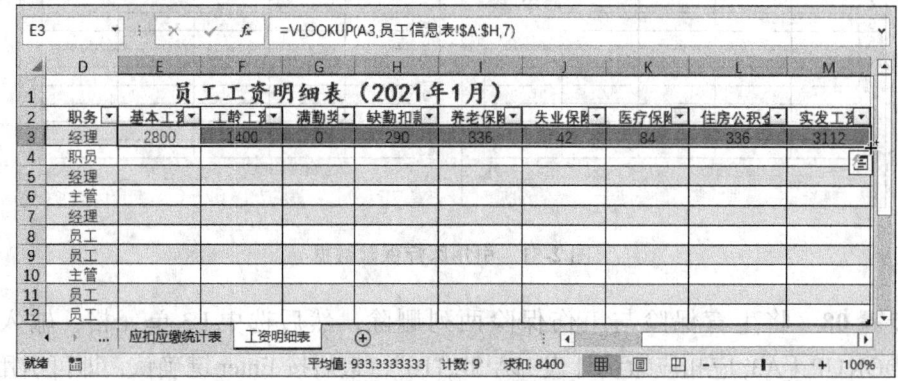

图 2-54 计算其他员工工资明细

步骤 11 至此，员工工资明细表就制作完成了，表中显示了每位员工的工资明细内容及金额，如图 2-55 所示。

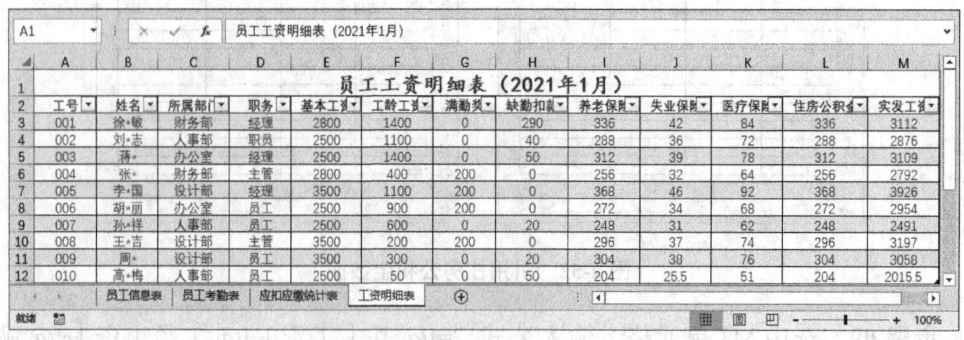

图 2-55 工资明细表效果图

2.3 工资条和工资发放表

2.3.1 制作工资条

工资条是员工所在单位发放给员工的反应工资的纸条，记录着每位员工的月收入明细和收入总额等信息。工资条包括工资明细表中的各个组成部分，如基本工资、工龄工资及应扣五险一金等项目。根据工资明细表，制作员工工资条的操作介绍如下。

配套资源
第 2 章 \ 工资明细表—原始文件
第 2 章 \ 工资条—最终效果

步骤 01 打开"工资明细表"，选中 A2:M2 单元格区域，按下 Ctrl+C 组合键，将列标题进行复制，如图 2-56 所示。

图 2-56 复制列标题

步骤 02 在工作簿中创建一个工作表，将其命名为"工资条"，然后构建工资条的基本框架，首先在 A1 单元格输入表标题"工资条"，再选择 A1:M1 单元格区域进行"合并后居中"，按照自己的喜好设置字体及字号，最后单击 A2 单元格，按 Ctrl+V 组合键将复制好的列标题进行粘贴，这样，工资表框架就构建完成了，如图 2-57 所示。

步骤 03 选择 A3 单元格，然后右击，在弹出的快捷菜单中选择"设置单元格格式"，如图 2-58 所示。

步骤 04 在弹出的"设置单元格格式"对话框中单击"数字"选项卡，在"分类"列表框中选择"自定义"选项，在"类型"文本框中输入"00#"，单击"确定"按钮，如图 2-59 所示。

函数小解析

COLUMN 函数

COLUMN 函数用于返回指定单元格引用的列标,该函数的语法格式为 COLUMN ([reference])。其中，参数 reference 表示要返回其列标的单元格或单元格区域。如果省略 reference，则假定对函数 COLUMN 所在单元格的引用；如果 reference 为

> 一个单元格区域，并且函数 COLUMN 作为水平数组输入，则函数 COLUMN 将 reference 中的列标以水平数组的形式返回。reference 不能引用多个区域。

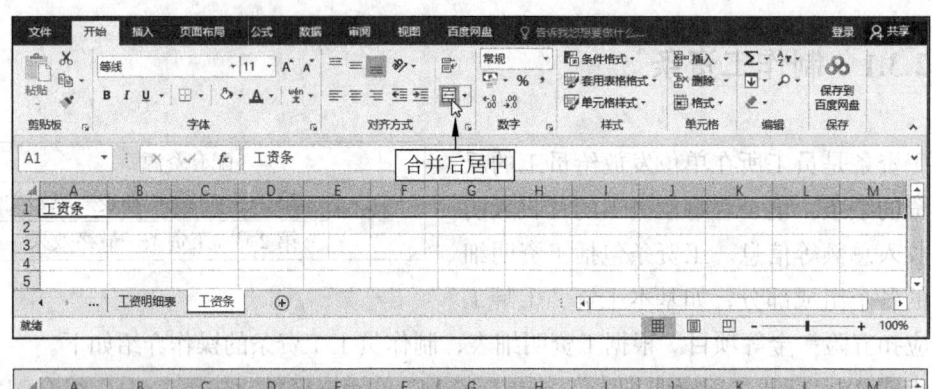

图 2-57　构建工资条的基本框架

图 2-58　设置单元格格式

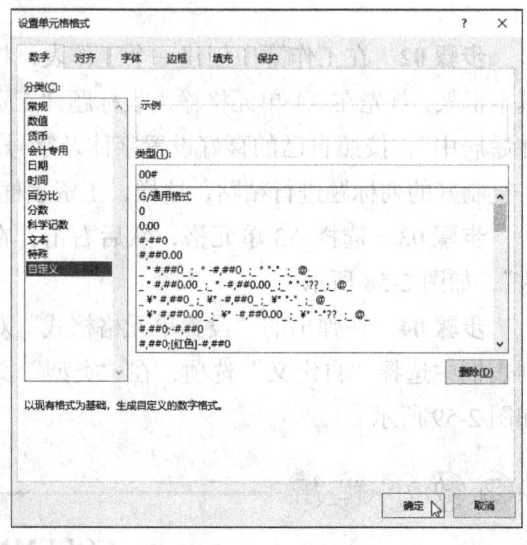

图 2-59　自定义数字类型

步骤 05　在 A3 单元格中输入 1，完成第一名员工的工号录入，然后选择 B3 单元格，输入公式"=VLOOKUP($A3, 工资明细表 !$A:$P,COLUMN( ),0)"，最后按 Enter 键确认，即可引用员工姓名,如图2-60所示。

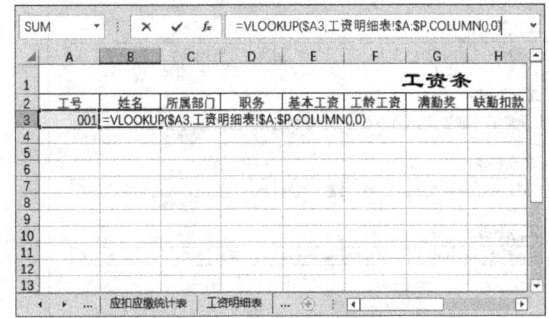 

图 2-60 录入工号及引用员工姓名

步骤 06 选中 B3 单元格,将光标移动到该单元格的右下角,当光标变成"+"形状时,按住鼠标左键不放,向右拖至 M3 单元格,即可填充员工信息,如图 2-61 所示。

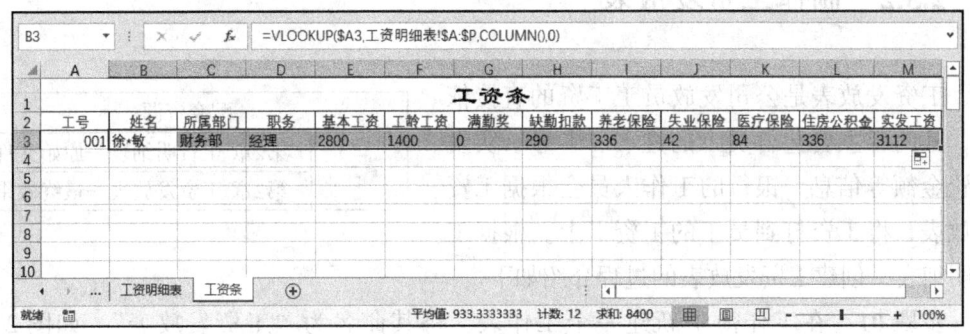

图 2-61 填充员工信息

步骤 07 选中 A1: M3 单元格区域,将文本"居中对齐",然后将光标移动到 M3 单元格的右下角,当光标变成"+"形状时,按住鼠标左键不放向下拖,批量生成员工工资条,如图 2-62 所示。

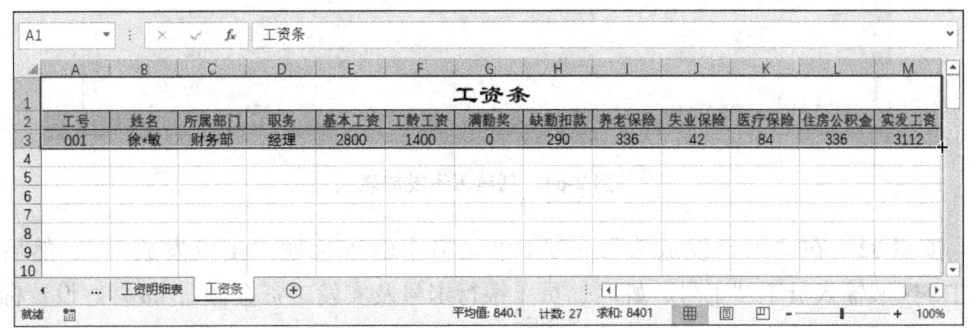

图 2-62 生成员工工资条

步骤 08 当所有员工的工资条都生成后,释放鼠标,得到最终表格,如图 2-63 所示。

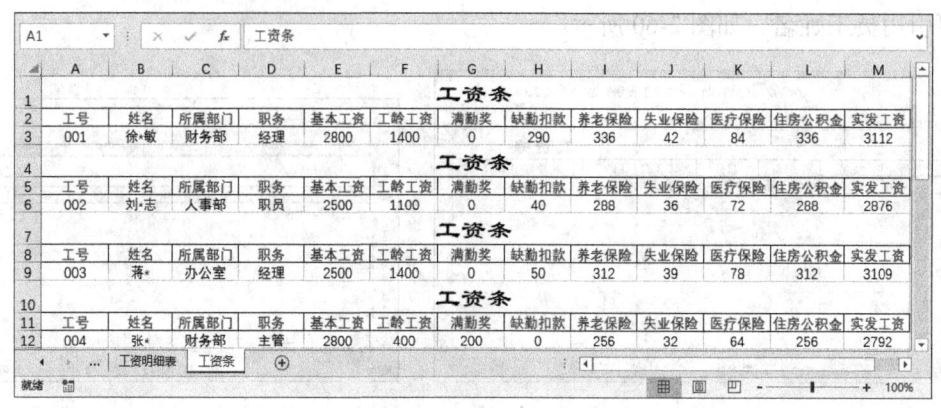

图 2-63 工资条效果图

2.3.2 制作工资发放表

工资发放表是公司发放员工工资的直接依据，其内容主要包含员工的姓名、卡号、实发工资金额等信息。银行的工作人员会根据工资发放表，将工资打到员工的工资卡上。根据工资明细表，创建工资发放表的过程介绍如下。

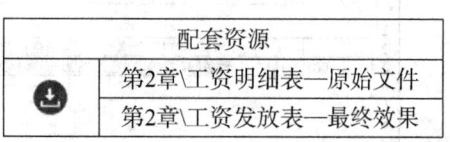

步骤01 在工作簿中新建一个工作表，将其命名为"工资发放表"，如图 2-64 所示。

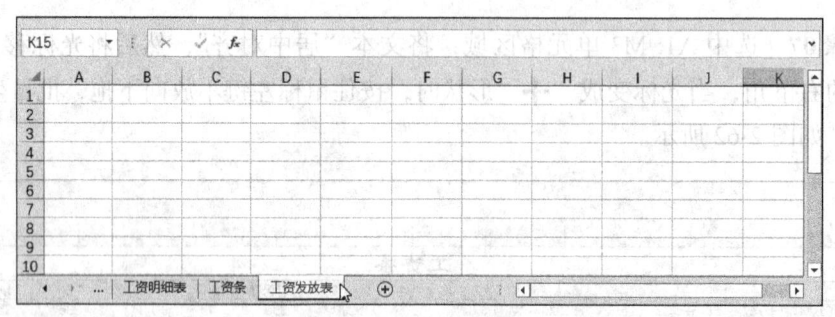

图 2-64 创建工资发放表

步骤02 在"工资发放表"的 A1 单元格中输入标题"工资发放表"，然后在 A2:D2 区域输入员工"工号、姓名、员工银行卡号及实发工资金额"，按喜好设置标题字号，最后从员工信息表中将工号和姓名复制到工资发放表中，如图 2-65 所示。

步骤03 选中 C3:C12 单元格区域，右击，在弹出的快捷菜单中选择"设置单元格格式"，如图 2-66 所示。

步骤04 在弹出的"设置单元格格式"对话框中打开"数字"选项卡，在"分类"

 第 2 章 Excel 在工资核算中的应用

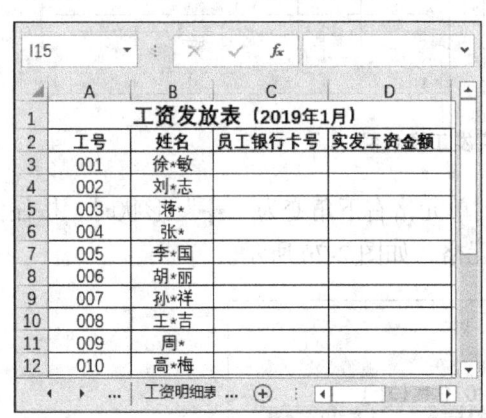

图 2-65 设置表框架

图 2-66 设置员工银行卡号列的单元格格式

列表框中选择"文本"选项，最后单击"确定"按钮，如图 2-67 所示。

步骤 05 选中 D3:D12 单元格区域，然后打开"开始"选项卡，单击"数字"选项组中的"数字格式"下拉按钮，最后从展开的列表中选择"会计专用"选项，如图 2-68 所示。

图 2-67 选择文本格式

图 2-68 设置实发工资金额格式

步骤 06 将员工银行卡号输入 C3 列中，然后选中 D3 单元格，输入公式"=VLOOKUP(A3,工资明细表!$A:$M,13)"，最后按 Enter 键确认，即可显示实发工资金额，如图 2-69 所示。

· 61 ·

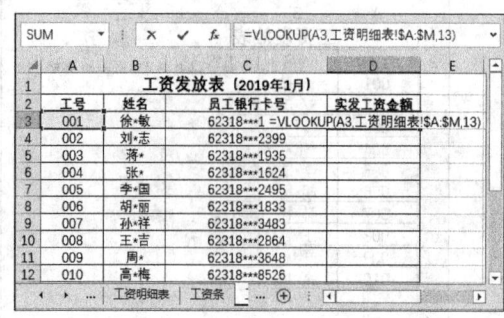

图 2-69 统计实发工资金额

步骤 07 选择 D3 单元格，当光标移动到单元格右下角变为 "✚" 形状时，按住鼠标左键不放，向下拖动，填充公式至 D12 单元格，如图 2-70 所示。

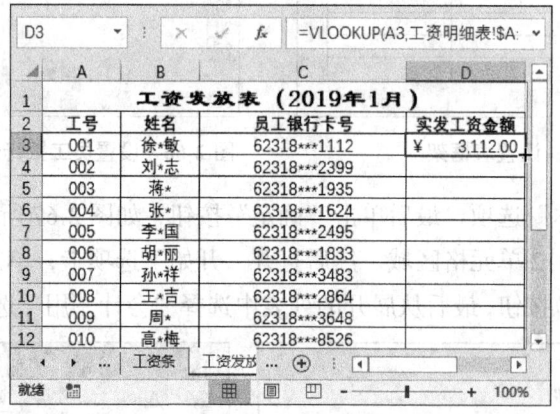

图 2-70 填充员工实发工资金额

步骤 08 在 "工资发放表" 的 A2:D12 区域添加所有框线，然后按照喜好设置表标题及列标题的字体及字号，至此，"工资发放表" 就制作完成了，如图 2-71 所示。

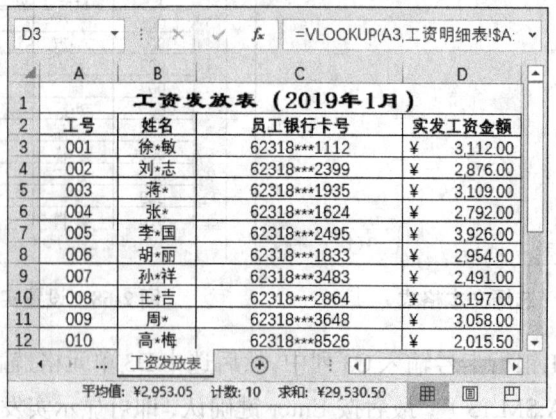

图 2-71 工资发放表效果图

本章小结

本章以典型的工资核算为例,介绍了企业员工工资管理、工资核算表的建立、Excel 数据输入、公式计算、表格修饰、建立工资条及工资发放表等内容。此外,还介绍了 FLOOR、DAYS360、VLOOKUP、COUNTIF 及 COLUMN 等函数。

思考练习

利用 Excel 2016 的函数和公式计算大阳公司员工的工资。

大阳公司员工信息如下。

工 号	姓 名	所属部门	职 务	入职时间
001	张*	人事部	员工	2003/4/1
002	刘*吉	设计部	主管	2019/8/9
003	张*	办公室	员工	2017/5/7
004	李*红	财务部	主管	2018/9/3
005	孙*国	设计部	经理	2019/6/6
006	张*丽	办公室	员工	2018/11/7
007	孙*倩	人事部	员工	2016/7/4
008	左*光	财务部	主管	2020/1/12
009	隋*	设计部	员工	2008/3/4
010	王*昌	办公室	员工	2011/2/5

公司工资项目包括基本工资和工龄工资,具体计算标准如下。

(1)岗位工资:办公室员工 4500 元,财务部门员工 3000 元,其他人员 2800 元。

(2)工龄工资:一年及以下员工每年 50 元;两年及以上员工每年 100 元。

(3)奖金:办公室员工和财务部门员工 1000 元,其他人员 800 元。

(4)缴费比例:养老保险费 8%,失业保险费 1%,医疗保险费 2%,住房公积金 10%。

要求:计算员工工资,制作工资明细表并生成工资条。

第3章 Excel 在固定资产管理中的应用

学习目标

（1）学会用 Excel 2016 设计固定资产卡片。
（2）掌握固定资产核算系统的业处理流程。
（3）掌握固定资产折旧的计算方法。

课程思政

（1）严格执行会计法律法规制度，保证会计工作有序进行。
（2）保持严格认真的态度对固定资产进行核算，确保企业的资产安全。

学习重点

（1）掌握固定资产卡片的设计方法。
（2）掌握固定资产管理表及变更的处理方法。

学习难点

（1）掌握创建固定资产折旧统计表的方法。
（2）掌握固定资产折旧的计算方法。

固定资产是企业的劳动手段，也是企业赖以生产经营的主要资产。作为企业长期使用的财产、生产能力的重要标志，固定资产在企业的资产总额中占有相当大的比重，日常的核算、管理非常烦琐，而且固定资产针对其在使用过程中造成的损耗需要计提折旧费用。折旧核算的工作量也相当大，所以正确核算和计算固定资产对企业的生产经营具有重大的意义。

3.1 固定资产初始化设置

3.1.1 背景资料

小王在 2021 年 1 月设计了一套 Excel 2016 工资核算系统,解决了手工工资核算工作量大、容易出错等难题,得到了领导的一致认可。于是她决定在 2021 年 2 月开始尝试用 Excel 2016 设计华联公司的固定资产核算系统。

> **财务小知识**
>
> 固 定 资 产
>
> 固定资产是指企业为生产产品、提供劳务、出租或者经营管理而持有的、使用时间超过 12 个月并且价值达到一定标准的非货币性资产。

3.1.2 编制固定资产管理表

企业为方便、系统地管理固定资产,可以编制固定资产管理表,该表记录固定资产的名称、所属部门、使用状态、原值等信息。使用固定资产管理表,不仅

配套资源
第3章\固定资产信息表—原始文件
第3章\固定资产管理表—最终效果

可以方便地查看固定资产的具体信息,还便于盘点固定资产。下面将对固定资产管理表的制作过程进行介绍。

步骤 01 新建工作簿,然后将其中的 Sheet1 工作表重命名为"固定资产管理表",如图 3-1 所示。

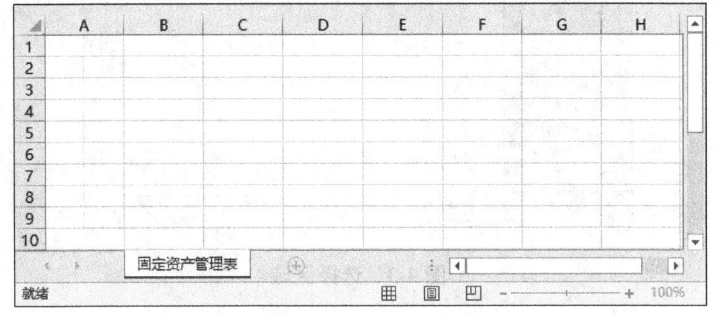

图 3-1 重命名"固定资产管理表"

步骤02 首先，在 A1 单元格中输入表格标题"固定资产管理表"，设置字体为"宋体，14 号，加粗"，同时合并单元格 A1:L1 后居中对齐。其次，在 A2 单元格中输入"当前日期："，在 K2 单元格中输入"单位："，在 L2 单元格中输入"元"。再次，输入列标题，在 A3：L3 区域分别输入"资产编号、形态类别、资产名称、规格型号、所属部门、使用状态、增加方式、减少方式、开始使用日期、可使用年限、已使用年限、资产原值"。最后，选定 A1：L3 区域，打开"开始"选项卡中的"单元格"功能区，在"格式"的下拉选项中选择"自动调整列宽"选项，如图 3-2 所示。

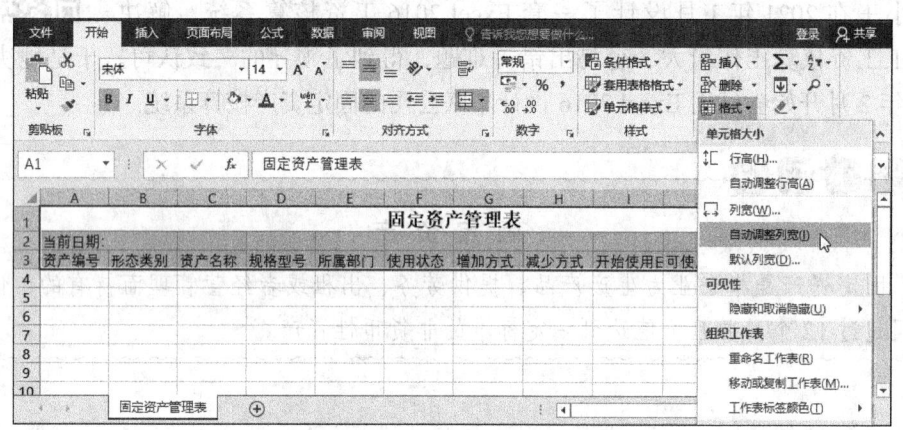

图 3-2 输入表标题和列标题等信息

步骤03 选中 A4:A13 单元格区域，打开"开始"选项卡，单击"数字"选项组的启动器按钮，如图 3-3 所示。

图 3-3 选择区域

步骤04 在弹出的"设置单元格格式"对话框中打开"数字"选项卡，在"分类"

列表框中选择"自定义"选项,然后在"类型"文本框中输入"00#",单击"确定"按钮,如图3-4所示。

图3-4 自定义单元格式

步骤05 选中B4:B13单元格区域,打开"数据"选项卡,单击"数据工具"组中的"数据验证"按钮,从展开的列表中选择"数据验证"选项,如图3-5所示。

图3-5 打开数据工具

步骤06 在弹出的"数据验证"对话框中打开"设置"选项卡,在"允许"下拉列表中选择"序列"选项,同时勾选"提供下拉箭头",然后在"来源"文本框中输入"房屋,电子设备,办公设备,机械设备,生产设备,运输设备"(注意:要用英文逗号分开),最后单击"确定"按钮,如图3-6所示。

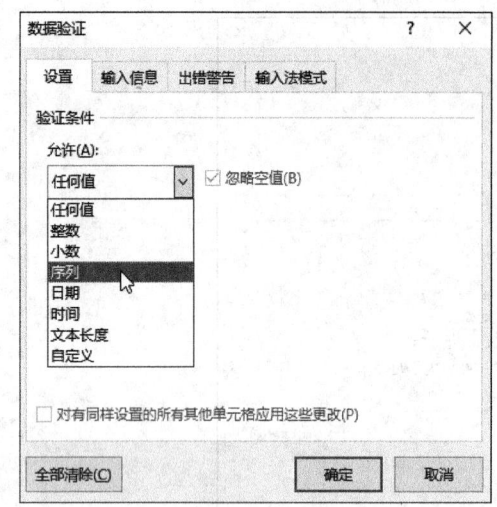
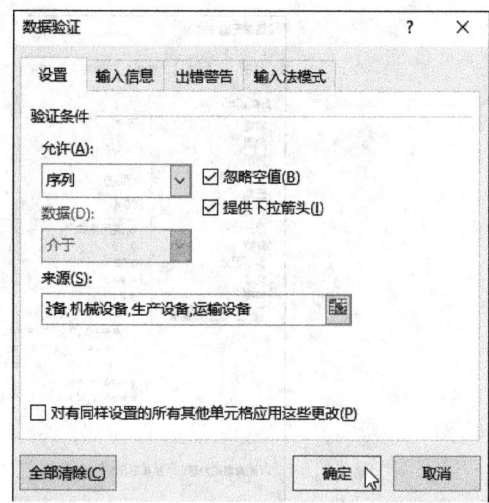

图3-6 设置形态类别

步骤07 选中F4:F13单元格区域,打开"数据验证"对话框,然后打开"设置"选项卡,在"允许"下拉列表中选择"序列"选项,同时勾选"提供下拉箭头",最后在"来源"文本框中输入"在用,季节性停用,停用,报废"(注意:要用英文逗号分开),单击"确定"按钮,如图3-7所示。

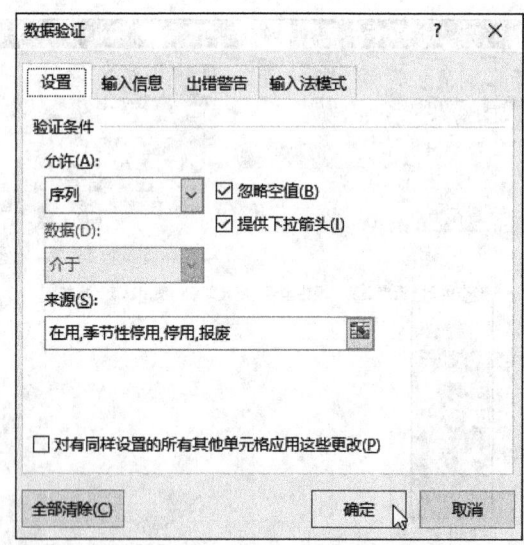

图3-7 设置使用状态

步骤08 选中G4:G13单元格区域,打开"数据验证"对话框,然后打开"设置"选项卡,在"允许"下拉列表中选择"序列"选项,同时勾选"提供下拉箭头",最后在

"来源"文本框中输入"自建,直接购入,投资者投入,捐赠,在建工程转入,调拨"(注意:要用英文逗号分开),单击"确定"按钮,如图3-8所示。

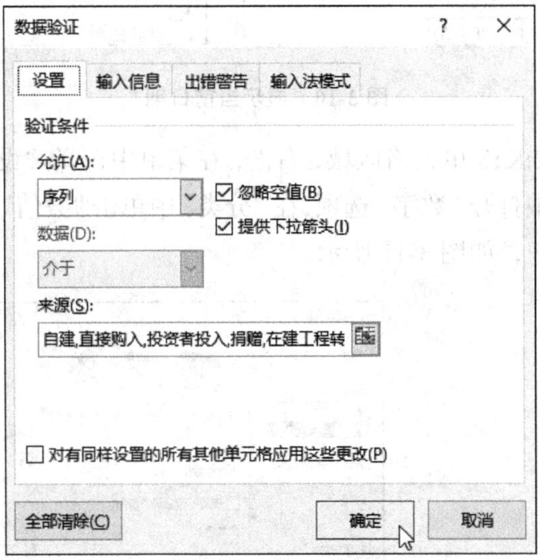

图 3-8 设置增加方式

步骤 09 选中 H4:H13 单元格区域,打开"数据验证"对话框,然后打开"设置"选项卡,在"允许"下拉列表中选择"序列"选项,同时勾选"提供下拉箭头",最后在"来源"文本框中输入"出售,调拨,投资,报废"(注意:要用英文逗号分开),单击"确定"按钮,如图3-9所示。

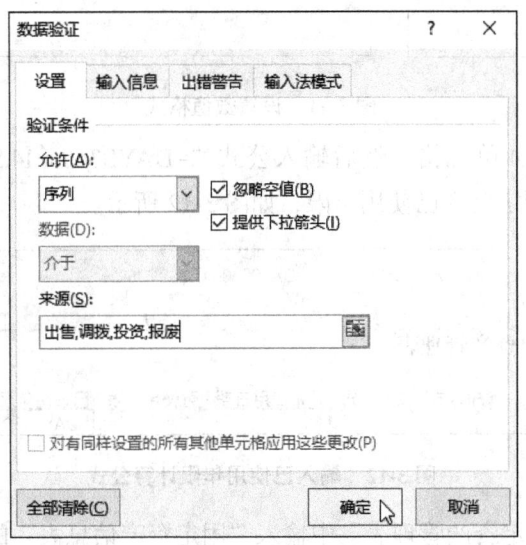

图 3-9 设置减少方式

步骤 10 选中 B2 单元格,然后输入公式"=TODAY()",按 Enter 键确认,此时在该单元格中显示当前日期,如图3-10所示。

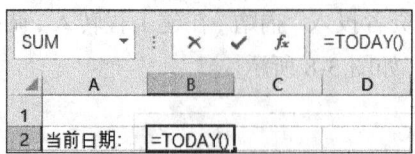 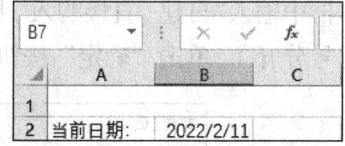

图 3-10　显示当前日期

步骤 11　选中 K2:K13 单元格区域，右击，在菜单中选择"设置单元格格式"选项，然后在弹出的对话框中打开"数字"选项，在"分类"中单击"数值"，将小数位数改为"0"，最后单击"确定"按钮，如图 3-11 所示。

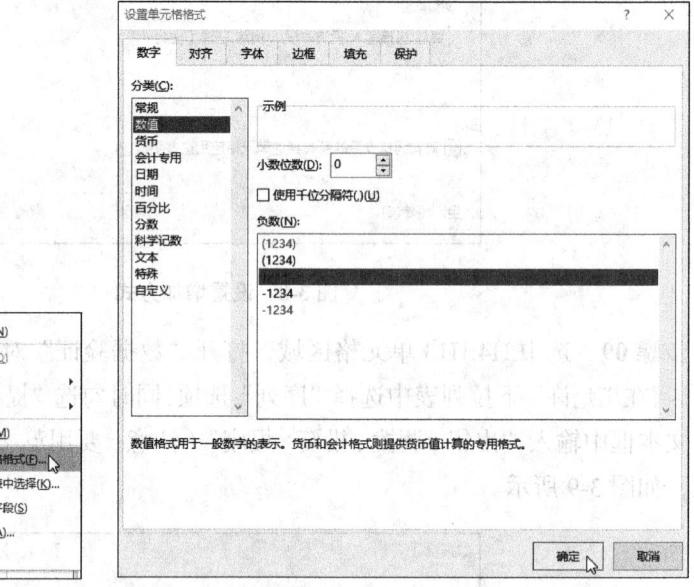

图 3-11　设置数值格式

步骤 12　选中 K4 单元格，然后输入公式"=DAYS360（I4,$B$2）/360"，最后按 Enter 键确认，计算固定资产已使用年限，如图 3-12 所示。

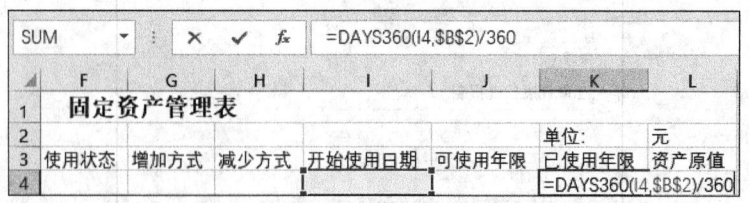

图 3-12　输入已使用年限计算公式

步骤 13　在"固定资产管理表"中输入"固定资产信息表"的相关数据，其中"形态类别、使用状态、增加方式"录入时，在右侧箭头▼的下拉列表中选择即可，然后将"可使用年限"列填充公式，选择 J4 单元格，鼠标移至右下角出现➕时，按住鼠标左键向下拖曳至 J13 单元格，如图 3-13 所示。

	F	G	H	I	J	K	L
1	固定资产管理表						
2						单位:	元
3	使用状态	增加方式	减少方式	开始使用日期	可使用年限	已使用年限	资产原值
4	在用	自建		2015/1/1	20	7	
5	在用	自建		2015/1/1	20		
6	在用	自建		2016/7/1	20		
7	在用	投资者投入		2015/3/1	10		
8	在用	直接购入		2019/4/1	5		
9	在用	直接购入		2018/8/1	6		
10	在用	直接购入		2020/5/1	6		
11	在用	捐赠		2020/6/1	5		
12	在用	直接购入		2021/1/1	4		
13	在用	直接购入		2019/7/1	5		

图 3-13　录入信息

步骤 14　查看最终效果，如图 3-14 所示。

	A	B	C	D	E	F	G	H	I	J	K	L
1						固定资产管理表						
2	当前日期:	2022/2/11									单位:	元
3	资产编号	形态类别	资产名称	规格型号	所属部门	使用状态	增加方式	减少方式	开始使用日期	可使用年限	已使用年限	资产原值
4	001	房屋	厂房	2000平方米	生产部	在用	自建		2015/1/1	20	7	20000000
5	002	房屋	仓库	1500平方米	销售部/采购部	在用	自建		2015/1/1	20	7	8000000
6	003	房屋	办公楼	1200平方米	所有部门	在用	自建		2016/7/1	20	6	10000000
7	004	运输设备	货车	15吨	生产部	在用	投资者投入		2015/3/1	10	7	650000
8	005	办公设备	空调	格力	研发部	在用	直接购入		2019/4/1	5	3	6000
9	006	办公设备	计算机	华为	财务部	在用	直接购入		2018/8/1	6	4	5000
10	007	生产设备	生产机器	华威	生产部	在用	直接购入		2020/5/1	6	2	500000
11	008	办公设备	复印机	惠普	财务部	在用	捐赠		2020/6/1	5	2	8000
12	009	电子设备	监控器	华夏	销售部	在用	直接购入		2021/1/1	4	1	8000
13	010	办公设备	计算机	联想	采购部	在用	直接购入		2019/7/1	5	3	6000

图 3-14　最终效果图

3.2　固定资产的管理

3.2.1　创建固定资产标识卡

固定资产标识卡又称固定资产标签、固定资产标示卡、固定资产管理标签、固定资产标签贴等，是专门为固定资产设计的一款专用标签。作为固定资产管理中基础数据的载体，固定资产标识卡是按照每一个独立的固定资产项目设置的卡片。在进行固定资产管理时，它是区别固定资产的一种标志，让管理者对资产状况一目了然。对于新增的每一项固定资产，企业都应根据有关资料为其建立一张卡片，固定资产标签上一般有固定资产名称、资产编号、资产型号、使用部门、购买时间、价格等信息。设计固定资产标识卡片样式的操作步骤如下。

配套资源	
第3章\固定资产管理表—原始文件	
第3章\固定资产标识卡—最终效果	

步骤 01　打开"固定资产管理表"，单击工作表标签右侧的"新工作表"按钮，增加新建工作表，然后将其重命名为"固定资产标识卡"，如图 3-15 所示。

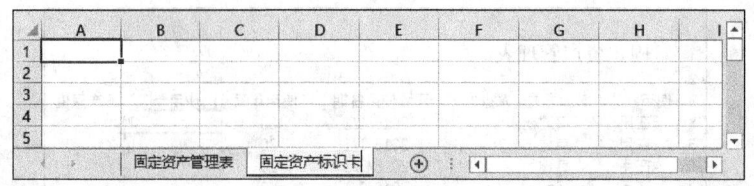

图 3-15　增加新工作表

步骤 02　在 B2 单元格中输入表标题"固定资产标识卡",将其设置为"楷体,14 号,加粗",对 B2:C2 单元格进行"合并居中",然后输入行标题,在 B3:B6 单元格内分别输入"资产编号:""资产名称:""规格型号:""所属部门:",最后合并 B7:C7 单元格,输入"20 年 月 日",将 B 列和 C 列的列宽调整为"12",效果如图 3-16 所示。

步骤 03　选中 B2:C7 单元格区域,打开"开始"选项卡,然后单击"对齐方式"选项组中的启动器按钮,如图 3-17 所示。

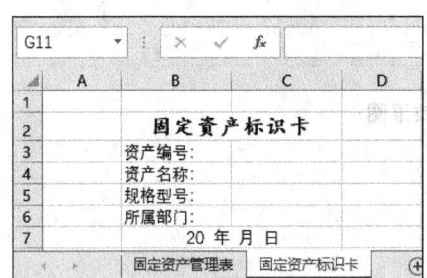

图 3-16　输入标识卡标题

图 3-17　单击对齐方式启动器按钮

步骤 04　在弹出的"设置单元格格式"对话框中打开"边框"选项卡,将边框颜色设置为"黑色",然后在"样式"列表框中选择合适的线条样式,单击"外边框"按钮,然后单击"确定"按钮,如图 3-18 所示。

步骤 05　选中 C3 单元格,单击"字体"选项组中的"边框"下拉按钮,然后从弹出的下拉列表中选择"绘制边框"选项,如图 3-19 所示。

步骤 06　此时,光标变成铅笔形状,将光标移动到合适位置,然后按住鼠标左键不放并向右移动,绘制边框,如图 3-20 所示。

步骤 07　绘制边框后,选中 B2:C7 单元格区域,单击"填充颜色"下拉按钮,从弹出的下拉列表中选择"橙色,个性 2,淡色 60%"选项,如图 3-21 所示。

步骤 08　选中 C4 单元格,然后输入公式"=VLOOKUP(C3,固定资产管理表!$A:$E,3)",按 Enter 键确认,如图 3-22 所示。

步骤 09　选中 C5 单元格,然后输入公式"=VLOOKUP(C3,固定资产管理表!$A:$E,4)",按 Enter 键确认,会自动显示"#N/A",如图 3-23 所示。

第 3 章　Excel 在固定资产管理中的应用

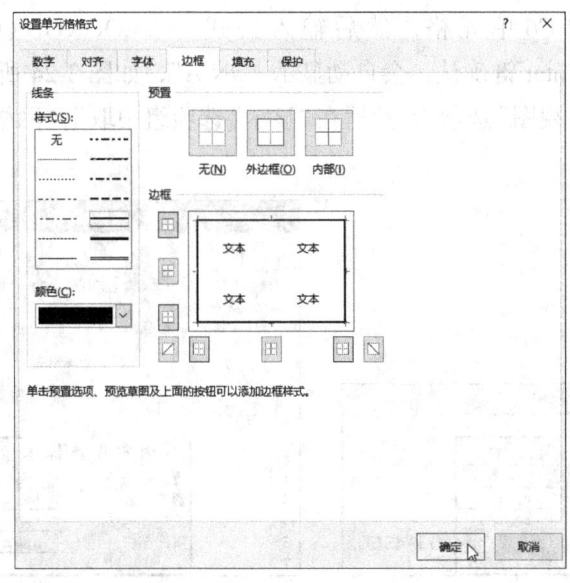

图 3-18　设置外边框颜色和样式

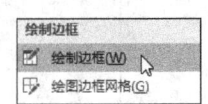

图 3-19　启动绘制边框功能

图 3-20　绘制边框

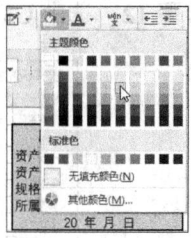

图 3-21　填充颜色

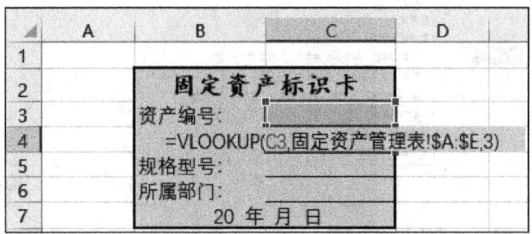

图 3-22　输入资产名称公式

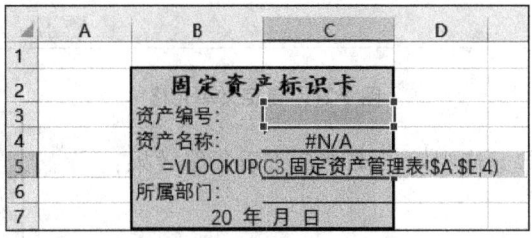

图 3-23　输入规格型号公式

· 73 ·

步骤10 选中 C6 单元格，然后输入公式"=VLOOKUP（C3,固定资产管理表 !$A:$E,5）"，按 Enter 键确认，会自动显示"#N/A"，如图 3-24 所示。

步骤11 打开"视图"选项卡,然后在"显示"选项组中取消"网格线"复选框的勾选,如图 3-25 所示。

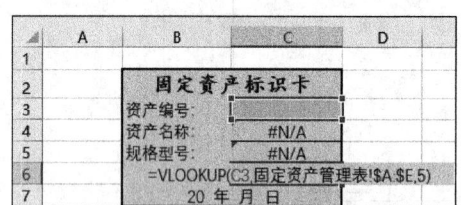
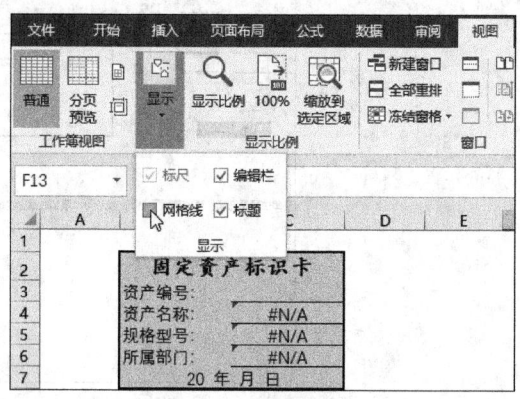

图 3-24　输入所属部门公式　　　　　　图 3-25　取消网格线

步骤12 选中 C3 单元格，然后将其格式设置为"自定义 00#"，如图 3-26 所示。

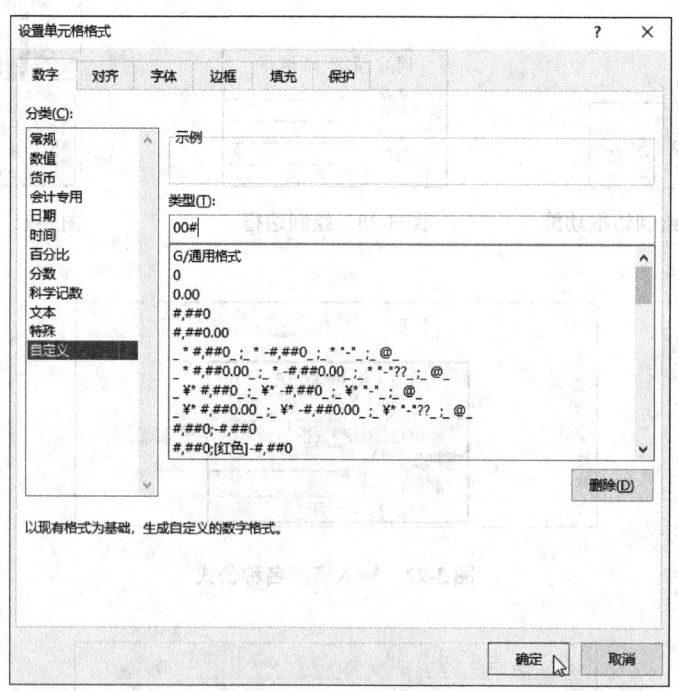

图 3-26　自定义单元格

步骤13 在 C3 单元格中输入 4,然后查看最终效果,如图 3-27 所示。

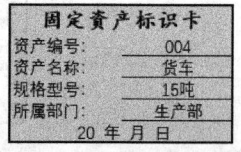

图 3-27　固定资产标识卡效果图

3.2.2 固定资产的变更

在企业日常经营中，固定资产是随时发生变化的。固定资产可以通过自建、接受捐赠、直接购买等途径增加，也会通过报废、出售等途径减少。不管是固定资产的增加、减少还是部门之间的调拨，都要计入固定资产的核算中。

1. 固定资产的增加

固定资产的增加是指企业通过自建、投资者投入、接受捐赠、直接购买、部门调拨等途径增加固定资产存量。

华联公司销售部于 2021 年 12 月 6 日购入戴尔计算机一台，作为办公设备投入使用，价值 5000 元，使用年限是 5 年。在固定资产管理表中，可以使用记录单添加固定资产信息。

步骤 01 打开"固定资产管理表"工作表，在"自定义快速访问工具栏"的下拉菜单中选择"其他命令"，然后在下拉菜单中选择"不在功能区中的命令"，选择"记录单"命令，最后单击"添加"按钮后进行确认，如图 3-28 所示。

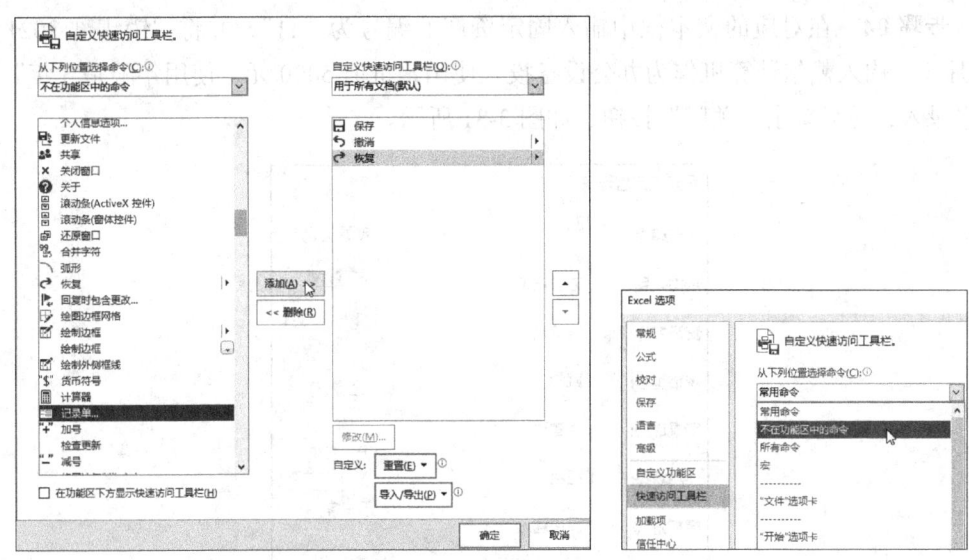

图 3-28 添加记录单命令

步骤 02 选中 A3:L13 单元格区域，单击"记录单"按钮，然后弹出"固定资产管理表"对话框，在对话框中显示固定资产管理表中的第一条信息，单击"新建"按钮，如图 3-29 所示。

步骤 03 弹出一个固定资产管理表空白的记录单，其中列出了固定资产的各个属性，如图 3-30 所示。

图 3-29　新建记录单　　　　　　　图 3-30　空白记录单

步骤 04　在对应的文本框中输入固定资产的编号为"11",并将"销售部 2021 年 12 月 6 日购入戴尔计算机作为办公设备投入使用,价值 5000 元,使用年限是 5 年"等信息录入,然后单击"关闭"按钮,如图 3-31 所示。

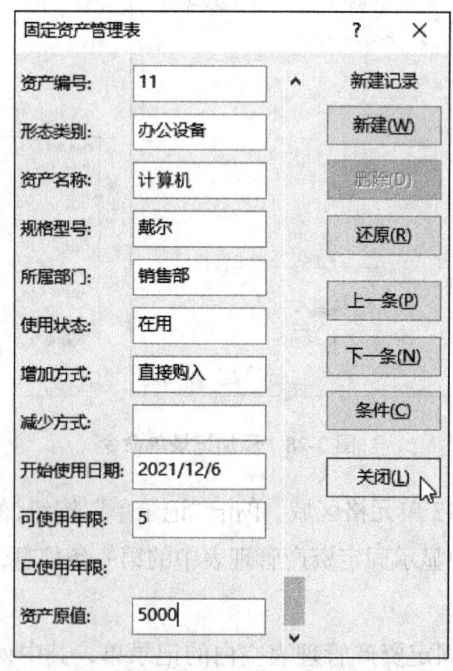

图 3-31　录入新增固定资产信息

步骤 05 此时，在固定资产管理表中就添加了一条固定资产记录，如图 3-32 所示。

固定资产管理表											
当前日期:	2022/2/11									单位:	元
资产编号	形态类别	资产名称	规格型号	所属部门	使用状态	增加方式	减少方式	开始使用日期	可使用年限	已使用年限	资产原值
001	房屋	厂房	2000平方米	生产部	在用	自建		2015/1/1	20	7	20000000
002	房屋	仓库	1500平方米	销售部/采购部	在用	自建		2015/1/1	20	7	8000000
003	房屋	办公楼	1200平方米	所有部门	在用	自建		2016/7/1	20	6	10000000
004	运输设备	货车	15吨	生产部	在用	投资者投入		2015/3/1	10	7	650000
005	办公设备	空调	格力	研发部	在用	直接购入		2019/4/1	5	3	6000
006	办公设备	计算机	华为	财务部	在用	直接购入		2018/8/1	6	4	5000
007	生产设备	生产机器	华威	生产部	在用	直接购入		2020/5/1	6	2	500000
008	办公设备	复印机	惠普	财务部	在用	捐赠		2020/6/1	5	2	8000
009	电子设备	监控器	华夏	销售部	在用	直接购入		2021/1/1	4	1	8000
010	办公设备	计算机	联想	采购部	在用	直接购入		2019/7/1	5	3	6000
011	办公设备	计算机	戴尔	销售部	在用	直接购入		2021/12/6	5	0	5000

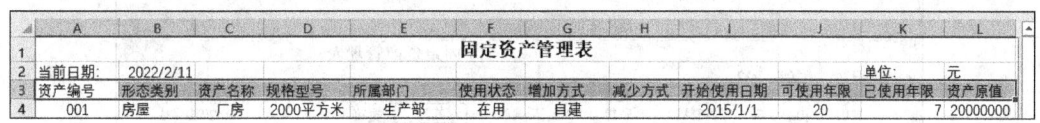

图 3-32 固定资产变更效果图

2. 固定资产的减少

固定资产随着年限到期或者其他原因而无法继续使用时，需要在账面上减少固定资产。这时，在固定资产管理表中需要修改其使用状态，并注明其减少方式。下面介绍资产编号为 010 的固定资产报废的处理操作。

步骤 01 打开“固定资产管理表”工作表，然后选中 A3:L3 单元格区域，即列标题，如图 3-33 所示。

	A	B	C	D	E	F	G	H	I	J	K	L
1	固定资产管理表											
2	当前日期:	2022/2/11									单位:	元
3	资产编号	形态类别	资产名称	规格型号	所属部门	使用状态	增加方式	减少方式	开始使用日期	可使用年限	已使用年限	资产原值
4	001	房屋	厂房	2000平方米	生产部	在用	自建		2015/1/1	20	7	20000000

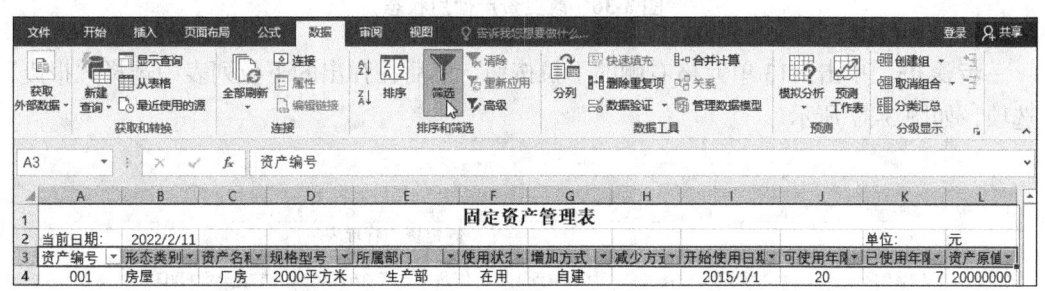

图 3-33 选中列标题单元格区域

步骤 02 打开“数据”选项卡，然后单击“排序和筛选”选项组中的“筛选”按钮，如图 3-34 所示。

图 3-34 启动筛选功能

步骤 03 为列标题添加筛选按钮后，单击“资产编号”下拉按钮，在弹出的下拉列表的“搜索”文本框中输入 010，单击“确定”按钮，如图 3-35 所示。

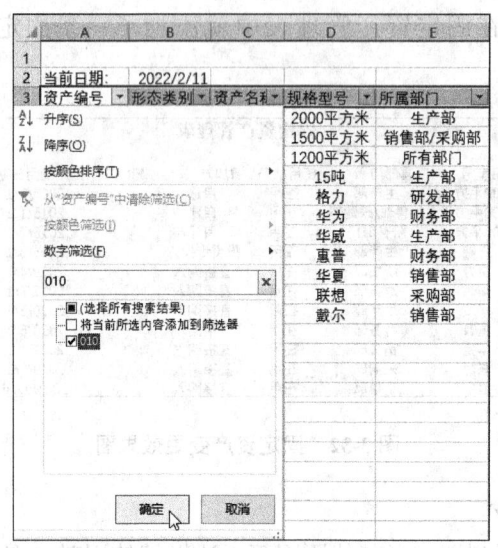

图 3-35　搜索资产

步骤 04　单击 F13 单元格右侧的下拉按钮，然后在弹出的下拉列表中选择"报废"选项，如图 3-36 所示。

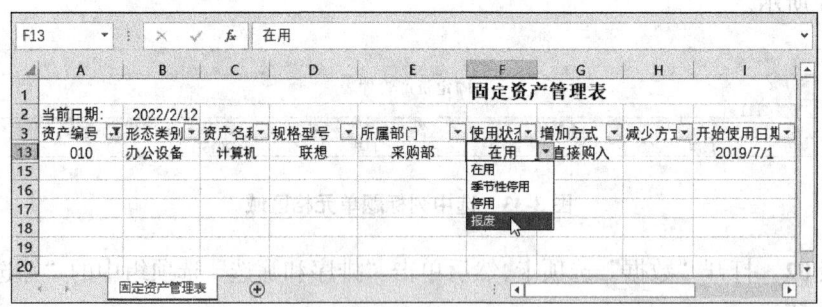

图 3-36　改变资产使用状态

步骤 05　单击 H13 单元格右侧的下拉按钮，然后在弹出的下拉列表中选择"报废"选项，如图 3-37 所示。

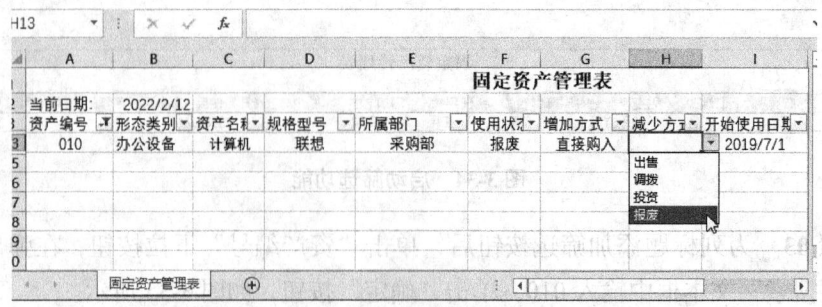

图 3-37　改变资产减少方式

第 3 章　Excel 在固定资产管理中的应用

步骤 06　单击"排序和筛选"选项组中的"清除"按钮，退出筛选状态，如图 3-38 所示。

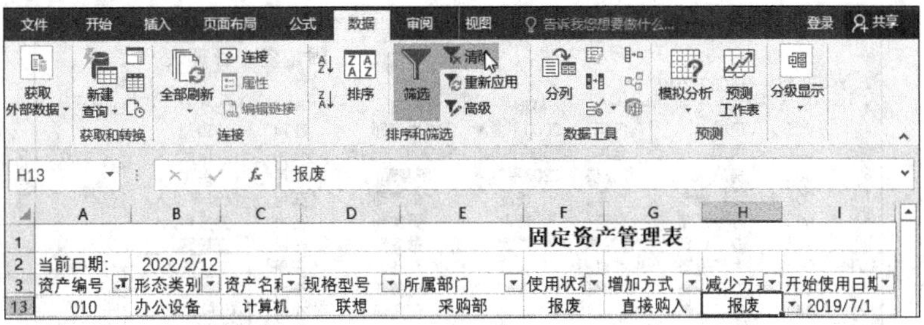

图 3-38　退出筛选状态

步骤 07　查看最终效果，如图 3-39 所示。

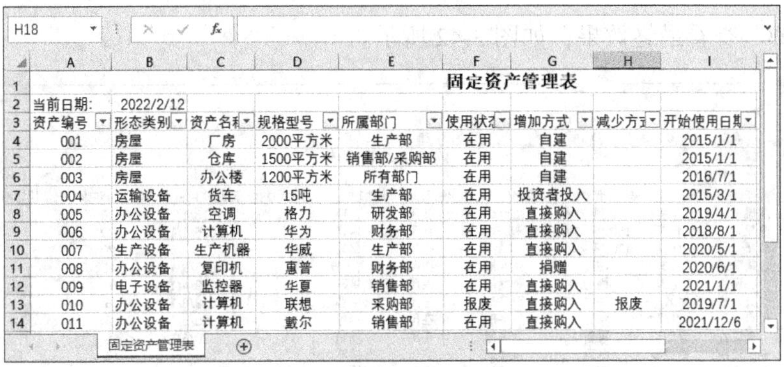

图 3-39　查看最终效果

3. 固定资产的调拨

固定资产在部门间的调拨是资源在企业内部进行优化配置的过程。固定资产调拨可以提高固定资产的使用效率，最大限度地发挥其使用价值。下面介绍将资产编号为 007 的扫描仪从财务部调拨到人事部的操作方法。

步骤 01　打开"固定资产管理表"工作表，找到资产编号为 007 的生产设备记录，选中 E10 单元格，将"生产部"修改为"财务部"，如图 3-40 所示。

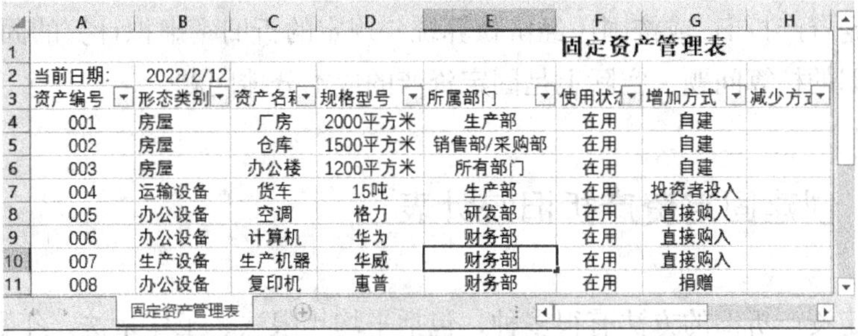

图 3-40　修改资产所属部门

步骤 02 单击 G10 单元格右侧的下拉按钮，在弹出的下拉列表中选择“调拨”选项，完成固定资产的调拨操作，如图 3-41 所示。

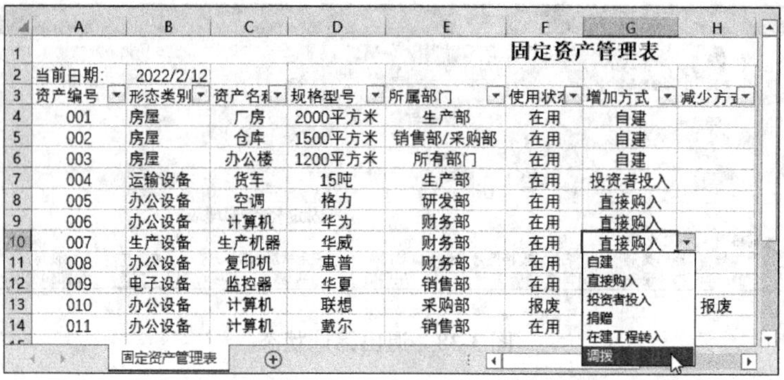

	A	B	C	D	E	F	G	H
1						固定资产管理表		
2	当前日期:	2022/2/12						
3	资产编号	形态类别	资产名和	规格型号	所属部门	使用状态	增加方式	减少方式
4	001	房屋	厂房	2000平方米	生产部	在用	自建	
5	002	房屋	仓库	1500平方米	销售部/采购部	在用	自建	
6	003	房屋	办公楼	1200平方米	所有部门	在用	自建	
7	004	运输设备	货车	15吨	生产部	在用	投资者投入	
8	005	办公设备	空调	格力	研发部	在用	直接购入	
9	006	办公设备	计算机	华为	财务部	在用	直接购入	
10	007	生产设备	生产机器	华威	财务部	在用	直接购入	
11	008	办公设备	复印机	惠普	财务部	在用		
12	009	电子设备	监控器	华夏	销售部	在用		
13	010	办公设备	计算机	联想	采购部	报废		报废
14	011	办公设备	计算机	戴尔	销售部	在用		

图 3-41 修改资产增加方式

步骤 03 查看最终效果，如图 3-42 所示。

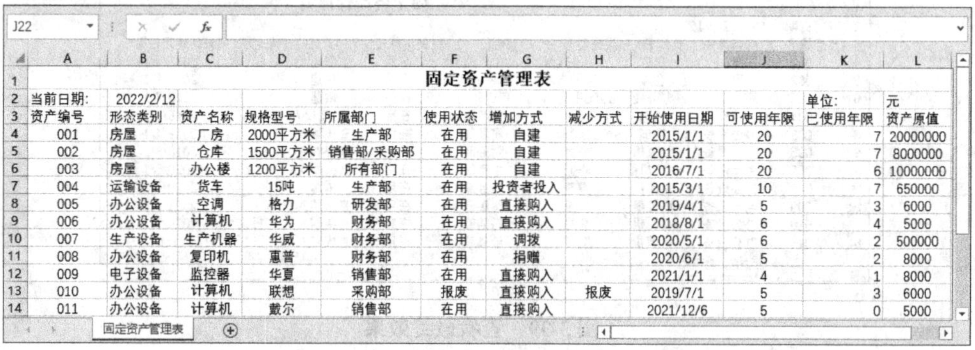

	A	B	C	D	E	F	G	H	I	J	K	L
1						固定资产管理表						
2	当前日期:	2022/2/12									单位:	元
3	资产编号	形态类别	资产名称	规格型号	所属部门	使用状态	增加方式	减少方式	开始使用日期	可使用年限	已使用年限	资产原值
4	001	房屋	厂房	2000平方米	生产部	在用	自建		2015/1/1	20	7	20000000
5	002	房屋	仓库	1500平方米	销售部/采购部	在用	自建		2015/1/1	20	7	8000000
6	003	房屋	办公楼	1200平方米	所有部门	在用	自建		2016/7/1	20	6	10000000
7	004	运输设备	货车	15吨	生产部	在用	投资者投入		2015/3/1	10	7	650000
8	005	办公设备	空调	格力	研发部	在用	直接购入		2019/4/1	5	3	6000
9	006	办公设备	计算机	华为	财务部	在用	直接购入		2018/8/1	6	4	5000
10	007	生产设备	生产机器	华威	财务部	在用	调拨		2020/5/1	6	2	500000
11	008	办公设备	复印机	惠普	财务部	在用	捐赠		2020/6/1	5	2	8000
12	009	电子设备	监控器	华夏	销售部	在用	直接购入		2021/1/1	4	1	8000
13	010	办公设备	计算机	联想	采购部	报废	直接购入	报废	2019/7/1	5	3	6000
14	011	办公设备	计算机	戴尔	销售部	在用	直接购入		2021/12/6	5	0	5000

图 3-42 最终效果图

3.3 固定资产折旧核算

固定资产折旧是指在一定时期内，为弥补固定资产损耗，按照核定的固定资产折旧率提取的固定资产折旧，或按国民经济核算统一规定的折旧率虚拟计算的固定资产折旧。固定资产折旧的核算问题，实际上是固定资产的成本分摊问题。

3.3.1 创建固定资产折旧统计表

计提固定资产折旧的方法有很多种，包括平均年限法、工作量法、年数总和法、双倍余额递减法等。在计提折旧前，需要创建固定资产折旧统计表，下面介绍具体的操作步骤。

步骤01 打开"固定资产折旧统计表"工作表，然后按照"固定资产变更表"在该表格中输入基本数据，如图3-43所示。

配套资源
第3章\固定资产折旧统计表模板—原始文件
第3章\固定资产折旧统计表—最终效果

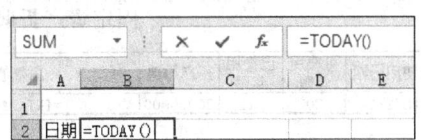

图3-43 录入固定资产基本数据

步骤02 在B2单元格中输入公式"=TODAY（）"，然后按Enter键确认，如图3-44所示。

图3-44 输入日期公式

步骤03 在E4单元格中输入公式"=DAYS360(C4,$B$2)/360"，然后按Enter键确认，如图3-45所示。

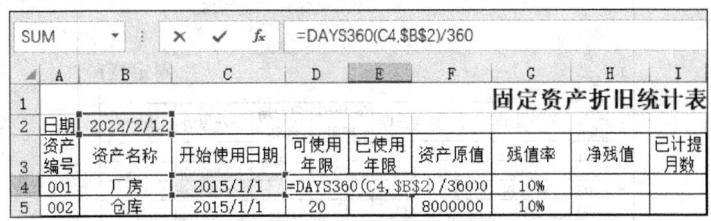

图3-45 输入已使用日期公式

步骤04 选中H4单元格，然后输入公式"= F4*G4"，按Enter键确认，计算净残值，如图3-46所示。

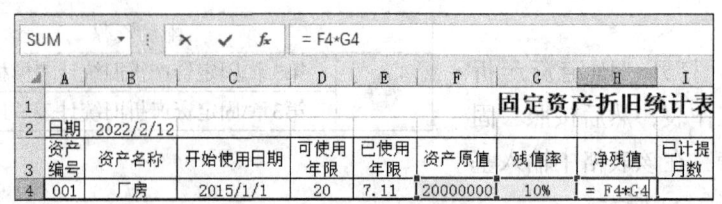

图 3-46　输入净残值计算公式

函数小解析

INT 函数

INT 函数是 VFP 数值函数的一种,将一个要取整的实数(可以为数学表达式)向下取整为最接近的整数。利用 INT 函数可以返回一个小数的整数,如 4.323 返回 4。这不是四舍五入,而是舍尾法,即使是 4.987,也是返回 4,而不是 5。

步骤 05 选中 I4 单元格,然后输入公式"=INT(DAYS360(C4,$B$2)/30)",按 Enter 键确认,计算已计提月数,如图 3-47 所示。

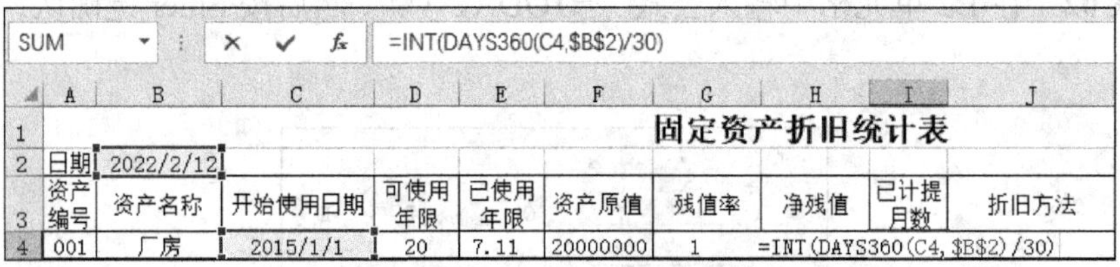

图 3-47　计算已计提月数

步骤 06 选中 E4 单元格区域,然后将光标移动到 E4 单元格的右下角,当光标变成 ✚ 形状时,按住鼠标左键不放,向下拖动填充公式,如图 3-48 所示。

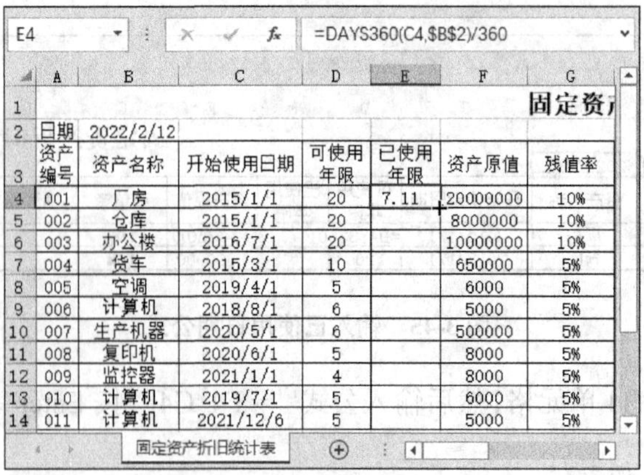

图 3-48　填充公式(一)

步骤 07 选中 H4:I4 单元格区域，将光标移动到 I4 单元格的右下角，当光标变成➕形状时，按住鼠标左键不放，向下拖动填充公式，如图 3-49 所示。

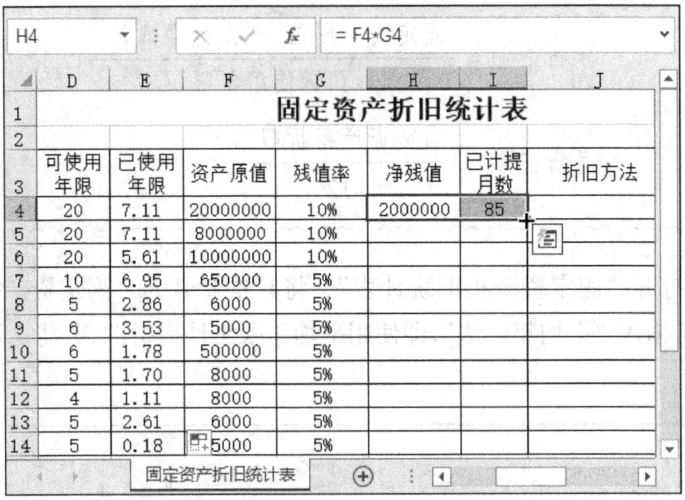

图 3-49 填充公式（二）

步骤 08 公式填充完成后松开鼠标，查看固定资产折旧统计表的最终效果，如图 3-50 所示。

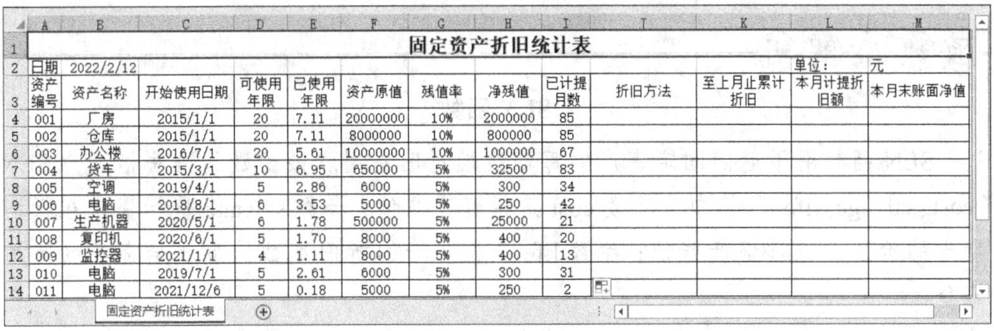

图 3-50 固定资产折旧统计表效果图

3.3.2 平均年限法的应用

平均年限法又称直线法，是将固定资产的应提折旧额均衡地分摊到各期的一种方法。用平均年限法计算出的每个月份和年份的折旧额是相等的。下面介绍使用平均年限法计提固定资产折旧的操作过程。

配套资源	
第3章\固定资产折旧统计表—原始文件	
第3章\固定资产折旧表—最终效果	

> **财务小知识**
>
> **平均年限法计算公式**
>
> $$年折旧额 = \frac{固定资产原值 - 预计净残值}{预计使用年限}$$
>
> $$月折旧额 = \frac{固定资产年折旧额}{12}$$

步骤 01 打开"固定资产折旧统计表",将其重命名为"固定资产折旧表",然后选中 J4 单元格,输入"平均年限法",即使用平均年限法计提折旧,并将 J 列"居中对齐",如图 3-51 所示。

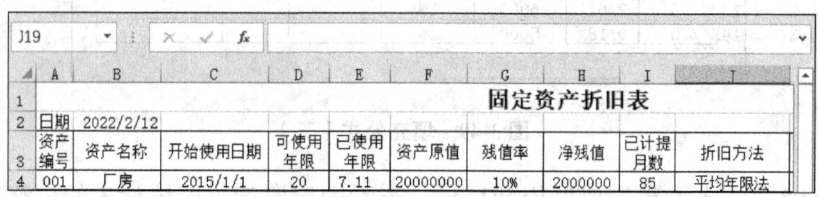

图 3-51 输入折旧方法

> **函数小解析**
>
> **SLN 函数**
>
> SLN 函数用于返回固定资产的每期线性折旧费用。该函数的语法格式为 SLN(cost, salvage, life)。其中,参数 cost 是指资产原值;参数 salvage 是指资产在折旧期末的价值,也称资产残值;参数 life 是指资产的折旧期数,也就是资产的使用寿命。

步骤 02 选中 K4 单元格,输入公式"=SLN(F4, H4,D4)/12*I4",按 Enter 键确认,计算至上月止累计的折旧额,如图 3-52 所示。

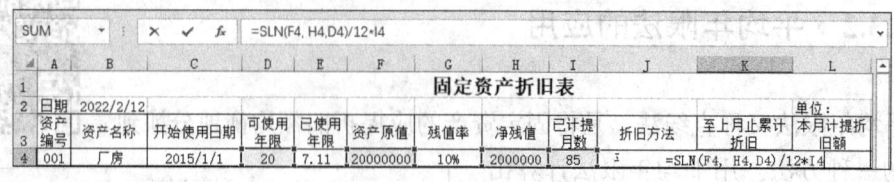

图 3-52 计算累计折旧

步骤 03 选中 L4 单元格,输入公式"=SLN(F4,H4,D4*12)",按 Enter 键确认,计算本月计提折旧额,如图 3-53 所示。

图 3-53 计算本月计提折旧额

步骤 04 选中 M4 单元格，输入公式"=F4－K4－L4"，按 Enter 键确认，计算本月末账面净值，如图 3-54 所示。

图 3-54 计算本月末账面净值

3.3.3 双倍余额递减法的应用

双倍余额递减法是在不考虑固定资产净残值的情况下，根据年初固定资产账面折余价值乘以双倍直线折旧率，计算各年折旧额的一种方法。由于双倍余额递减法一开始计提折旧就没有考虑净残值，因此必须对固定资产使用到期前剩余几年的折旧额进行调整。调整的方法是，在固定资产使用的最后几年，将双倍余额递减法转换为直线法计提折旧。使用双倍余额递减法计算的折旧额小于采用直线法计算的折旧额时，应改为采用直线法计提折旧。下面介绍使用双倍余额递减法计提固定资产折旧的操作方法。

> **财务小知识**
>
> **双倍余额递减法计算公式**
>
> 会计实务中规定，在固定资产使用年限到期两年内，将固定资产折余价值扣除预计净值后的净额平均计提折旧。其中，
>
> $$年折旧额 = \frac{2}{预计使用年限} \times 100\%$$
>
> 各年折旧额 = 年初固定资产账面净值 × 年折旧率

步骤 01 在"固定资产折旧表"中选中 J5 单元格，输入"双倍余额递减法"，然后在 K5 单元格中输入公式"=VDB（F5,H5,D5,0,INT（I5/12））+DDB（F5,H5,D5,INT（I5/12）+1）/12*MOD（I5,12）"，按 Enter 键确认，计算累计折旧额，如图 3-55 所示。

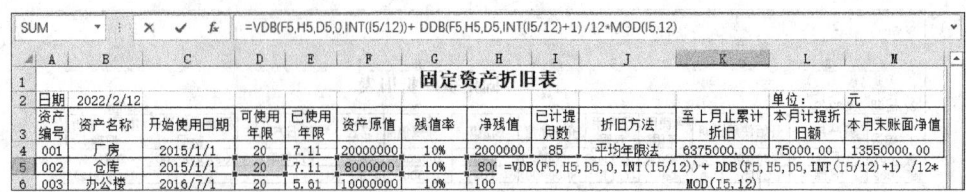

图 3-55 计算累计折旧额

VDB 函数

VDB 函数用于使用双倍余额递减法或其他指定的方法,返回资产折旧值。该函数的语法格式为 VDB(cost, salvage, life, start_period, end period, [factor], [no_switch])。其中,参数 cost 表示资产原值;参数 salvage 表示资产残值;参数 life 表示资产的折旧期数;参数 start_period 表示进行折旧计算的起始时间,须同 life 使用相同的单位;参数 end period 表示进行折旧计算的截止时间,须同 life 使用相同的单位;参数 factor 表示余额递减速率,如果省略,则假设为 2;参数 no_switch 是一个逻辑值,指定当折旧值大于余额递减计算值时,是否转用直线折旧法。

步骤 02 要计算本月计提折旧额,需要选中 L5 单元格,然后单击"插入函数"按钮,如图 3-56 所示。

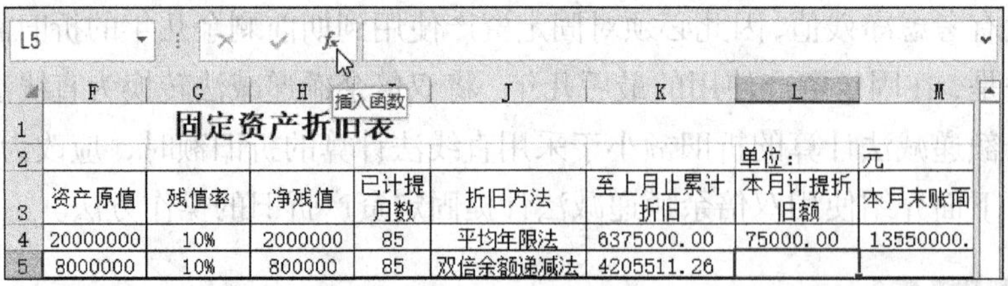

图 3-56 插入函数

步骤 03 弹出"插入函数"对话框,在"或选择类别"的下拉列表中选择"财务"选项,在"选择函数"列表框中选择 DDB 选项,单击"确定"按钮,如图 3-57 所示。

DDB 函数

DDB 函数用于使用双倍余额递减法或其他指定方法计算折旧值。该函数的语法格式为 DDB(cost,salvage,life,period,[factor])。其中,参数 cost 表示资产原值;参数 salvage 表示资产在折旧期末的价值;参数 life 表示资产的折旧期数;参数 period 表示需要计算折旧值的期间,period 必须使用和 f 相同的单位;参数 factor 表示余额递减速率。

 第 3 章　Excel 在固定资产管理中的应用

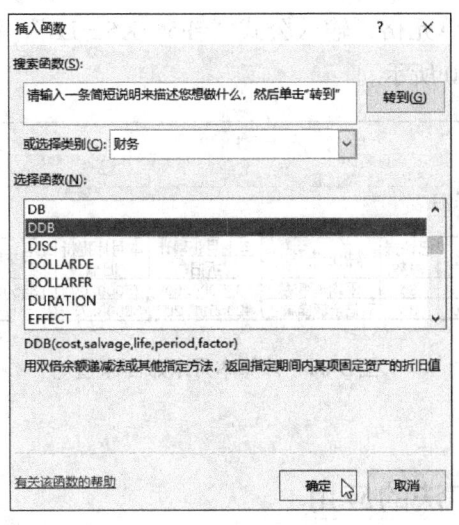

图 3-57　选择 DDB 函数

步骤 04　弹出"函数参数"对话框,在 Cost 文本框中输入 F5,在 Salvage 文本框中输入 H5,在 Life 文本框中输入 D5*12,在 Period 文本框中输入 I5,如图 3-58 所示。

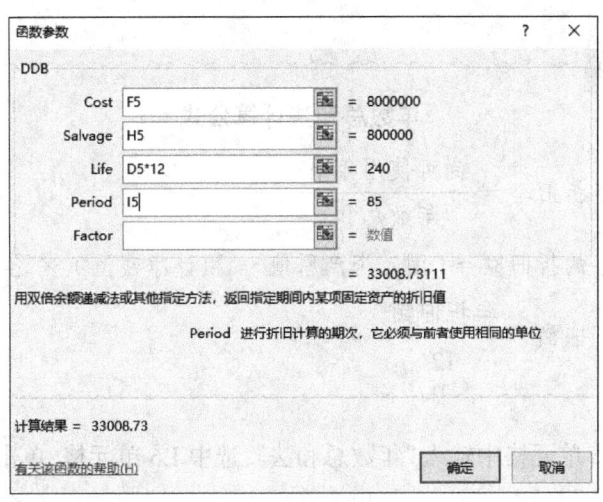

图 3-58　输入 DDB 函数

步骤 05　单击"确定"按钮,返回工作表编辑区可以看到 L5 单元格中显示了计算结果,如图 3-59 所示。

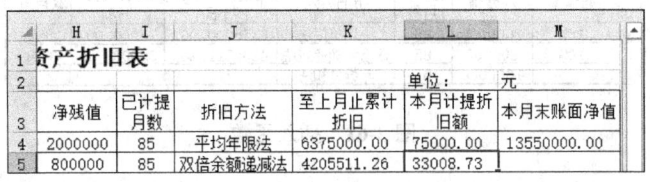

图 3-59　显示计算结果

· 87 ·

步骤 06 选中 M5 单元格，输入公式“=F5－K5－L5”，按 Enter 键确认，计算本月末账面净值，如图 3-60 所示。

DDB =F5－K5－L5

	H	I	J	K	L	M
1	资产折旧表					
2					单位：	元
3	净残值	已计提月数	折旧方法	至上月止累计折旧	本月计提折旧额	本月末账面净值
4	2000000	85	平均年限法	6375000.00	75000.00	13550000.00
5	800000	85	双倍余额递减法	4205511.26	33008.73	=F5－K5－L5

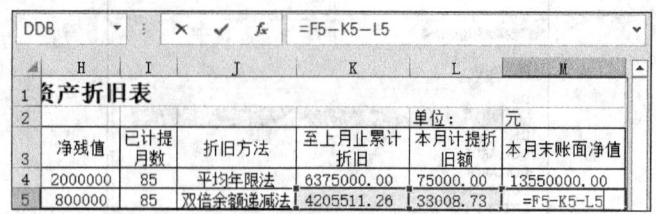

图 3-60　计算本月末账面净值

3.3.4　年数总和法的应用

年数总和法又称使用年限积数法，根据固定资产在折旧年限内的应计折旧总额，乘以一个逐年递减的分数计算每年的折旧额。下面介绍使用年数总和法计提固定资产折旧的操作过程。

财务小知识

年数总和法计算公式

$$各年折旧率=\frac{尚可使用年限}{年数总和}$$

$$某年的折旧额=（固定资产原值-预计净残值）\times 各年折旧率$$

$$月折旧额=\frac{年折旧额}{12}$$

步骤 01 在 J6 单元格中输入“年数总和法”，选中 L6 单元格，单击“插入函数”按钮，如图 3-61 所示。

	G	H	I	J	K	L	
1	固定资产折旧表						
2						单位：	元
3	残值率	净残值	已计提月数	折旧方法	至上月止累计折旧	本月计提折旧额	本月末
4	10%	2000000	85	平均年限法	6375000.00	75000.00	1355
5	10%	800000	85	双倍余额递减法	4205511.26	33008.73	3761
6	10%	1000000	67	年数总和法			

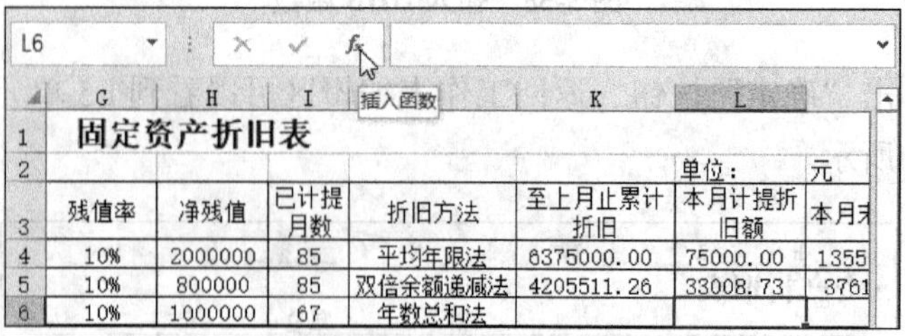

图 3-61　插入函数

步骤 02 弹出“插入函数”对话框，在“或选择类别”的下拉列表中选择“财务”选项，在"选择函数"列表框中选择 SYD 选项,单击"确定"按钮,如图 3-62 所示。

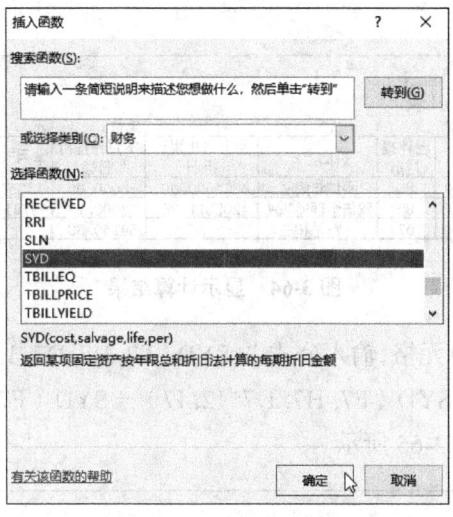

图 3-62 选择 SYD 函数

SYD 函数

SYD 函数是返回某项资产按年限总和折旧法计算的指定期间的折旧值。该函数的语法格式为 SYD(cost,salvage,life,per)。其中,参数 cost 表示资产原值;参数 salvage 表示资产残值;参数 life 表示资产的折旧期数;参数 per 表示期间,其单位与 life 相同。

步骤 03 弹出"函数参数"对话框,在 Cost 文本框中输入 F6,在 Salvage 文本框中输入 H6,在 Life 文本框中输入 D6*12,在 Per 文本框中输入 I6,如图 3-63 所示。

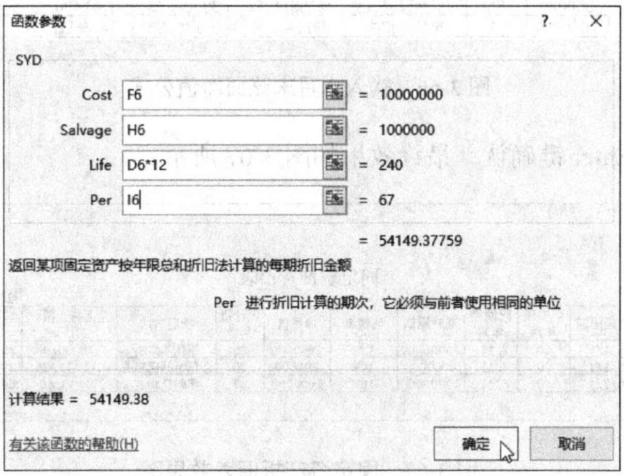

图 3-63 输入 SYD 函数

步骤 04 单击"确定"按钮,返回工作表编辑区,可以看到 L6 单元格中显示了计算结果,如图 3-64 所示。

图 3-64 显示计算结果

步骤 05 选中 K7 单元格,输入公式"=SYD(F7,H7,D7,1)+SYD(F7,H7,D7,2)+SYD(F7,H7,D7,3)−SYD(F7,H7,D7*12,I7)−SYD(F7,H7,D7*12,17+1)",然后按 Enter 键确认,如图 3-65 所示。

图 3-65 输入累计折旧公式

步骤 06 选中 M6 单元格,输入公式"=F6−K6−L6",如图 3-66 所示。

图 3-66 输入本月末账面净值公式

步骤 07 按 Enter 键确认,最终效果如图 3-67 所示。

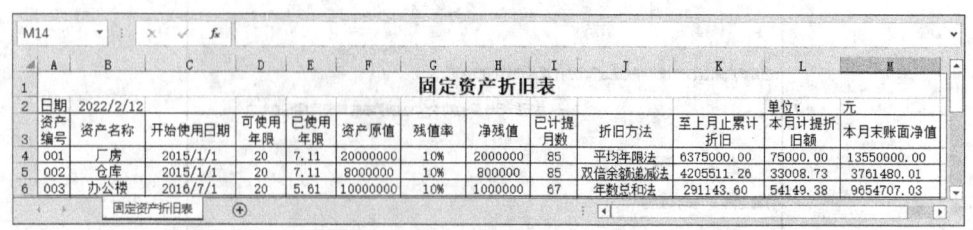

图 3-67 固定资产折旧表效果图

本章小结

本章介绍了如何运用 Excel 2016 对固定资产进行管理，首先介绍了固定资管理表的编制方法，然后介绍了在固定资产管理过程中怎样创建固定资产标识卡及固定资产新增、减少和调拨等变更处理，最后完成了固定资产折旧统计表的创建过程，并介绍平均年限法、双倍余额递减法及年度总和法的应用。此外，还介绍了 INT、SLN、VDB、DDB 及 SYD 等函数。

思考练习

利用 Excel 2016 的函数和公式计算大阳公司的固定资产折旧。

大阳公司的固定资产信息如下。

编号	资产名称	开始使用日期	可使用年限	已使用年限	资产原值	残值率	净残值	已计提月数	折旧方法	本月计提折旧额
001	办公楼	2017/1/1	30		10000000	10%				
002	车间	2018/1/1	30		7000000	10%				
003	仓库	2019/7/1	30		10000000	10%				
004	客车	2017/3/1	15		650000	5%				
005	计算机	2019/1/1	5		6000	5%				
006	会议桌	2019/8/1	6		3000	5%				
007	打印机	2020/5/1	5		5000	5%				
008	监控器	2020/6/1	5		8000	5%				
009	计算机	2020/1/1	4		8000	5%				
010	计算机	2019/7/1	5		6000	5%				

要求：

（1）创建固定资产标识卡。

（2）将表格中的固定资产信息补充完整。

将编号为 001~003 的资产应用平均年限法计提折旧。

将编号为 004~006 的资产应用双倍余额递减法计提折旧。

将编号为 007~010 的资产应用年度总和法计提折旧。

第4章 Excel 在应收账款管理中的应用

学习目标

（1）学会制作应收账款统计表。
（2）掌握应收账款账龄分析表的应用。
（3）掌握创建账龄分配图表的流程及方法。

课程思政

（1）遵守会计职业道德和企业精神，秉持客观公正的做账原则，做到爱岗敬业、不做假账。
（2）保持严肃认真的工作态度，认真规范处理应收账款账务。

学习重点

（1）掌握应收账款统计表的制作方法。
（2）掌握制作应收账款账龄分析表的方法。
（3）掌握创建账龄分配图表的过程及方法。

学习难点

（1）掌握应收账款坏账的提取方法。
（2）掌握应提取坏账的图表分析方法。

往来账款是企业在生产经营过程中因发生供销产品、提供或接受劳务而形成的债权、债务关系。往来账款主要包括应收账款和应付账款，还包括在应收账款管理工作中形成的坏账和应收账款账龄。在实际工作中，应收账款的管理工作代表的是企业收款的权利，是成本费用、经营成果核算中不可缺少的经济信息。加强应收账款的管理，可有效地防止虚盈或潜亏，从而有利于真实地反映企业的经营成果。

4.1 应收账款初始化设置

4.1.1 背景资料

华联公司要求小王利用 Excel 2016 对应收款进行管理，需要提取与计算坏账，在此过程中首先需要建立应收账款记录表，创建应收账款账龄分析表，然后根据超过天数提取的百分比计算应收账款坏账。在此过程中，小王决定建立账龄分配图表，以便能够直观地看到超过账龄期限的分配。

4.1.2 制作应收账款记录表

配套资源
第4章\应收账款信息表—原始文件
第4章\应收账款记录表—最终效果

应收账款记录表记录公司与供应商和客户之间的贸易往来账目。在当今市场经济条件下，企业为开展经济业务活动，务必产生一些应收的经济业务，所以企业的财务部门必须按照企业会计制度的有关规定，设置往来账进行反映和核算。下面详细讲解应收账款记录表的具体创建过程。

步骤01 打开"应收账款统计表"，切换到"客户代码"工作表，然后在"公式"选项卡的"定义的名称"组中单击"定义名称"选项，在展开的下拉列表中单击"定义名称"选项，如图 4-1 所示。

图 4-1 定义名称

步骤02 此时,弹出"新建名称"对话框,在此对话框中输入"名称"为"客户代码",设置"引用位置"为"=客户代码!$A$2:$A$16",然后单击"确定"按钮,如图4-2所示。

步骤03 应用相同的方法在弹出的"新建名称"对话框中输入"名称"为"客户资料",设置"引用位置"为"=客户代码!$A$2:$B$16",然后单击"确定"按钮,如图4-3所示。

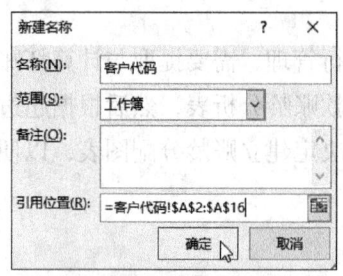

图4-2 新建客户代码名称

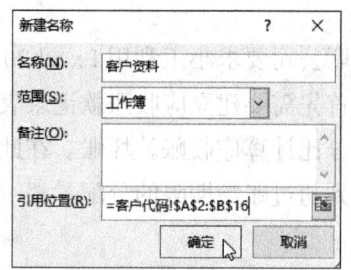

图4-3 新建客户资料名称

步骤04 返回工作表,切换到"应收账款明细表"工作表中,选定B2:B16单元格区域,然后在"数据"选项卡的"数据工具"组中单击"数据验证"右侧的下三角按钮,在展开的下拉列表中单击"数据验证"选项,如图4-4所示。

图4-4 数据验证

步骤05 在弹出的"数据验证"对话框中设置"允许"为"序列",设置"来源"为"=客户代码",然后单击"确定"按钮,如图4-5所示。

步骤06 返回工作表,单击设置了数据有效性的单元格右侧的下拉按钮▼,然后在B2~B16的每一个单元格展开的列表中,按照客户代码的A01~A15的顺序选择输入数据,如图4-6所示。

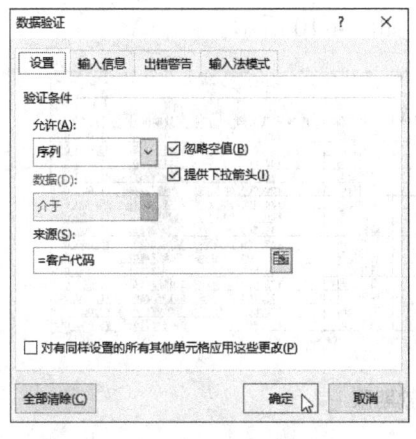

图 4-5 设置数据验证条件 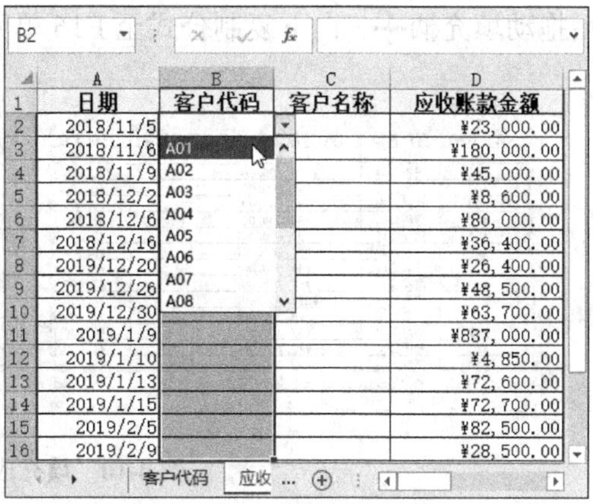　　　　图 4-6 选择客户代码

步骤 07 选中 C2 单元格，在单元格中输入公式"=VLOOKUP（B2,客户资料，2）"，然后按下 Enter 键，即可得到与客户代码相对应的客户名称，如图 4-7 所示。

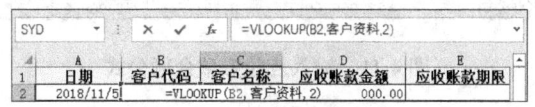

图 4-7 输入客户名称公式

步骤 08 拖动填充柄，向下复制公式至 C16 单元格，如图 4-8 所示。

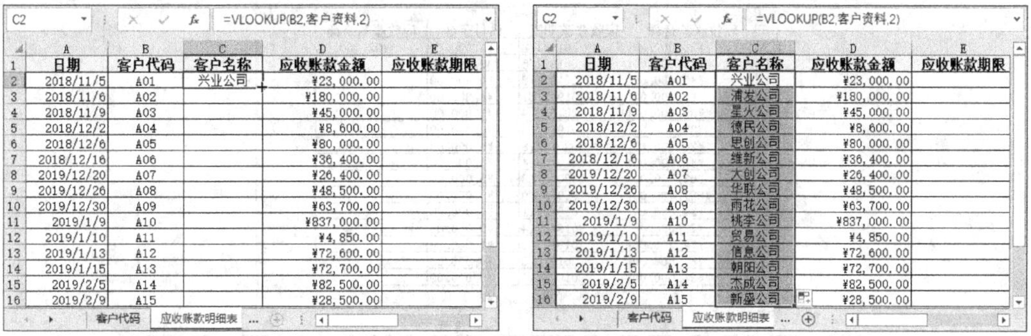

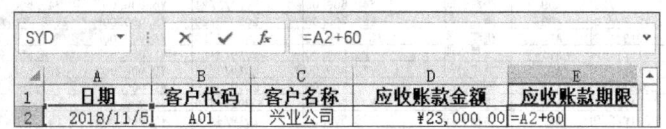

图 4-8 填充客户名称

步骤 09 在此，假设自业务发生之日起算，60 日内为信用收款期限，然后在 E2 单元格中输入公式"=A2+60"，如图 4-9 所示。

图 4-9 输入应收账款期限公式

步骤 10 按下 Enter 键，即可得到计算结果，将鼠标放置在 E2 单元格的右下角，然后拖动填充柄✚，向下复制公式至 E16 单元格，如图 4-10 所示。

图 4-10 填充应收账款期限

步骤 11 选中 G2 单元格，在单元格中输入公式"=D2－F2"，如图 4-11 所示。

图 4-11 输入应收账款余额公式

步骤 12 按下 Enter 键，将鼠标放置在 G2 单元格的右下角，然后拖动填充柄✚，向下复制公式至 G16 单元格，即可得到应收账款的余额，如图 4-12 所示。

图 4-12 填充应收账款余额

4.2 应收账款分析

4.2.1 逾期应收账款分析

在实际工作中，有些应收账款已经到期，但是并未收回，就变成了逾期账款。企业需要及时统计逾期账款的情况，逾期30天内的账款有哪些，

配套资源
第4章\应收账款统计表—原始文件
第4章\逾期应收账款分析表—最终效果

逾期30~60天的账款又有哪些，用户可以通过函数计算应收账款的逾期天数。下面介绍按照0~30天、30~60天、90天以上统计逾期未收款金额的操作方法。

步骤01 打开"应收账款统计表"工作表，然后单击左上角的 ◢，选中整个表格，右击，从弹出的快捷菜单中选择"复制"命令，如图4-13所示。

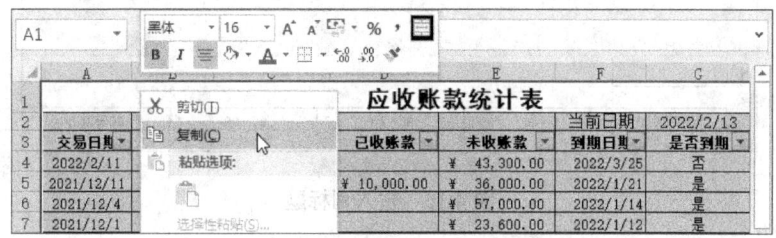

图4-13 复制应收账款统计表

步骤02 新建一个空白的工作表，单击左上角的 ◢，选中整个表格，然后在工作表的任意位置右击，从弹出的快捷菜单中选择"选择性粘贴"中的"保留源列宽"，如图4-14所示。

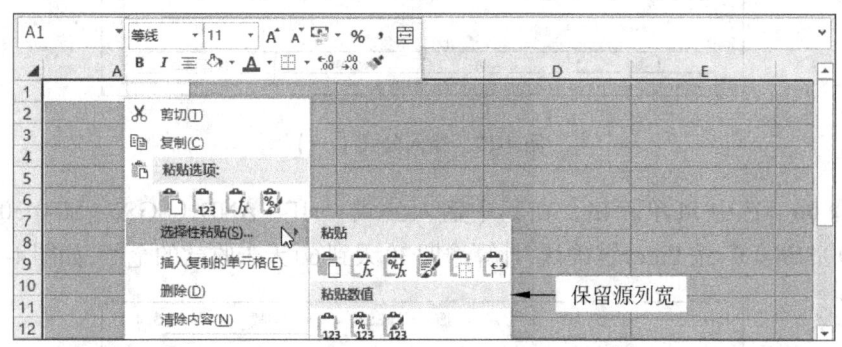

图4-14 选择性粘贴

步骤03 将应收账款统计表复制到新的工作表中,并且保留原来的列宽,然后将"已收账款"列中的数据清除，如图4-15所示。

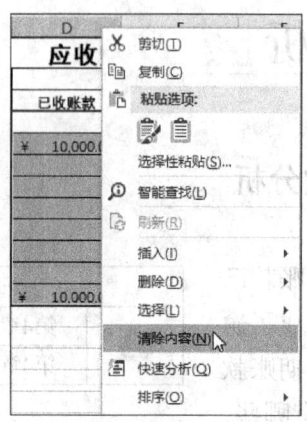

图 4-15 清除数据

步骤 04 选中 I3 单元格,然后在其中输入"0~30",接着在 J3、K3 和 L3 单元格中分别输入"30~60""60~90"和"90 天以上",如图 4-16 所示。

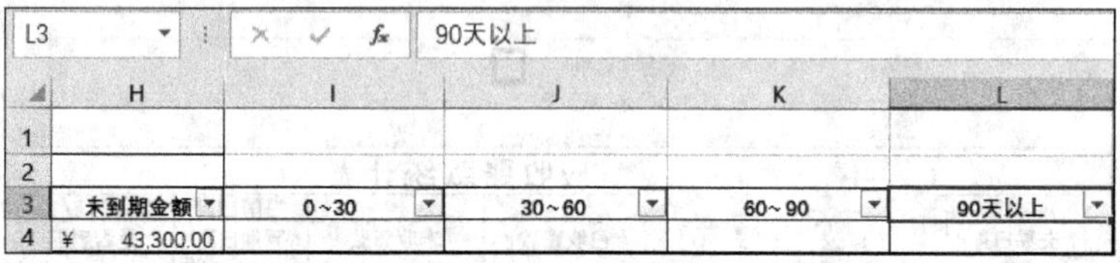

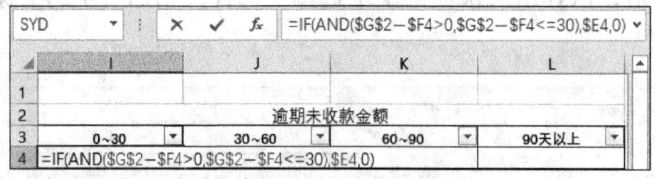

图 4-16 输入列标题

步骤 05 在 I2 单元格中输入"逾期未收款金额",合并 I2:L2 单元格区域后居中,重新设置表标题,然后选中 I4 单元格,输入公式"=IF(AND($G$2－$F4>0,$G$2－$F4<=30),$E4,0)",最后按 Enter 键确认,计算逾期 30 天内未收款的金额,如图 4-17 所示。

图 4-17 输入公式(一)

步骤 06 选中 J4 单元格,在其中输入公式"=IF(AND($G$2－$F4>30,$G$2－$F4<=60),$E4,0)",按 Enter 键确认,计算逾期 30 天到 60 天未收款的金额,如图 4-18 所示。

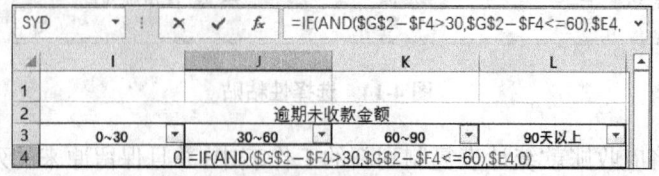

图 4-18 输入公式(二)

步骤07 选中 K4 单元格，在其中输入公式"=IF（AND（$G$2－$F4>60,$G$2－$F4<=90）,$E4,0）"，然后按 Enter 键确认，计算逾期 60 天到 90 天未收款的金额，如图 4-19 所示。

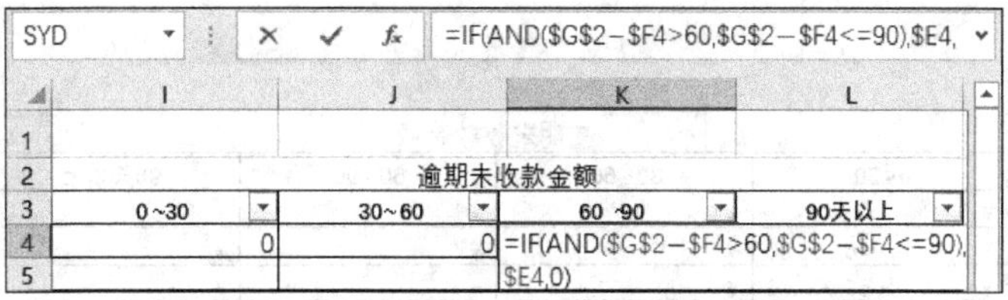

图 4-19　输入公式（三）

步骤08 选中 L4 单元无格，在其中输入公式"=IF（$G$2－$F4>90,$E4,0）"，然后按 Enter 键确认，计算逾期 90 天以上的未收款金额，如图 4-20 所示。

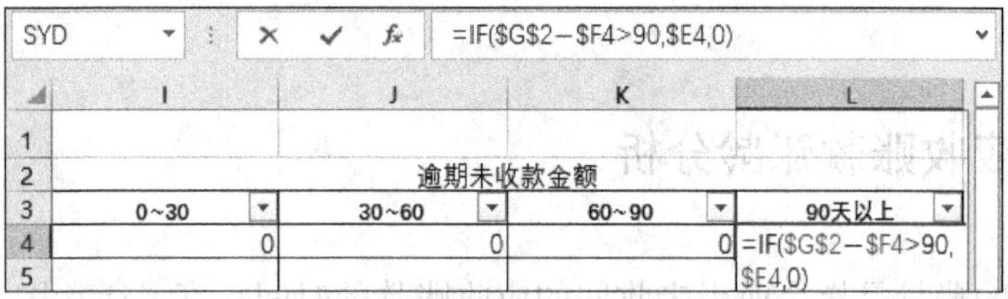

图 4-20　输入公式（四）

步骤09 选中 H4 单元格后单击"开始"选项卡的剪贴板组中的格式刷按钮 ，然后单击选择 I4:L4 单元格区域，如图 4-21 所示。

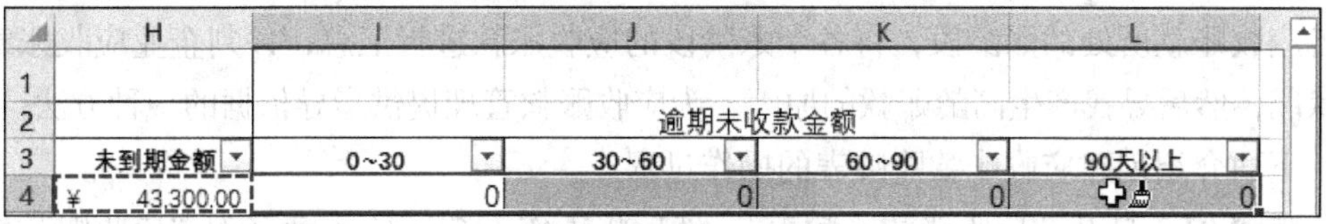

图 4-21　使用格式刷

步骤10 选择 I4:L4 单元格区域，然后将光标移动到 L4 单元格的右下角，当光标变成 ✚ 形状时，按住鼠标左键不放，如图 4-22 所示。

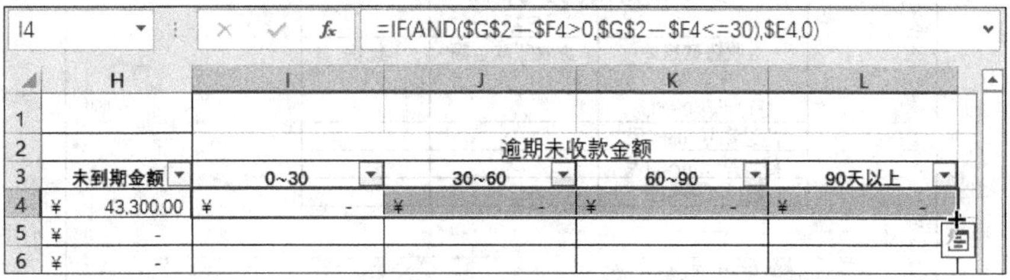

图 4-22　填充公式

步骤 11 向下移动鼠标，拖曳至 L11 单元格，将公式填充到下方的单元格中，查看最终的效果，如图 4-23 所示。

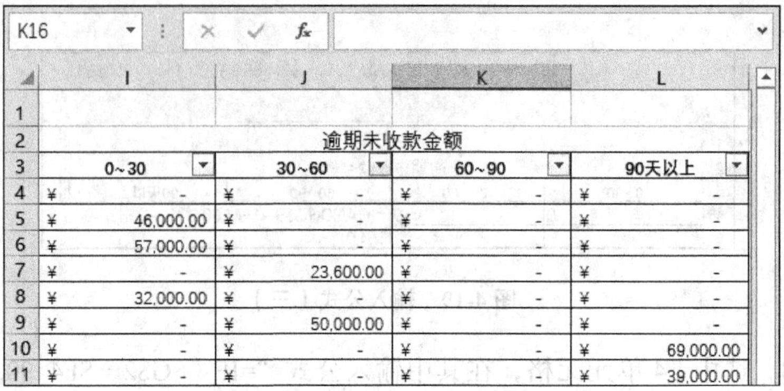

图 4-23 逾期应收账款分析表效果图

4.2.2 应收账款账龄分析

应收账款的账龄是指企业尚未收回的应收账款的时间长度，通常按照各自企业合理的周转天数将其划分为五个级别（未到期、超期 0~30 天、超期 30~60 天、超期 60~90 天、超期 90 天以上）。账龄分析是通过对应收账款进行合理的账龄分段，计

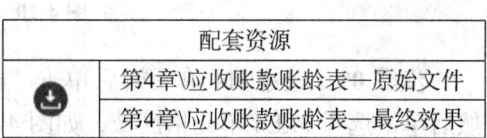

配套资源
第4章\应收账款账龄表—原始文件
第4章\应收账款账龄表—最终效果

算各应收账款所处的账龄段，将各个账龄段的应收账款进行汇总，评判企业应收账款运行状况，然后寻找产生高龄账款的原因，为应收账款管理提供指导依据的一种方法。

下面介绍创建应收账款账龄表的操作过程。

步骤 01 打开"应收账款账龄表"，然后将工作表 Sheet1 重命名为"应收账款逾期分析"，再将工作表 Sheet2 重命名为"应收账款账龄表"，如图 4-24 所示。

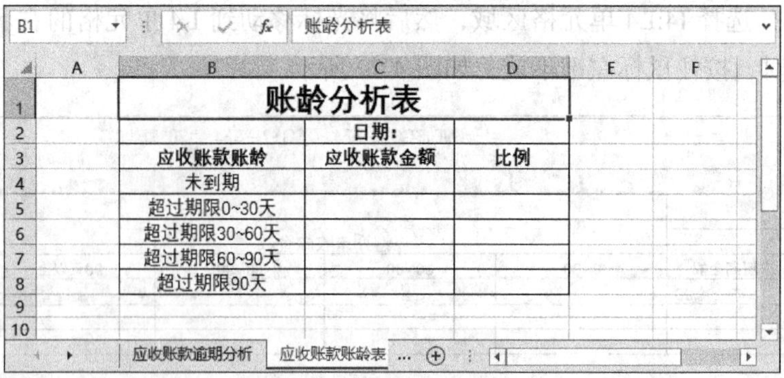

图 4-24 重命名工作表

> **函数小解析**
>
> **TODAY 函数**
>
> TODAY 函数用于返回当前时间的序列号。该函数的语法格式为 TODAY（ ）。
>
> TODAY 函数没有参数，该函数中返回的序列号是 Excel 日期和时间计算使用的日期，即时间代码。如果在输入函数前，单元格的格式为"常规"，Excel 会将单元格格式更改为"日期"格式。如果要查看序列号，必须将单元格格式更改为"常规"或"数值"。

步骤 02 选中 D2 单元格，然后输入公式"=TODAY（ ）"，计算当前日期，如图 4-25 所示。

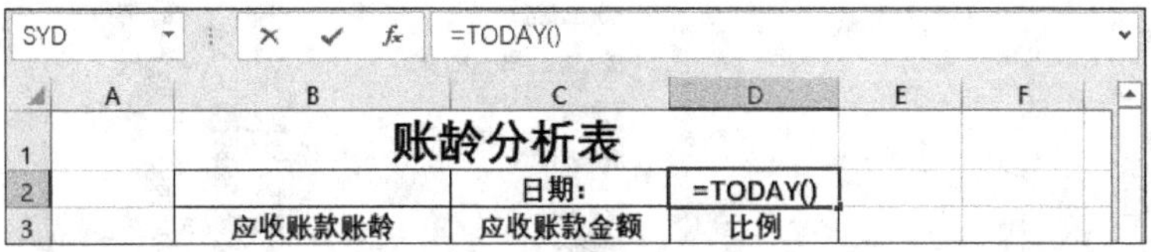

图 4-25　计算当前日期

步骤 03 按 Enter 键确认，此时该单元格中显示了当前日期，如图 4-26 所示。

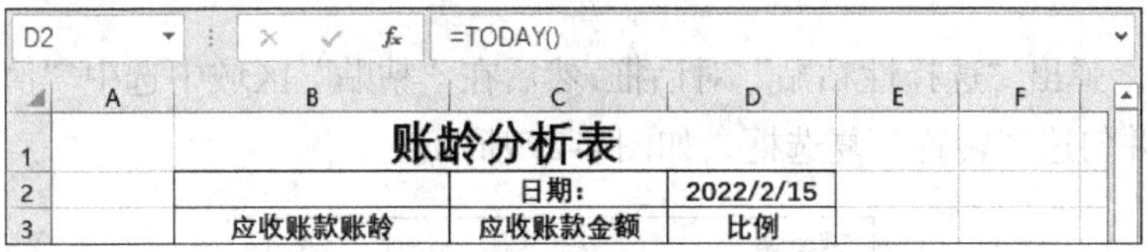

图 4-26　显示当前日期

步骤 04 打开"应收账款逾期分析"工作表，选择 H12 单元格，然后将鼠标放置在右下角，当出现符号 ✚ 时，将鼠标向右拖曳，将求和公式填充到 I12:L12 单元格区域中，最后按 Ctr+C 组合键，复制单元格区域中的内容，如图 4-27 所示。

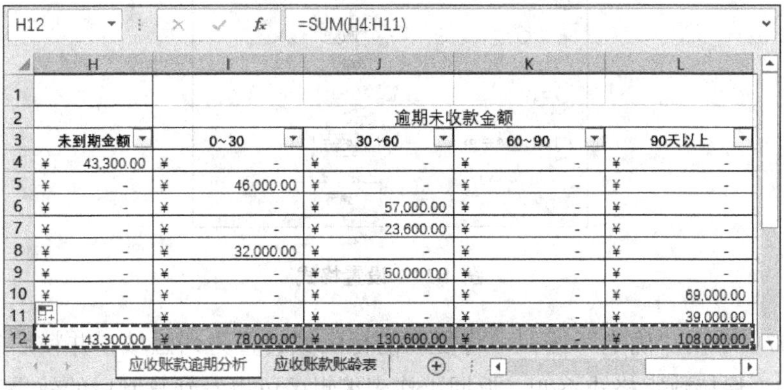

图 4-27　填充合计公式

步骤 05 打开"应收账款账龄表"工作表，然后选择 C4 单元格，右击，从弹出的快捷菜单中选择"选择性粘贴"命令，如图 4-28 所示。

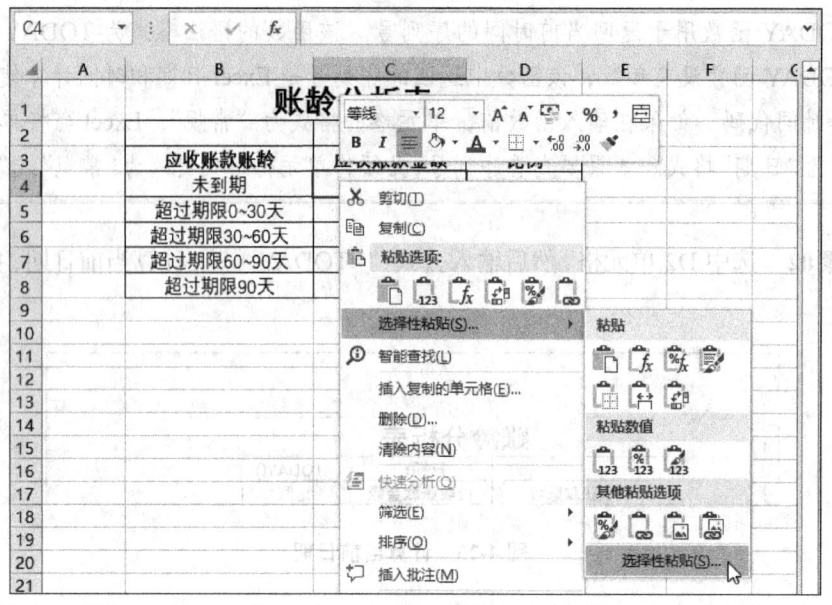

图 4-28 选择性粘贴

步骤 06 弹出"选择性粘贴"对话框，然后在"粘贴"区域中选中"值和数字格式"单选按钮，并勾选"转置"复选框，如图 4-29 所示。

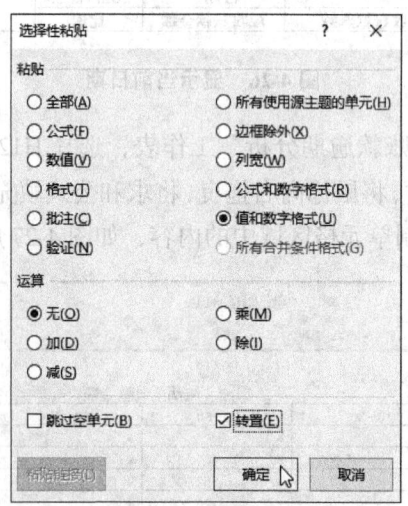

图 4-29 设置格式

步骤 07 单击"确定"按钮，将复制的行区域转置为列区域，并粘贴到 C4:C8 单元格区域中，保持数字格式不变，返回工作表编辑区可以看到复制后的效果，如图 4-30 所示。

第 4 章 Excel 在应收账款管理中的应用

图 4-30 复制数据

步骤 08 在 B9 单元格中输入"合计",同时为 B9:D9 单元格区域添加框线,然后选中 C9 单元格,输入公式"=SUM(C4:C8)",按 Enter 键确认,如图 4-31 所示。

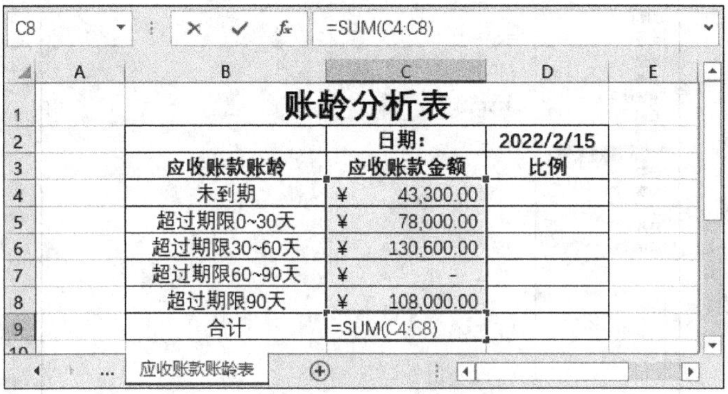

图 4-31 输入合计结算公式

步骤 09 选中 D4 单元格,输入公式"=C4/$C$9",然后按 Enter 键确认,如图 4-32 所示。

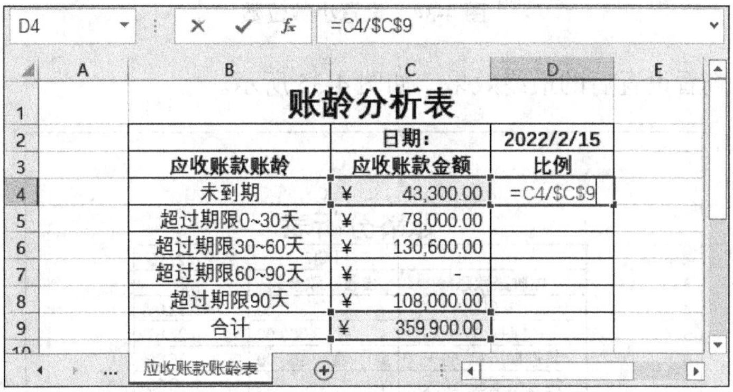

图 4-32 输入比例计算公式

步骤 10 将光标移动到 D4 单元格的右下角,当光标变成 ✚ 形状时,按住鼠标左键不放,向下拖动填充公式至 D9 单元格,如图 4-33 所示。

图 4-33　填充比例计算公式

步骤 11　选中 D4:D9 单元格区域，右击，选择"设置单元格格式"，在弹出的"设置单元格格式"对话框中选择"数字"选项，在分类中将其设置为"百分比"格式，并将小数位数设置为 2，如图 4-34 所示。

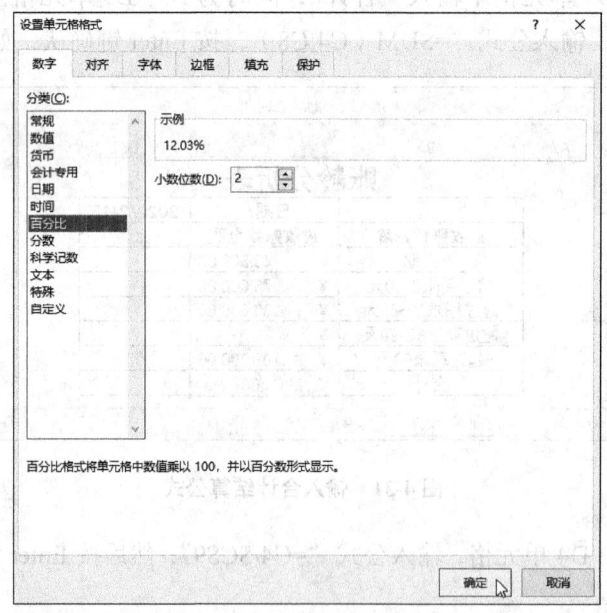

图 4-34　设置小数位数

步骤 12　查看设置后的最终效果，如图 4-35 所示。

图 4-35　账龄分析效果图

4.3 应收账款管理

4.3.1 创建应收账款账龄分析图

图表泛指在屏幕中显示的、可直观展示统计信息属性（时间性、数量性等）、对知识挖掘和信息展示起关键作用的图形结构。条形图、柱状图、折线图和饼图是图表中最常用的基本

配套资源
第4章\应收账款账龄分析表—原始文件
第4章\应收账款账龄分析图—最终效果

类型。为更直观地分析应收账款的账龄情况，用户可以创建图表进行辅助分析。

下面介绍创建应收账款账龄分析图的操作过程。

步骤 01 选中 B3：D8 单元格区域，打开"插入"选项卡，然后单击"图表"选项组中的对话框启动器按钮，如图 4-36 所示。

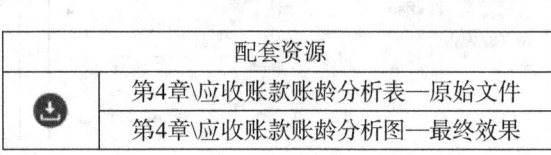

图 4-36 启动图表对话框

步骤 02 弹出"插入图表"对话框，打开"所有图表"选项卡，选择"组合"选项，然后设置"应收账款金额"系列为"簇状柱形图"，设置"比例"系列为"带数据标记的折线图"，最后勾选"次坐标轴"复选框，如图 4-37 所示。

步骤 03 单击"确定"按钮后，弹出新建的图表，此时图表中的柱形图表示应收账款金额，带数据标记的折线图表示比例，如图 4-38 所示。

步骤 04 单击选中图表标题，然后将其修改为"应收账款账龄分析图"，单击"确定"按钮，查看修改后的效果，如图 4-39 所示。

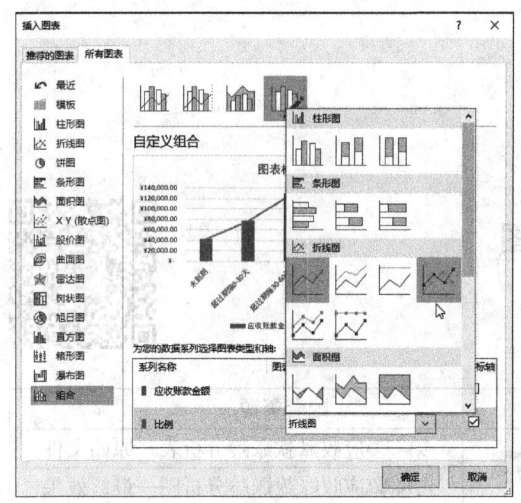 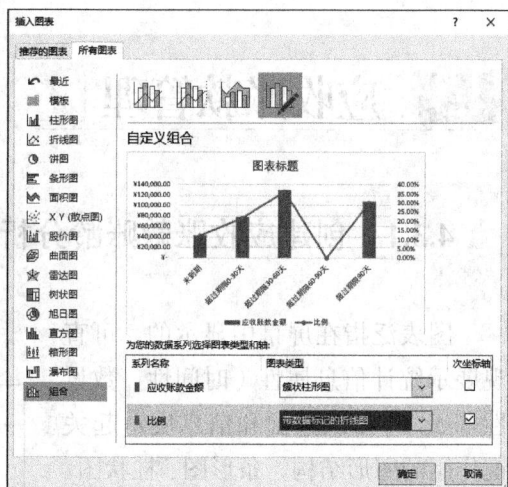

图 4-37 设置图表样式

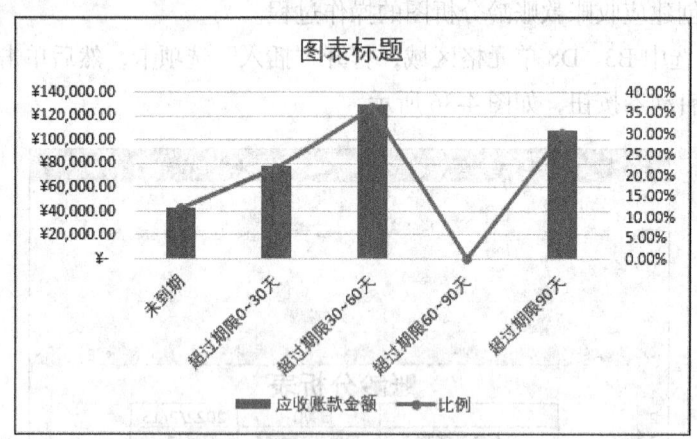

图 4-38 新建的图表

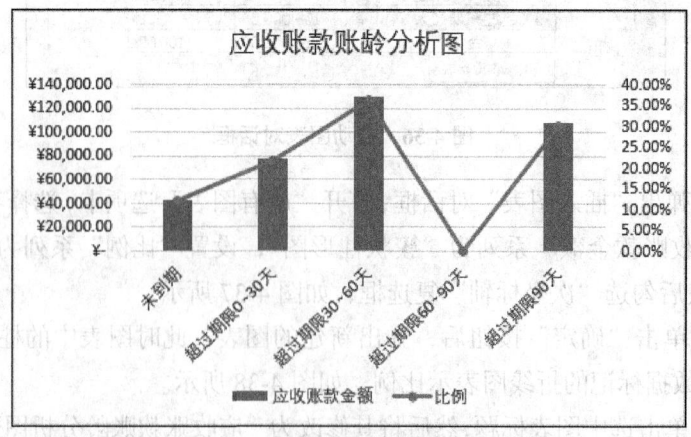

图 4-39 查看修改效果

步骤05 选中图表,打开"设计"选项卡,单击"图表布局"选项组中的"快速布局"按钮,从展开的下拉列表中选择"布局5"选项,如图4-40所示。

图4-40 选择布局样式

步骤06 此时,就修改了图表的布局,为图表添加了一个数据表和坐标轴标题。选中坐标轴标题,右击选择"删除"命令,如图4-41所示。

图4-41 删除坐标轴标题

步骤07 在中间图表的垂直坐标轴上右击,然后从弹出的快捷菜单中选择"设置坐标轴格式"命令,如图4-42所示。

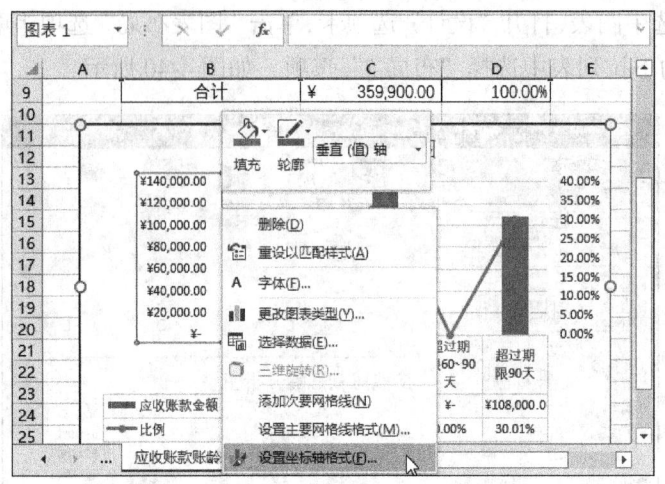

图 4-42 设置坐标轴格式

步骤 08 弹出"设置坐标轴格式"窗格,从"坐标轴选项"中选择"垂直轴",然后打开"边框"选项卡,将线条设置为"实线""黑色""1 磅",如图 4-43 所示。

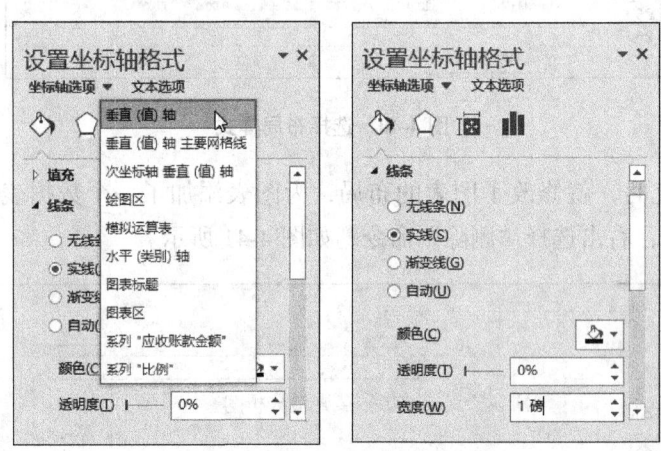

图 4-43 设置垂直轴线条格式

步骤 09 拖动窗格右侧的滚动条,单击"箭头末端类型"按钮,然后从展开的列表中选择"开放型箭头"选项,设置垂直轴的末端箭头,如图 4-44 所示。

步骤 10 单击"坐标轴选项"的下拉按钮,从下拉列表中选择"水平(类别)轴"选项,设置水平轴的格式,如图 4-45 所示。

步骤 11 打开"填充与线条"选项卡,将其线条设置为"实线""黑色""1.5 磅",如图 4-46 所示。

步骤 12 拖动窗格右侧的滚动条,单击"箭头末端类型"按钮,从展开的列表中选择"开放型箭头"选项(第一排第三个),设置水平轴的末端箭头,如图 4-47 所示。

步骤 13 设置完成后,关闭"设置坐标轴格式"窗格,查看图表效果,如图 4-48 所示。

第 4 章　Excel 在应收账款管理中的应用

图 4-44　设置垂直轴箭头末端类型

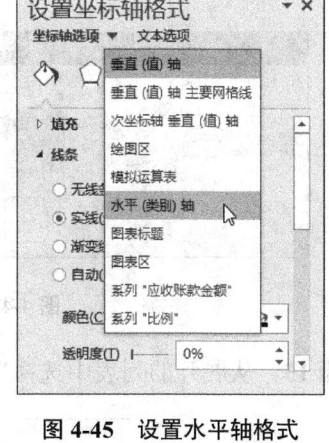

图 4-45　设置水平轴格式

图 4-46　设置水平轴线条格式

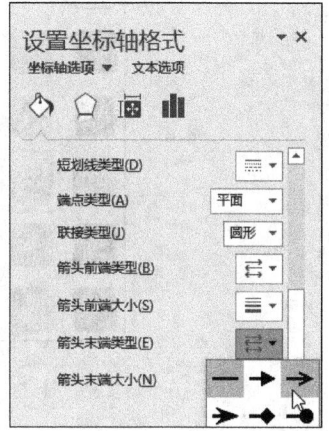

图 4-47　设置水平轴箭头末端类型

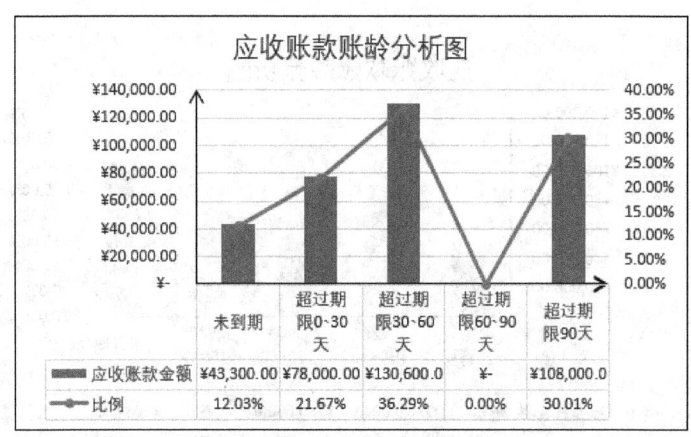

图 4-48　效果图表

步骤 14　选中图表，打开"格式"选项卡，然后单击"形状样式"选项组中的"其他"按钮,如图4-49所示。

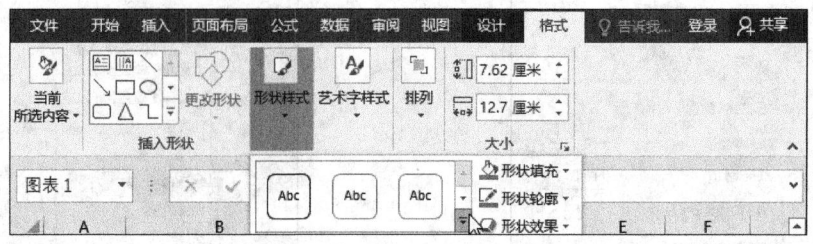

图4-49 打开"格式"选项卡

步骤15 从展开的列表中选择"细微效果—蓝色,强调颜色1"选项,如图4-50所示。

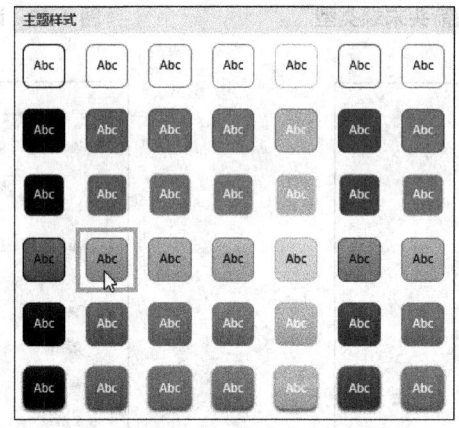

图4-50 选择样式

步骤16 设置完成后,在图中能够直观地看到账龄的分布情况,最终效果如图4-51所示。

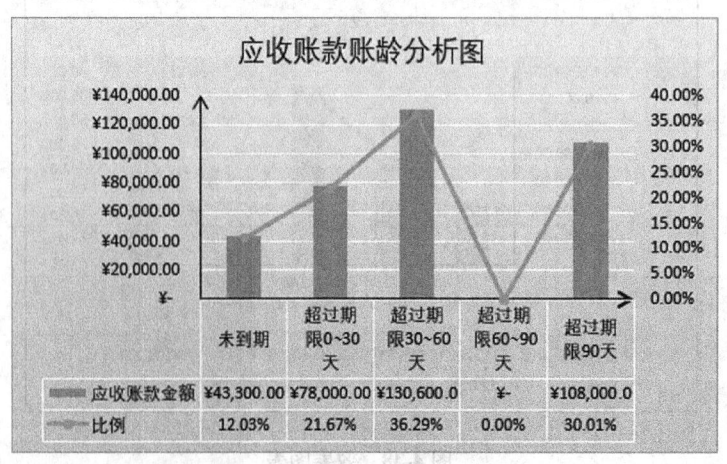

图4-51 应收账款账龄分析效果图

4.3.2 制作应收账款催款单

随着时间的推移,企业的应收账款会逐渐到期,在应收账款到期前,企业需要提示客户还款。如果企业没有收到款项,而应收账款又到期了,

配套资源
第4章\应收账款逾期分析—原始文件
第4章\应收账款催款单—最终效果

那么就需要催款。催款方式有很多,在催款早期,企业一般选择发送电子传真和邮件进行催款,此时就需要制作应收账款催款单。

下面对应收账款催款单的制作过程进行详细介绍。

步骤01 打开"应收账款逾期分析"工作簿,然后将 Sheet2 工作表重命名为"应收账款催款单",如图 4-52 所示。

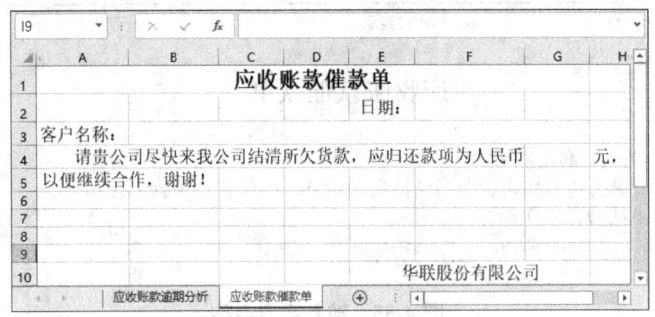

图 4-52 重命名工作表

步骤02 打开"视图"选项卡,然后在"显示"选项组中取消"网格线"复选框的勾选,即可看到不显示网格线的效果,如图 4-53 所示。

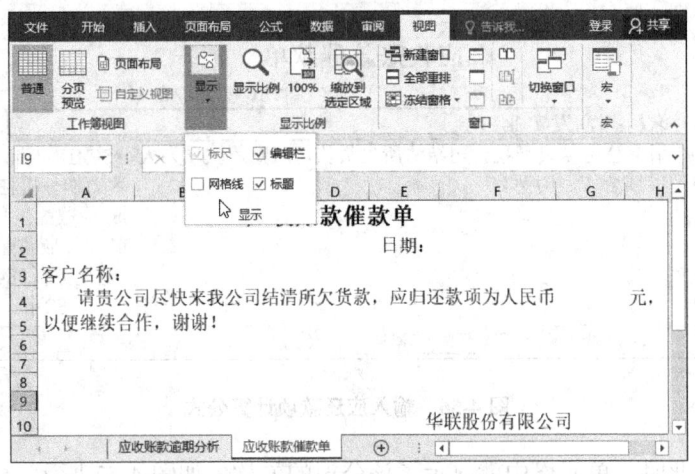

图 4-53 取消网格线

步骤 03 在 G2 单元格中输入日期公式为"=TODAY（）"，然后按 Enter 键确认，显示当前日期，如图 4-54 所示。

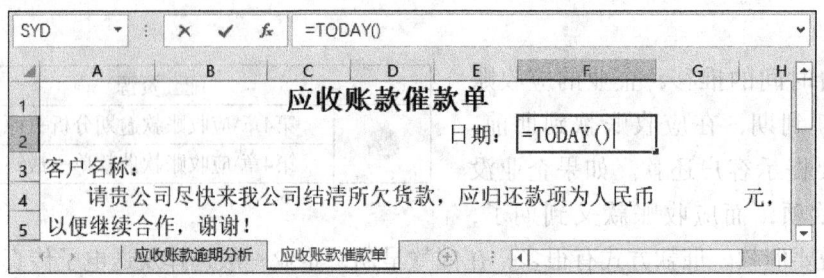

图 4-54 输入日期公式

步骤 04 在 B2 单元格中输入客户名称为"润发实业"，并将"润发实业"的字体加粗显示，如图 4-55 所示。

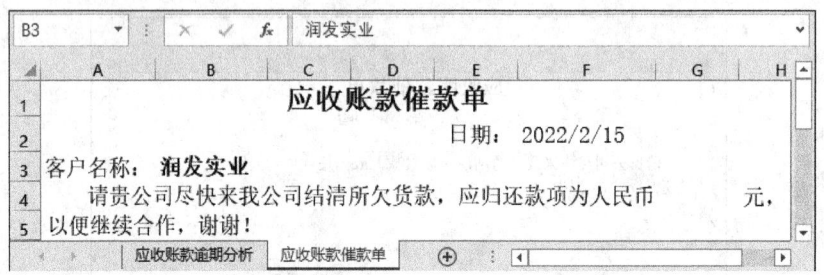

图 4-55 输入客户名称

步骤 05 选中 G4 单元格，输入公式"=SUMIF（应收账款逾期分析!B4:B8,应收账款催款单!B3,应收账款逾期分析!E4:E8）"，按 Enter 键确认，如图 4-56 所示。

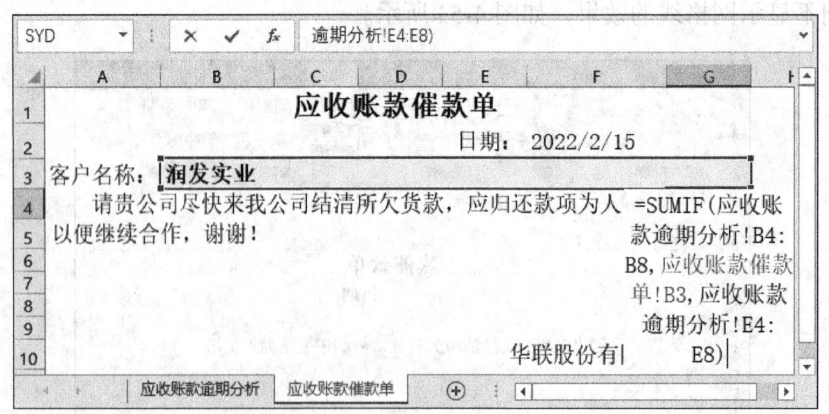

图 4-56 输入应还款项计算公式

步骤 06 此时，单元格中就显示了该公司的欠款，如图 4-57 所示。

第 4 章　Excel 在应收账款管理中的应用

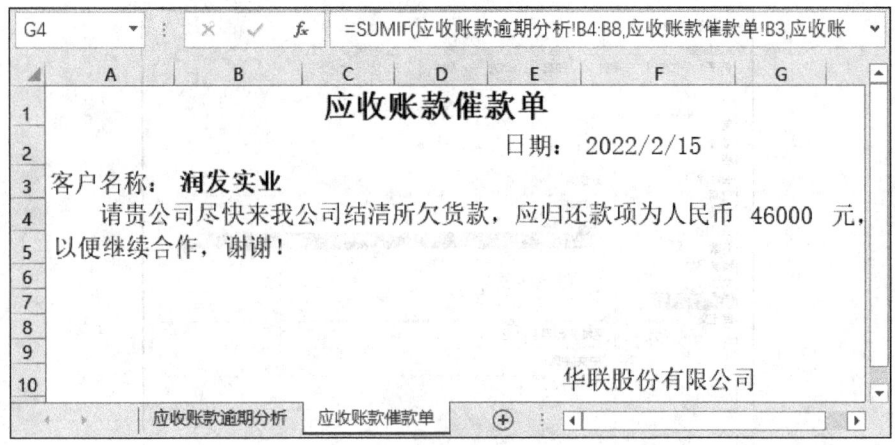

图 4-57　显示应还款项

步骤 07　在 G4 单元格上右击，从弹出的快捷菜单中选择"设置单元格格式"命令，如图 4-58 所示。

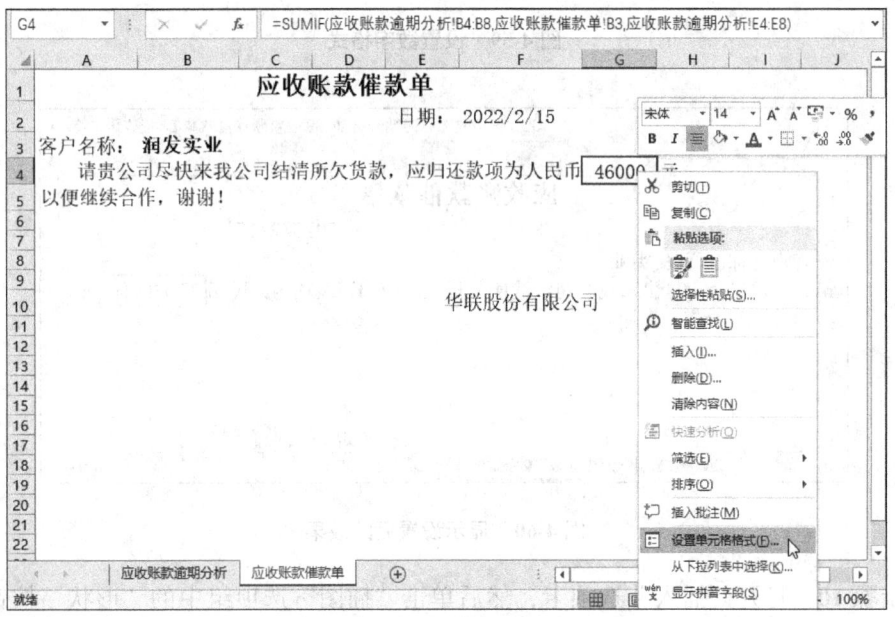

图 4-58　设置单元格格式

步骤 08　弹出"设置单元格格式"对话框，打开"数字"选项卡，在"分类"列表框中选择"特殊"选项，在"类型"列表框中选择"中文大写数字"选项，如图 4-59 所示。

步骤 09　单击"确定"按钮，然后返回工作表编辑区，在 G4 单元格中输入数字 4600，便可以看到设置后的效果，如图 4-60 所示。

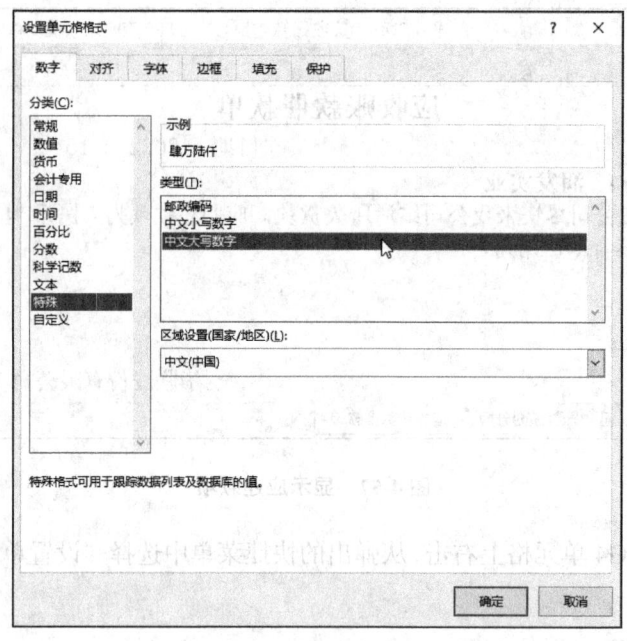

图 4-59 设置数字格式

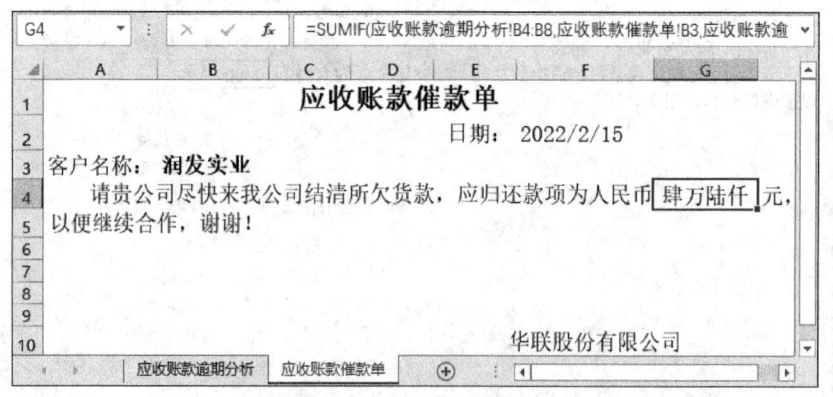

图 4-60 显示设置后的效果

步骤 10 打开"插入"选项卡，然后单击"插图"选项组中的"形状"按钮，从展开的下拉列表中选择"椭圆"选项，如图 4-61 所示。

步骤 11 此时光标变成➕形状，然后在合适的位置按住鼠标左键不放并拖动，绘制图形，如图 4-62 所示。

步骤 12 将图形绘制好后，右击，然后从弹出的快捷菜单中选择"设置形状格式"命令，如图 4-63 所示。

步骤 13 弹出"设置形状格式"窗格，打开"填充与线条"选项卡，然后在"填充"选项区域中选择"无填充"单选按钮，在"线条"选项区域中选择"实线"单选按钮，设置颜色为红色，宽度为"2.25 磅"，如图 4-64 所示。

第 4 章　Excel 在应收账款管理中的应用

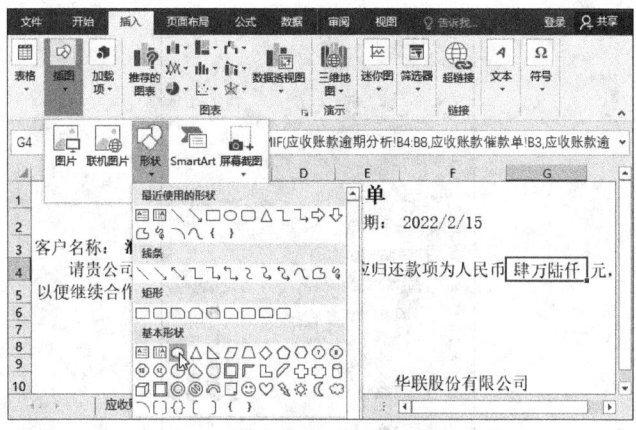

图 4-61　插图

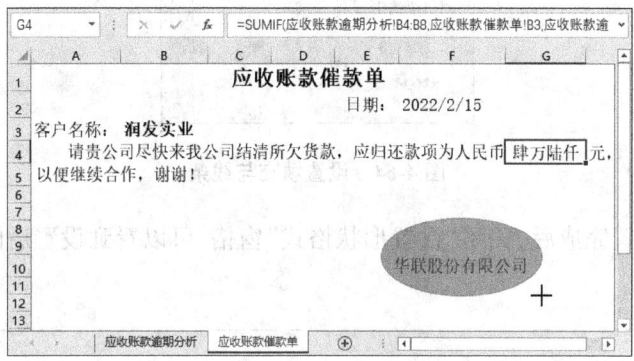

图 4-62　绘制椭圆形状

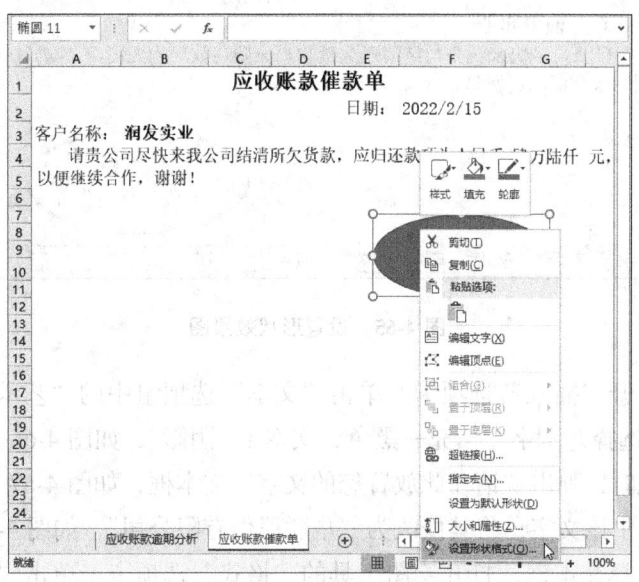

图 4-63　设置形状格式

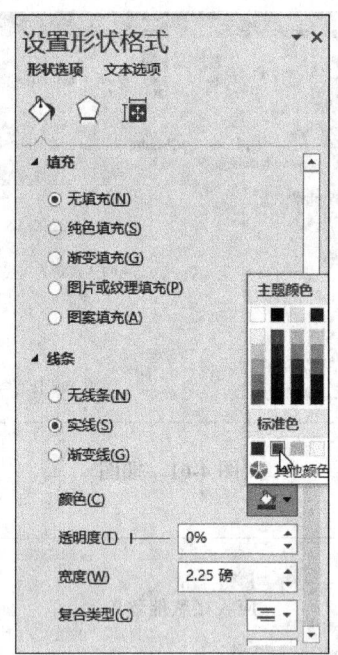

图 4-64　设置填充与线条

步骤 14　设置完成后，关闭"设置形状格式"窗格，可以看到设置后的效果，如图 4-65 所示。

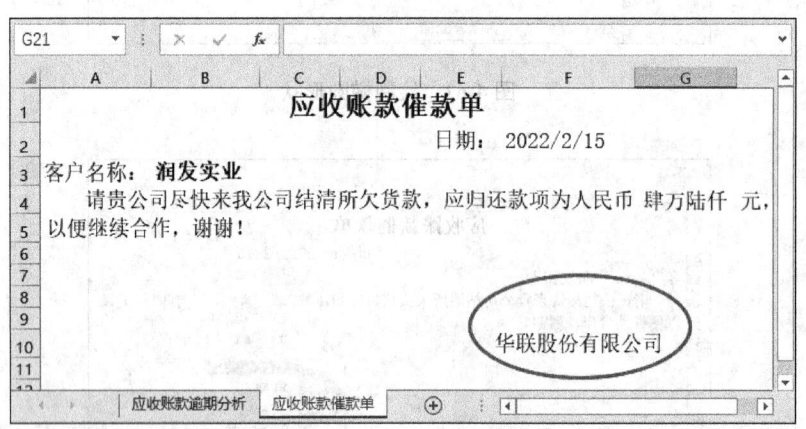

图 4-65　设置形状效果图

步骤 15　打开"插入"选项卡，单击"文本"选项组中的"艺术字"按钮，从展开的下拉列表中选择艺术字"填充—黑色，文本 1，阴影"，如图 4-66 所示。

步骤 16　此时，弹出"请在此放置您的文字"文本框，如图 4-67 所示。

步骤 17　选中该文字，将其修改为"华联股份有限公司"，如图 4-68 所示。

步骤 18　选择文本框，打开绘图工具的"格式"选项卡，单击"艺术字样式"选项组中的"文字效果"下拉按钮，从展开的下拉列表中选择"转换"中的"上弯弧"选项，如图 4-69 所示。

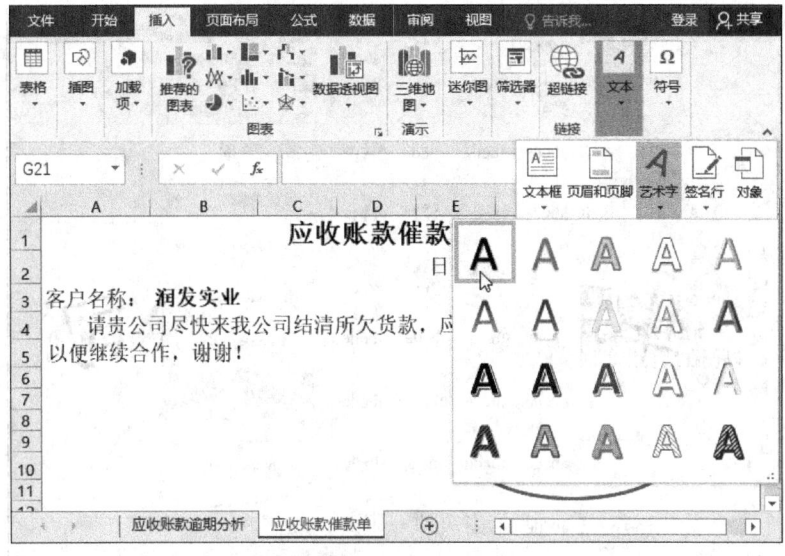

图 4-66　设置艺术字

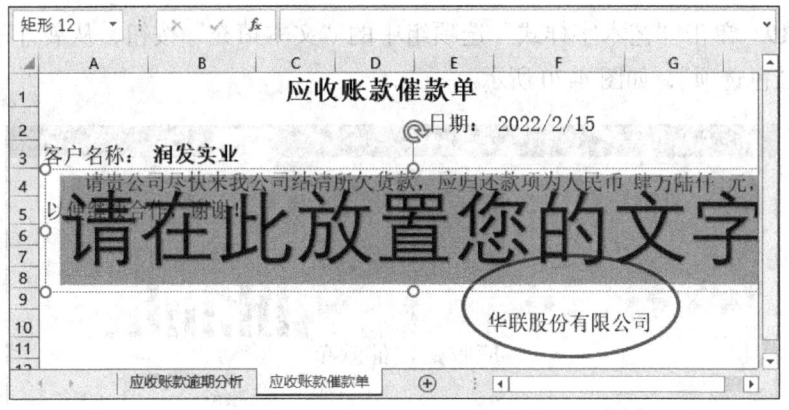

图 4-67　文本框效果

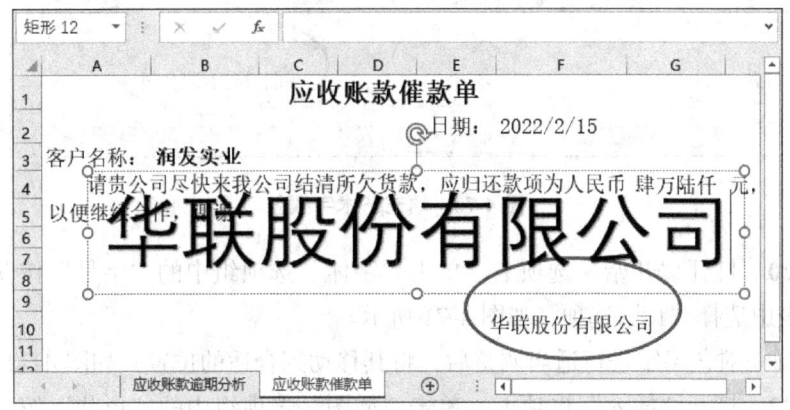

图 4-68　修改公司名称

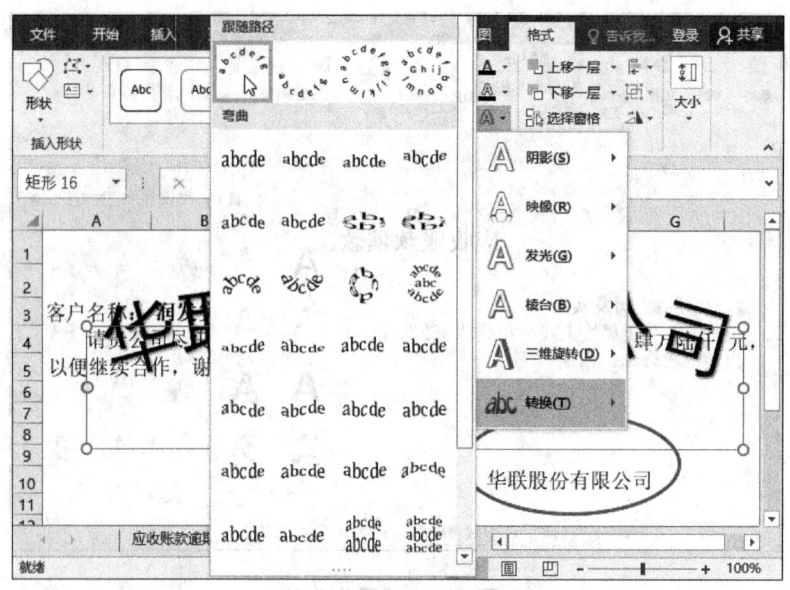

图 4-69 选择转换形状

步骤 19 单击"艺术字样式"选项组中的"文本填充"按钮，从展开的下拉列表中选择"红色选项"，如图 4-70 所示。

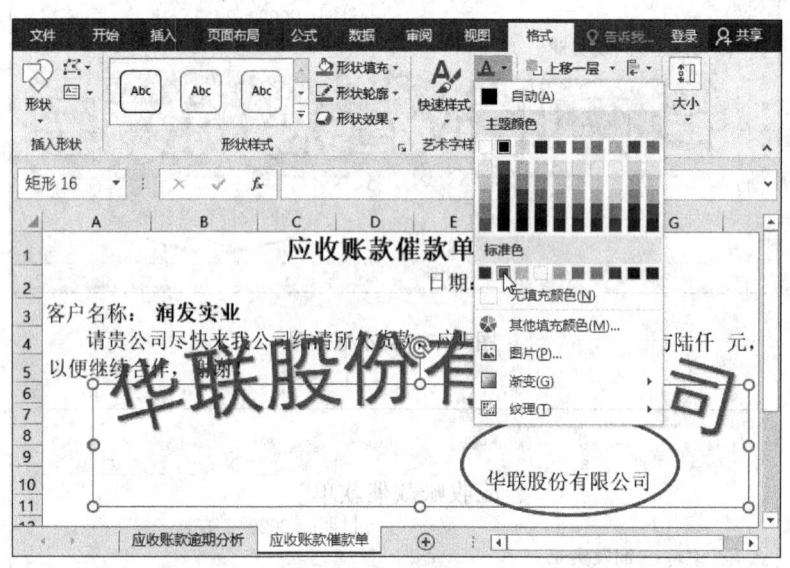

图 4-70 填充艺术字颜色

步骤 20 打开"开始"选项卡，单击"字体"选项组中的"字号"按钮，从展开的下拉列表中选择"16"选项，如图 4-71 所示。

步骤 21 对艺术字进行适当调整后，将其移动到合适的位置，如图 4-72 所示。

步骤 22 打开"插入"选项卡，单击"插图"选项组中的"形状"按钮，从展开的下拉列表中选择"星形：五角"选项，如图 4-73 所示。

第  章　Excel 在应收账款管理中的应用

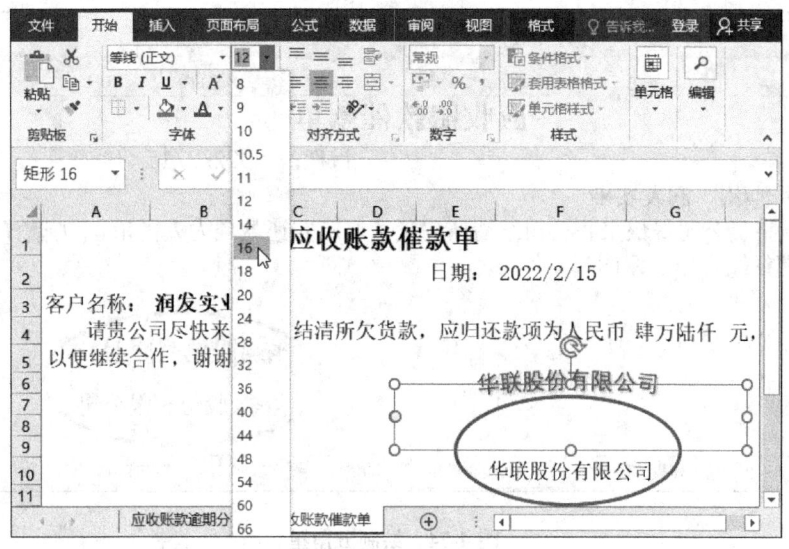

图 4-71　设置字号

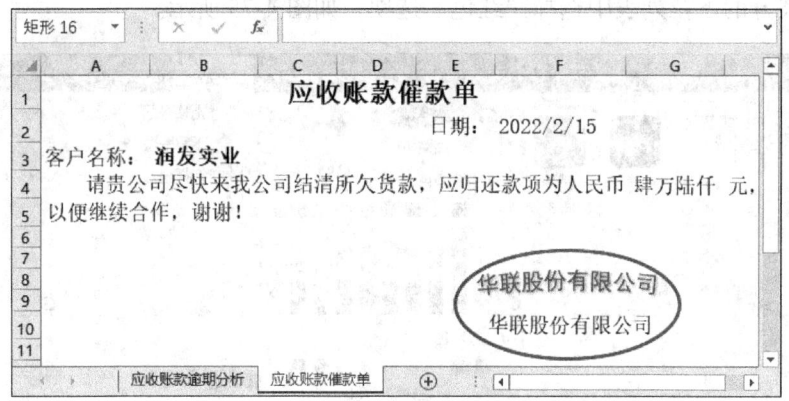

图 4-72　艺术字效果图

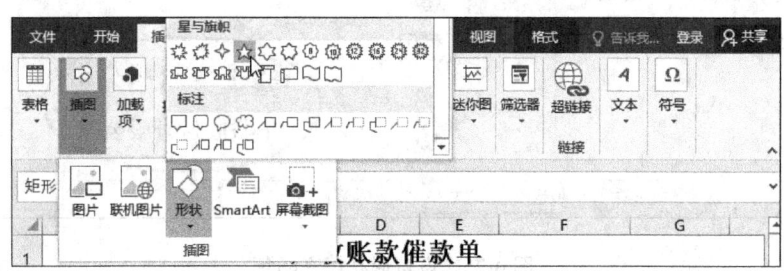

图 4-73　插入五角星

步骤 23　此时光标变成 ✚ 形状，按住鼠标左键不放并拖动，绘制五角星，如图 4-74 所示。

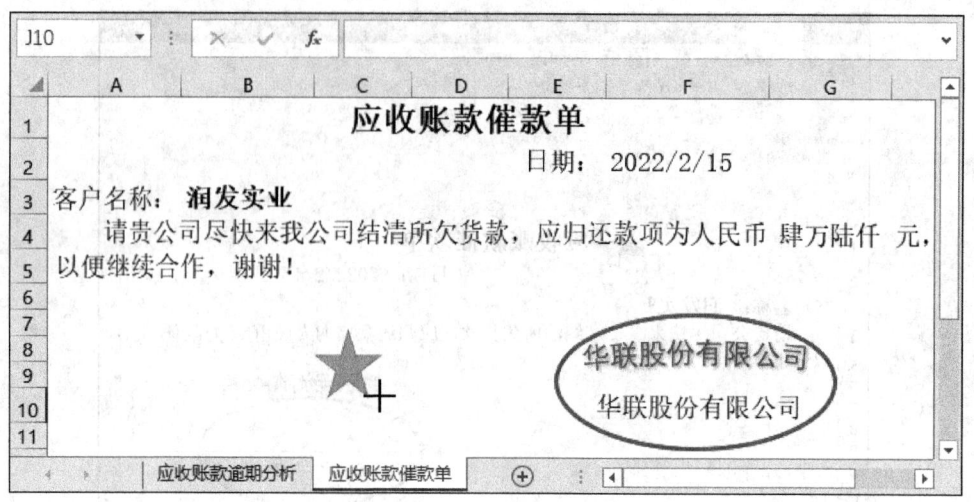

图 4-74　绘制五角星

步骤 24　打开绘图工具"格式"选项卡,单击"形状样式"选项组中的"形状填充"按钮,从展开的下拉列表中选择"红色"选项,如图 4-75 所示。

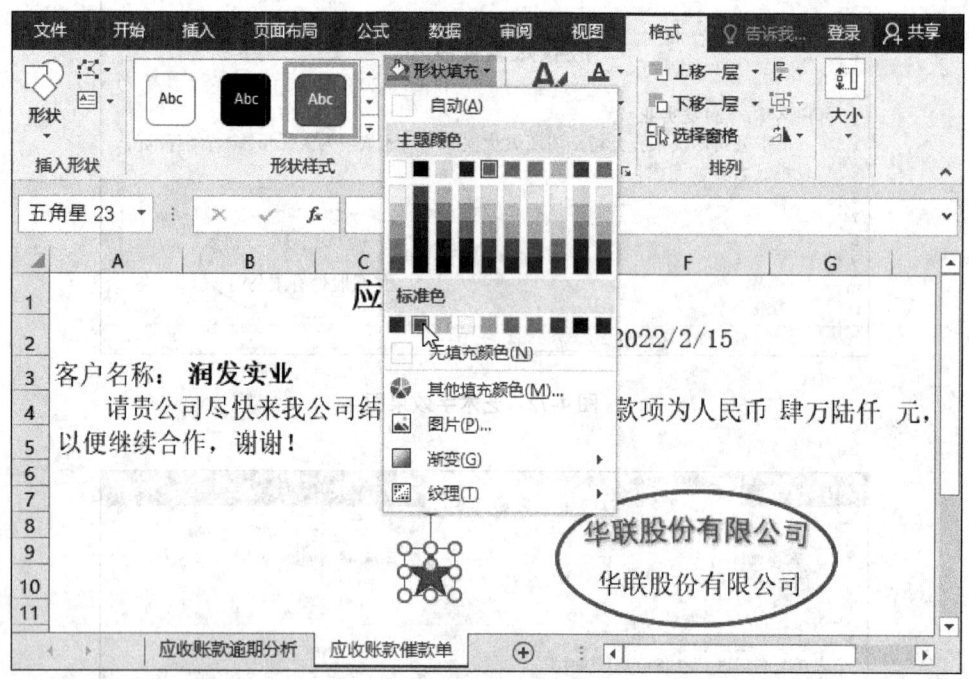

图 4-75　设置形状填充颜色

步骤 25　单击"形状样式"选项组中的"形状轮廓"按钮,从展开的下拉列表中选择"红色"选项,如图 4-76 所示。

步骤 26　调整五角星的大小和位置,此时应收账款催款单就创建好了,查看最终效果,如图 4-77 所示。

 Excel 在应收账款管理中的应用

图 4-76　设置形状轮廓颜色

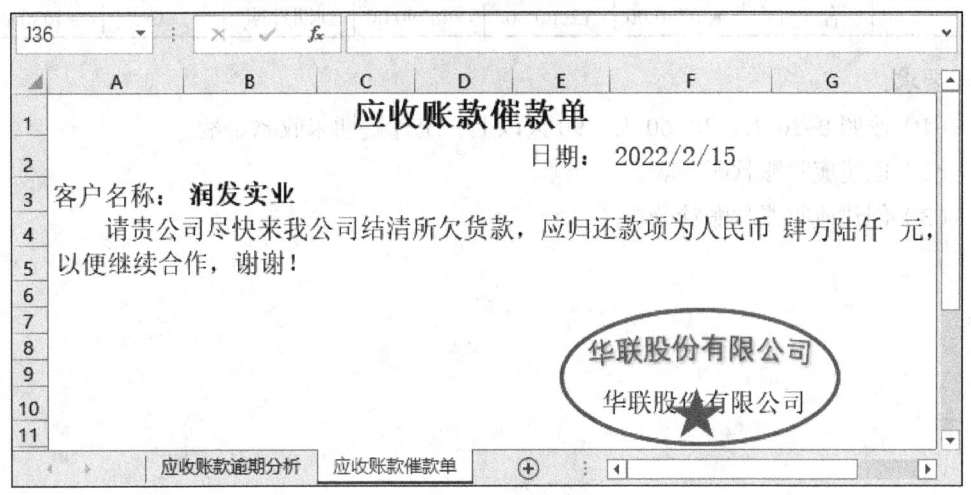

图 4-77　催款单效果图

本 章 小 结

本章介绍了如何运用 Excel 2016 对应收账款进行管理。本章首先介绍了应收账款记录表的编制方法，然后介绍了对应收账款进行分析时所使用的逾期应收账款分析表和应

收账款账龄分析表的编制过程，最后完成了应收账款账龄分析图的创建及应收账款催款单的制作等内容。此外，本章还介绍了 TOADY 函数。

思考练习

利用 Excel 2016 对大阳公司的应收账款进行管理。

大阳公司应收账款统计表如下。

当前日期：

交易日期	客户名称	应收账款	已收账款	未收账款	到期日期	是否到期	未到期金额
2022/2/1	光源公司	¥4030.00		¥4030.00	2022/3/15	否	¥4030.00
2021/12/1	龙翔实业	¥4700.00	¥1000.00	¥3700.00	2022/1/12	是	¥—
2021/12/7	创美实业	¥4700.00		¥4700.00	2022/1/18	是	¥—
2021/12/8	新河公司	¥5360.00		¥5360.00	2022/1/19	是	¥—
2021/11/3	富强实业	¥7200.00	¥1000.00	¥6200.00	2022/1/26	是	¥—
2021/10/6	创达实业	¥9000.00		¥9000.00	2021/12/29	是	¥—
2020/10/10	远方实业	¥7900.00		¥7900.00	2021/1/1	是	¥—
2019/10/1	舒达公司	¥7900.00	已收账款	¥7900.00	2019/12/24	是	¥—
	合　计	¥50790.00	¥2000.00	¥48790.00	到期日期		¥4030.00

要求：

（1）按照 0~30 天、30~60 天、90 天以上，统计逾期未收款金额。

（2）创建应收账款账龄表。

（3）创建应收账款账龄分析图。

Excel在进销存核算管理中的应用

学习目标

（1）掌握进销存管理相关的业务处理流程。
（2）了解进销存管理中数据之间的关系。
（3）学会使用Excel 2016设计进销存管理系统。

课程思政

（1）认真履行岗位职责，强化业务技能。
（2）及时、准确地开展进销存管理，做到一丝不苟、精益求精。

学习重点

（1）掌握采购申请单及采购统计表的创建方法。
（2）掌握销售统计表的编制方法，能够对销售数据进行分析。
（3）掌握入库单和统计表的制作方法，同时能够编制出库统计及分析。

学习难点

（1）掌握采购统计表的创建方法。
（2）掌握销售数据的分析方法。
（3）学会应用库存统计进行分析。

　　进销存管理是企业内部管理的重要环节。采购是企业实现价值的开始，采购成本直接影响企业的利润，因此采购管理是企业管理的重点；销售是企业实现价值的主要手段，是企业进销存管理系统的重要组成部分；存货是企业会计核算和管理的重要环节，存货的管理会影响企业的采购、生产和销售业务的进行，存货管理的好坏直接影响企业的资金占用水平、资产运作效率。利用Excel 2016进行进销存管理可以提高工作效率，并间接提高企业的经济效益。

5.1 进销存统计初始化设置

5.1.1 背景资料

小王为华联公司设计的 Excel 2016 应收账款核算管理系统，不仅简化了应收款项的计算等烦琐的工作，还利用 Excel 2016 对不同企业的不同账龄进行了分析，并制作出应收账款的催款单，深受领导的好评。他备受鼓舞，决定开始尝试使用 Excel 2016 设计该公司的进销存管理系统。

5.1.2 创建采购申请单

企业通过不断地采购相关原材料来保障企业的持续运营，在进行材料采购之前，各部门需要提交采购申请单。经审核后，由采购部门统一预算并采购，然后对采购的商品进行登记，

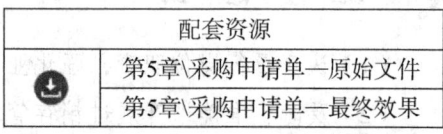

统一管理。采购申请单是采购过程的开始，每个部门根据需要提交采购申请，通过有关部门审批后，移送采购部门进行统一采购。下面介绍采购申请单的创建过程。

步骤 01 打开"采购申请单"工作表，然后选中 B2 单元格，右击，从弹出的快捷菜单中选择"设置单元格格式"命令，如图 5-1 所示。

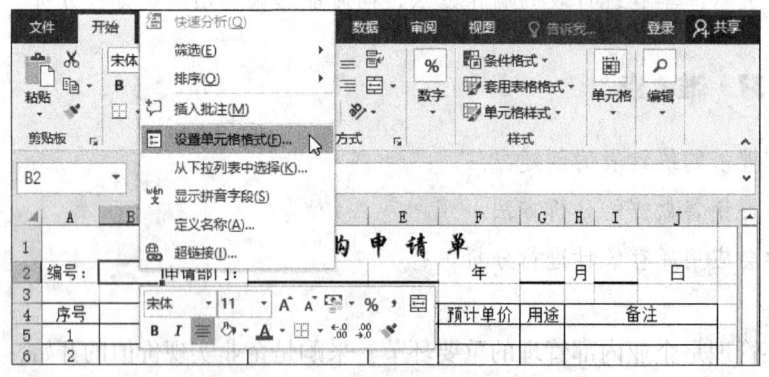

图 5-1 设置单元格格式

步骤 02 弹出"设置单元格格式"对话框，打开"数字"选项卡，在"分类"列表框中选择"自定义"选项，在"类型"文本框中输入"00#"，单击"确定"按钮，如图 5-2 所示。

第 5 章　Excel 在进销存核算管理中的应用

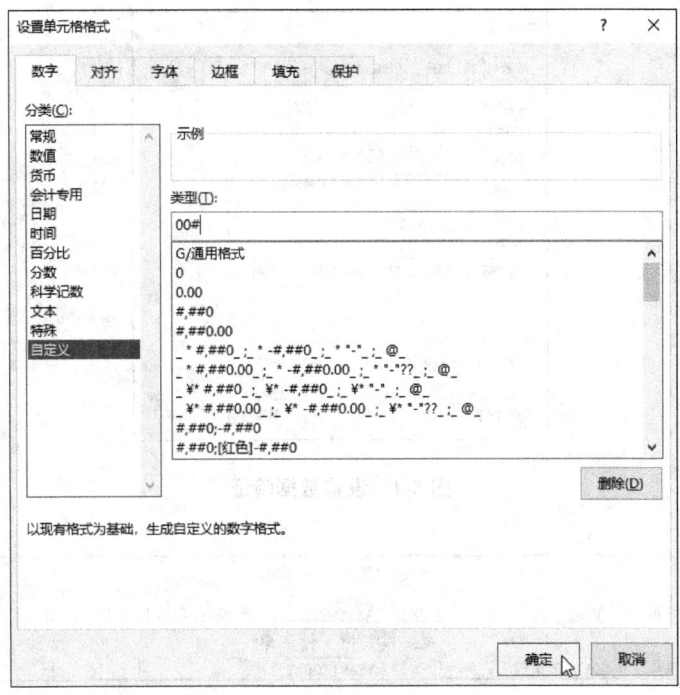

图 5-2　自定义文本类型

步骤 03　选中 D2 单元格,打开"数据"选项卡,在"数据工具"选项组中单击"数据验证"下拉按钮,从下拉列表中选择"数据验证"选项,如图 5-3 所示。

图 5-3　选择数据验证

步骤 04　弹出"数据验证"对话框,打开"设置"选项卡,然后在"允许"下拉列表中选择"序列"选项,最后在"来源"文本框中输入"生产部,销售部,财务部,人力资源部",单击"确定"按钮,如图 5-4 所示。

步骤 05　选择 B2 单元格,输入数字"001"。然后单击 D2 单元格,在其右方将出现下拉按钮，单击该按钮,从下拉列表中选择"财务部"选项。选中 E2 单元格,输入公式"=YEAR（TODAY（））",如图 5-5 所示。

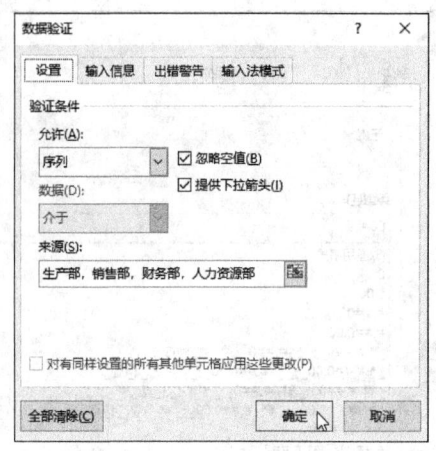

图 5-4 设置数据验证

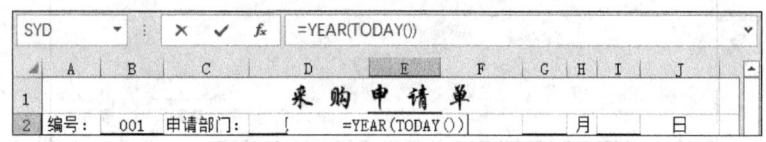

图 5-5 输入年份公式

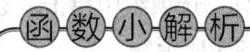

YEAR 函数

YEAR 函数用于返回某日期对应的年份。该函数的语法格式为 YEAR（serial_number）。其中，参数 serial_number 表示要查找的年份日期，应使用标准函数（如 DATE）输入日期，或者使用日期对应的序列号。

步骤 06 按 Enter 键后，在该单元格中就显示了当前的年份。然后选中 G2 单元格，在其中输入公式"=MONTH（TODAY（））"，如图 5-6 所示。

MONTH 函数

MONTH 函数用于返回某日期对应的月份。该函数的语法格式为 MONTH（serial_number）。其中，参数 serial_number 表示要查找的月份，应使用标准函数输入日期，或者使用日期所对应的序列号，不能以文本的形式输入日期。

步骤 07 按 Enter 键确认，在该单元格中就显示了当前的月份。选中 I2 单元格，在其中输入公式"=DAY（TODAY（））"，如图 5-7 所示。按 Enter 键被确认，在该单元格中就显示了当前的日期。

第 5 章　Excel 在进销存核算管理中的应用

图 5-6　输入月份公式

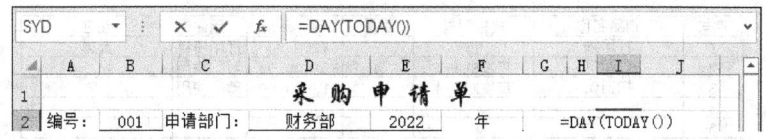

图 5-7　输入日期公式

函数小解析

DAY 函数

DAY 函数用于返回一个月中第几天的数值，即返回以序列号表示的某日期的天数，用整数 1~31 表示。该函数的语法格式为 DAY（serial_number）。其中，参数 serial_number 表示指定的日期，应使用标准函数输入日期，或者使用日期所对应的序列号，日期不能以文本形式输入。

步骤 08　选中 F 列，右击，然后在出现的列表中选择"设置单元格格式"，选择"数字"选项下面的"货币"，在"货币符号"下拉菜单中选择"¥"，单击"确定"按钮，如图 5-8 所示。

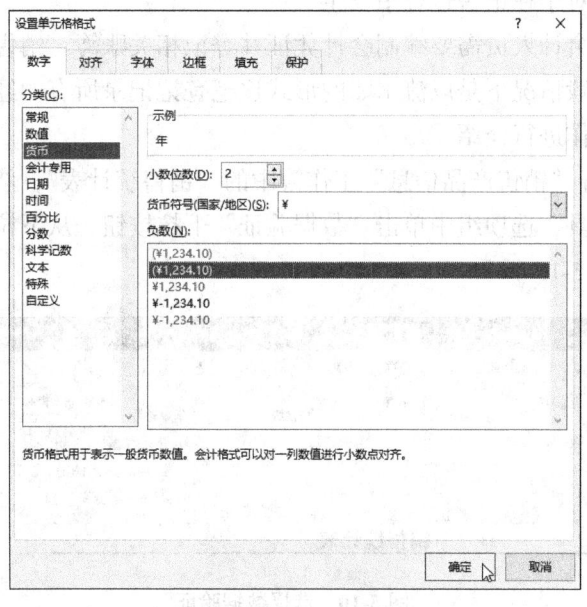

图 5-8　设置单元格货币格式

步骤 09 按照"采购申请信息"表继续输入其他信息。填制完成的采购申请单如图 5-9 所示。

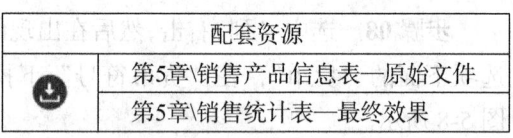

图 5-9 采购申请单效果图

5.2 销售管理

5.2.1 销售统计表的编制

销售管理是为实现各种组织目标，创造、建立和保持与目标市场之间的有益交换和联系而进行的分析、计划、执行、监督和控制。同时，对于在销售过程中发生

配套资源
第5章\销售产品信息表—原始文件
第5章\销售统计表—最终效果

的一些经济业务，会计人员需要编制会计凭证并登记相关账簿。销售统计表用于记录企业的销售数据，一般情况下是以流水账的形式逐笔登记记录所有的经济业务。下面对销售统计表的创建操作进行介绍。

步骤 01 打开"销售产品信息"工作簿中的"销售统计表"，然后单击"数据"选项卡，在"数据工具"选项组中单击"数据验证"下拉按钮，从下拉列表中选择"数据验证"选项，如图 5-10 所示。

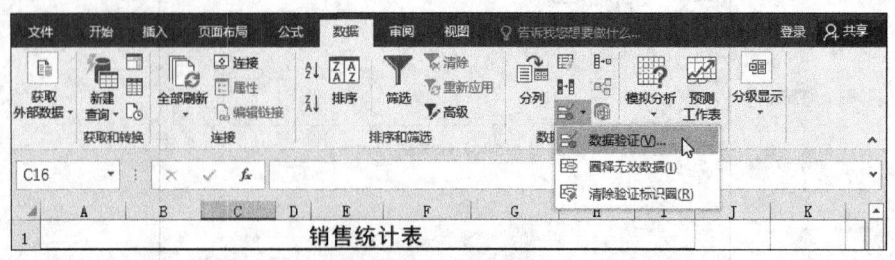

图 5-10 选择数据验证

步骤02 弹出"数据验证"对话框,打开"设置"选项卡,然后在"允许"下拉列表中选择"整数"选项,在"数据"下拉列表中选择"大于"选项,最后在"最小值"文本框中输入0,如图5-11所示。

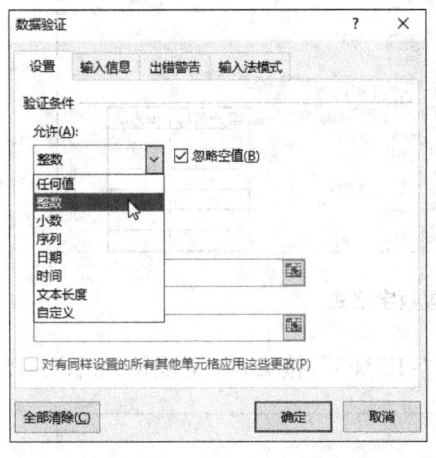
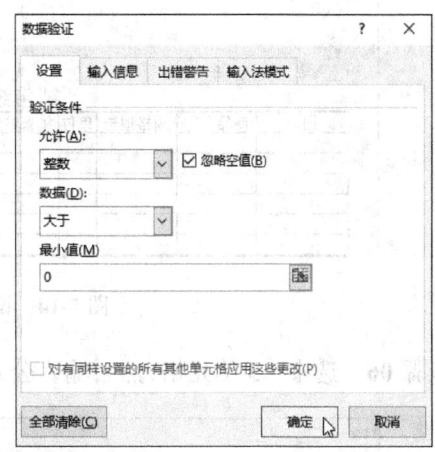

图 5-11　设置验证条件

步骤03 在"数据验证"对话框中,打开"输入信息"选项卡,勾选"选定单元格时显示输入信息"复选框,最后在"输入信息"文本框中输入"请输入整数!",如图5-12所示。

步骤04 在"数据验证"对话框中,打开"出错警告"选项卡,然后在"样式"下拉列表中选择"停止"选项,在"标题"文本框中输入"错误",在"错误信息"文本框中输入"请输入整数!",最后单击"确定"按钮,如图5-13所示。

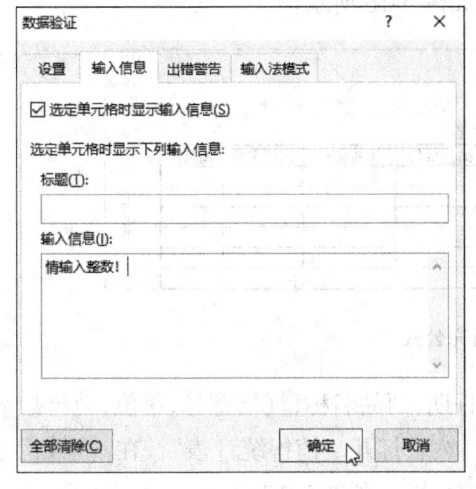
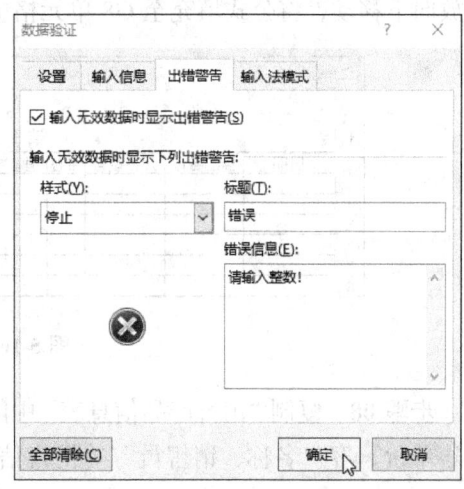

图 5-12　输入信息　　　　　　　　　图 5-13　输入出错警告

步骤05 选中F3:G8单元格,打开"开始"选项卡,然后单击"数字格式"右侧的下拉按钮,从下拉列表中选择"会计专用"选项,如图5-14所示。

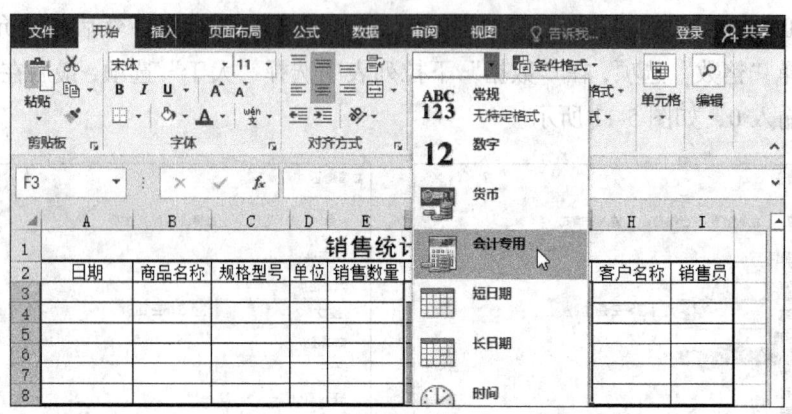

图 5-14 设置数字格式

步骤 06 选中 G3 单元格,然后输入公式"=E3*F3",按 Enter 键确认,如图 5-15 所示。

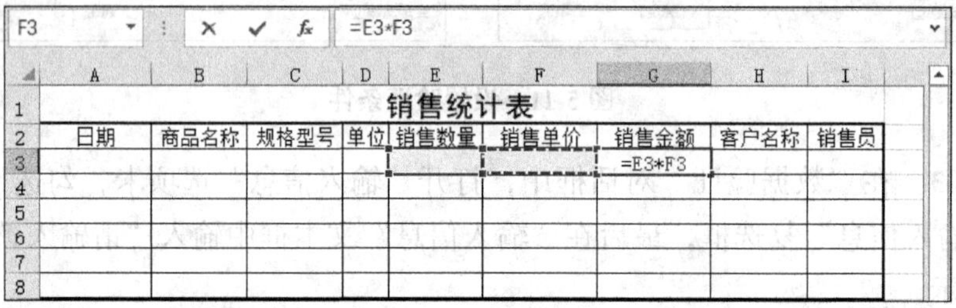

图 5-15 输入计算公式

步骤 07 将光标移动到 G3 单元格的右下角,当光标变成 ✚ 形状时,按住鼠标左键不放向下移动,将公式填充至 G8 单元格中,如图 5-16 所示。

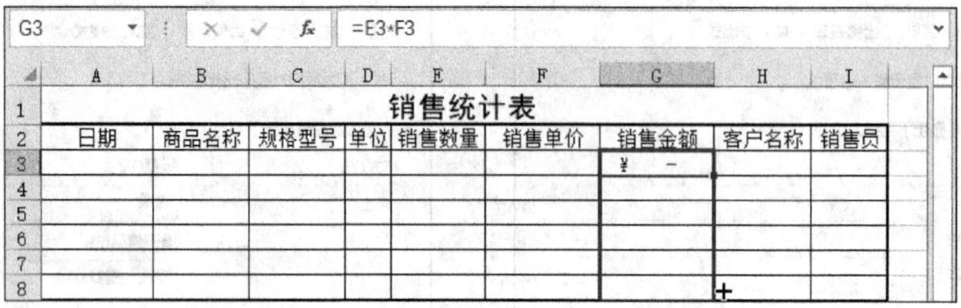

图 5-16 填充公式

步骤 08 复制"销售产品信息表"中的"日期,商品名称,规格型号,单位,销售数量,销售单价,客户名称,销售员"等销售信息,然后打开"销售统计表",在"开始"选项卡的"粘贴"下拉菜单中选择"选择性粘贴公式",如图 5-17 所示。

步骤 09 选择 A3：A8 单元格区域,右击,在菜单中选择"设置单元格格式",然后在弹出的对话框中选择"数字"选项卡,在"分类"列表中选择"日期",在类型中选择"2012/3/14",如图 5-18 所示。

第 5 章　Excel 在进销存核算管理中的应用

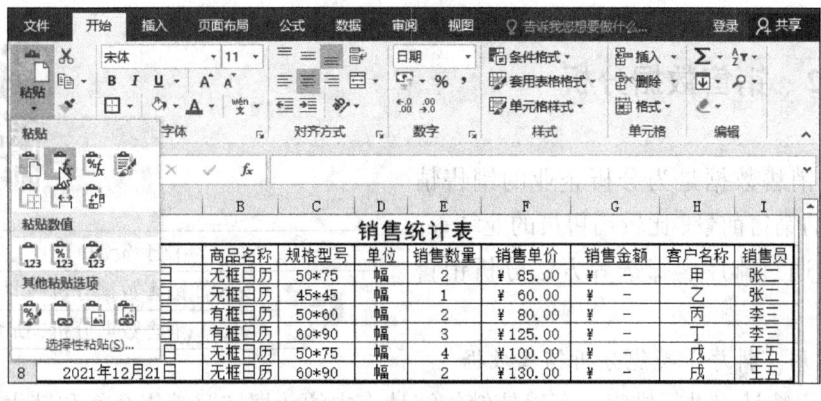

图 5-17　选择性粘贴公式

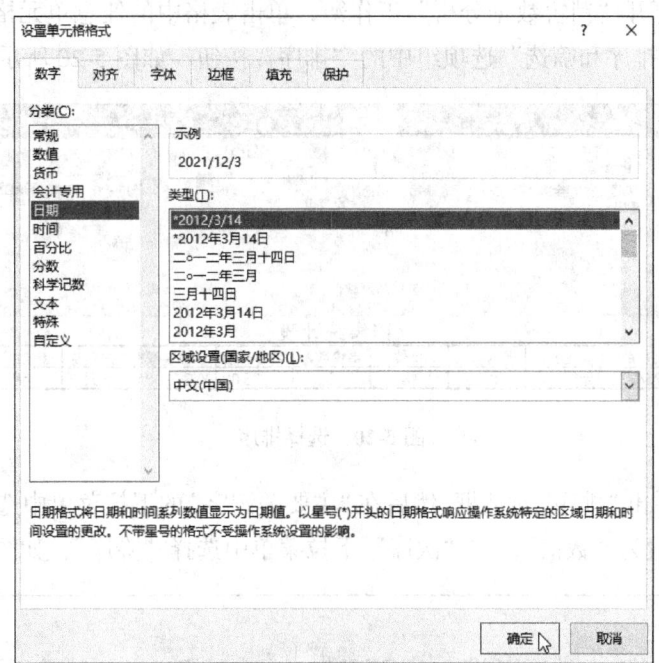

图 5-18　设置日期类型

步骤 10　单击"确定"按钮即可显示效果图，如图 5-19 所示。

图 5-19　销售统计表效果图

5.2.2 销售数据分析

统计销售数据是为分析企业的销售情况、产品的销售前景、比较销售员的业绩等。用户可以通过排序、筛选等方法分析销售数据。

配套资源
第5章\销售数据分析—原始文件
第5章\销售数据分析—最终效果

1. 使用"排序"功能分析销售数据

对销售统计表进行排序，可以使销售统计表中的数据按照销售金额和销售数量降序排序。下面将对使用"排序"功能分析销售数据的操作过程进行介绍。

步骤01 打开"销售数据分析"工作簿，单击表格中的任意单元格，选择"数据"选项卡，单击"排序和筛选"选项组中的"排序"按钮，如图5-20所示。

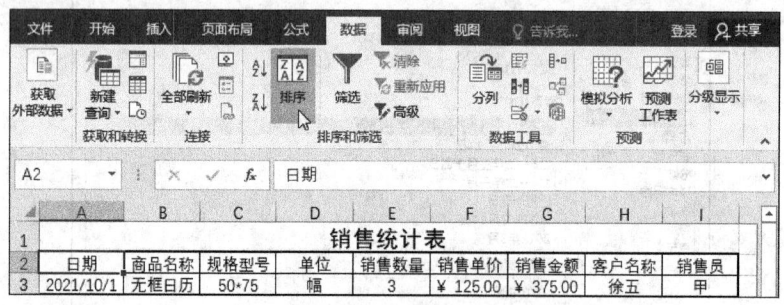

图 5-20 选择排序

步骤02 弹出"排序"对话框，然后在"主要关键字"的下拉菜单中选择"销售金额"，"排序依据"设置为"数值"，在"次序"下拉菜单中选择"降序"，如图5-21所示。

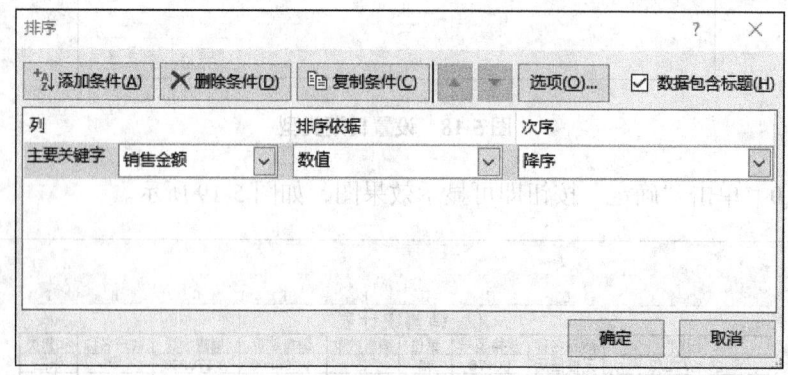

图 5-21 设置主要排序依据

步骤03 单击"添加条件"按钮，然后将"次要关键字"设置为"销售数量"，"排序依据"设置为"数值"，"次序"设置为"降序"，如图5-22所示。

第 5 章　Excel 在进销存核算管理中的应用

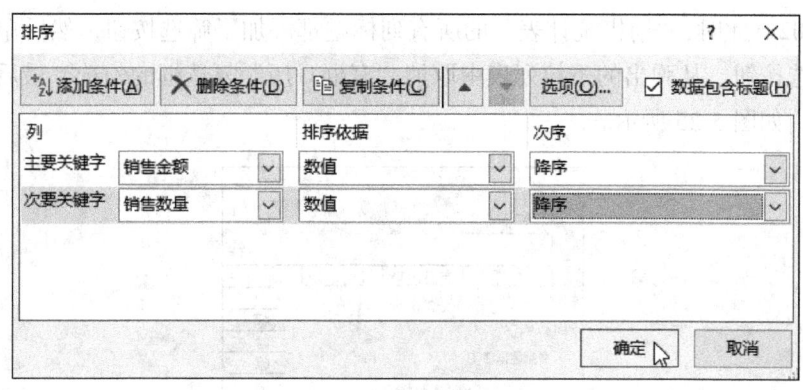

图 5-22　设置次要排序依据

步骤 04　单击"确定"按钮，返回工作表编辑区，可以看到表格中的数据按照销售金额降序排列。销售金额相同的，按照销售数量降序排列，如图 5-23 所示。

日期	商品名称	规格型号	单位	销售数量	销售单价	销售金额	客户名称	销售员
2021/10/4	有框日历	50*75	幅	8	¥ 120.00	¥ 960.00	张四	甲
2021/10/4	有框日历	50*75	幅	6	¥ 135.00	¥ 810.00	王五	丁
2021/10/1	无框日历	50*75	幅	6	¥ 130.00	¥ 780.00	王三	丙
2021/10/1	有框日历	50*60	幅	8	¥ 95.00	¥ 760.00	王七	丙
2021/10/3	无框日历	50*75	幅	7	¥ 100.00	¥ 700.00	李四	丙
2021/10/1	有框日历	50*75	幅	7	¥ 85.00	¥ 595.00	刘四	乙
2021/10/1	无框日历	60*90	幅	4	¥ 140.00	¥ 560.00	王二	乙
2021/10/1	无框日历	50*60	幅	4	¥ 120.00	¥ 480.00	李二	甲
2021/10/1	无框日历	50*60	幅	5	¥ 90.00	¥ 450.00	唐三	甲
2021/10/1	无框日历	45*45	幅	5	¥ 85.00	¥ 425.00	张三	丁

图 5-23　显示降序排列效果

2. 使用"筛选"功能分析销售数据

对销售统计表进行筛选，可以筛选出销售金额大于或等于 600 的数据。下面对使用"筛选"功能分析销售数据的操作过程进行介绍。

步骤 01　打开"销售数据分析"工作簿，然后单击"销售统计表"中的任意单元格，打开"数据"选项卡，单击"排序和筛选"选项组中的"筛选"按钮，如图 5-24 所示。

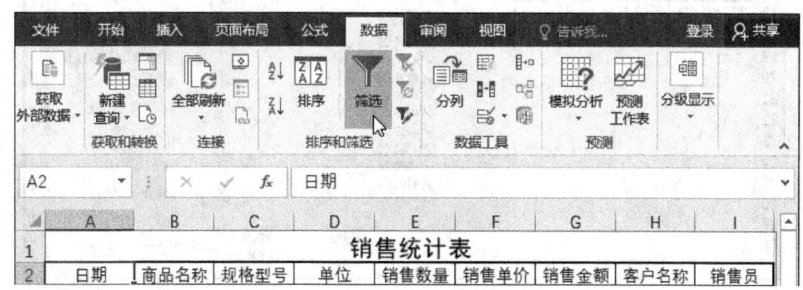

图 5-24　选择筛选

· 133 ·

步骤 02 此时,"销售统计表"的所有列标题都添加了筛选按钮,然后单击"商品名称"筛选按钮,从弹出的下拉列表中取消"有框日历"复选框的勾选,最后单击"确定"按钮,如图 5-25 所示。

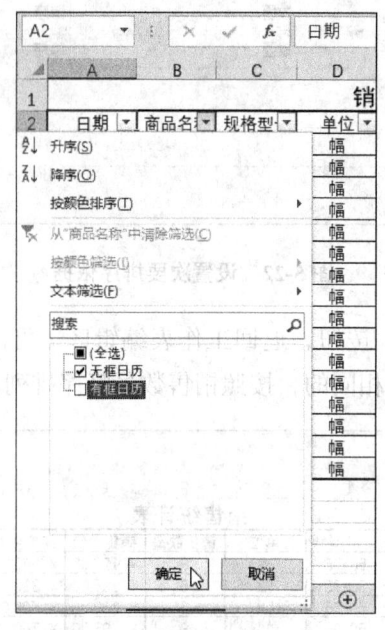

图 5-25 设置筛选条件

步骤 03 单击"销售金额"筛选按钮,从弹出的下拉列表中选择"数字筛选"中的"大于或等于"选项,如图 5-26 所示。

图 5-26 设置数字筛选

 第 5 章 Excel 在进销存核算管理中的应用

步骤 04 弹出"自定义自动筛选方式"对话框,在"大于或等于"数值框中输入 600,单击"确定"按钮,如图 5-27 所示。

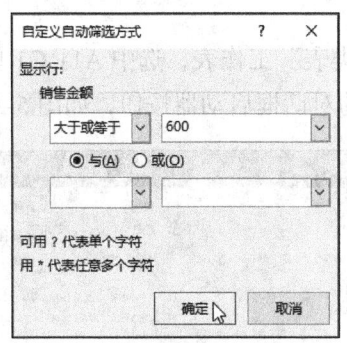

图 5-27 设置数字筛选条件

步骤 05 返回工作表编辑区,可以看到筛选出来的无框日历、销售金额大于或等于 600 的销售记录,如图 5-28 所示。

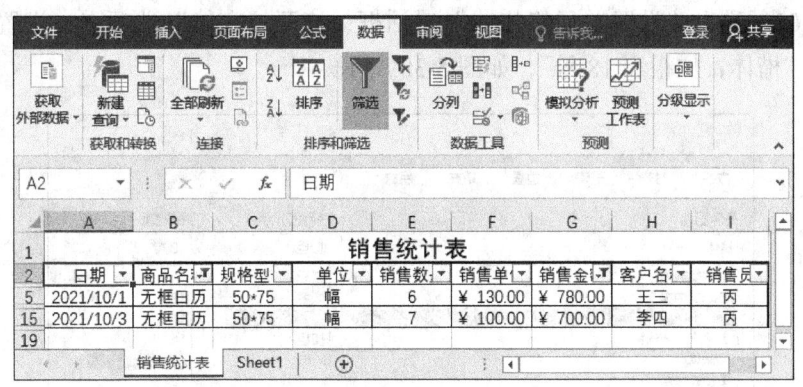

图 5-28 销售数据筛选效果图

5.3 库存管理

5.3.1 商品分类表的编制

库存管理主要是与库存物料的计划与控制有关的业务,其目的是支持生产运作。库存管理是相据外界对库存的要求和企业订购的特点,预测、计划和执行一种补充库存的行为,并对这种行为进行控制,重点在于确定如何订货、订购

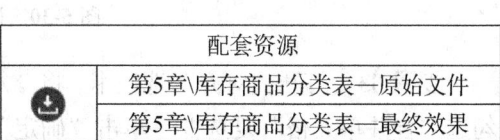

配套资源	
第5章\库存商品分类表—原始文件	
第5章\库存商品分类表—最终效果	

· 135 ·

多少、何时订货。商品分类表在库存管理中占有非常重要的地位，它集中记录了每种商品的编码、名称、供应商等信息，方便用户对商品进行分类管理。下面介绍商品分类表的具体创建过程。

步骤01 打开"商品分类表"工作表，选中 A1：G1 单元格区域，在"开始"选项卡下单击"字体"选项组中的对话框启动器按钮，如图 5-29 所示。

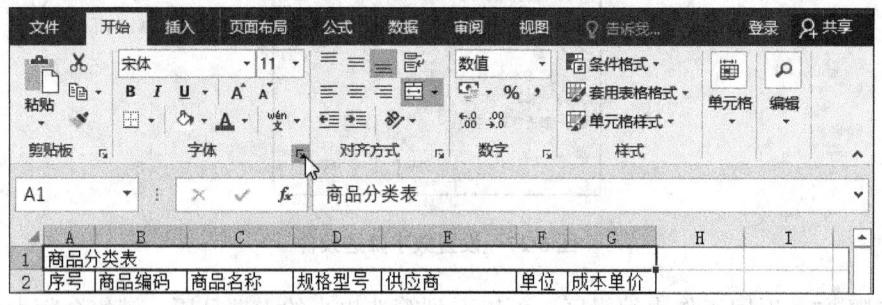

图 5-29 启动修改字体对话框

步骤02 弹出"设置单元格格式"对话框，打开"字体"选项卡，设置表格标题的格式为"楷体，加粗和 18 号"，如图 5-30 所示。

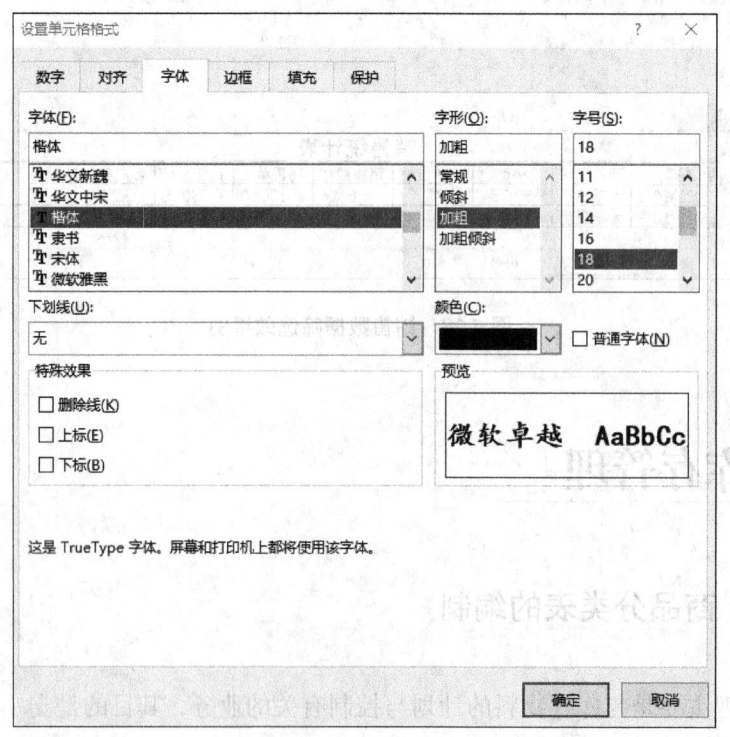

图 5-30 设置字体格式

步骤03 打开"对齐"选项卡，将"水平对齐"和"垂直对齐"都设置为"居中"，勾选"合并单元格"复选框，单击"确定"按钮，如图 5-31 所示。

第 5 章　Excel 在进销存核算管理中的应用

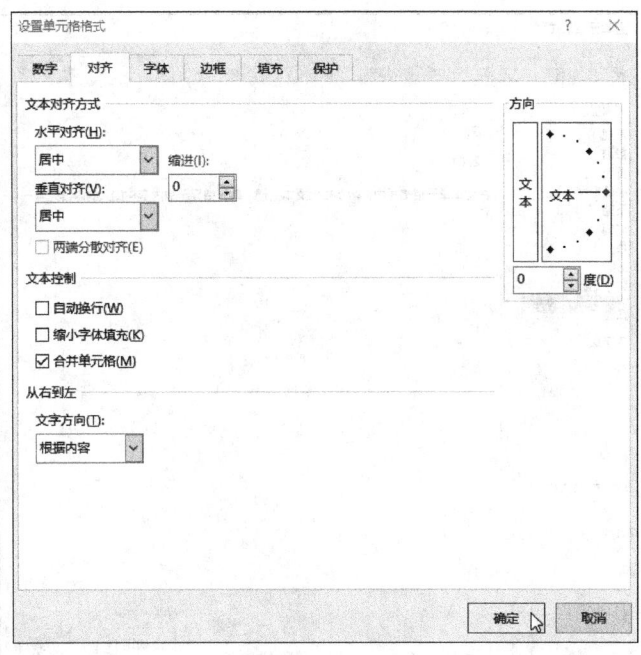

图 5-31　设置对齐格式

步骤 04　在 A3 单元格中输入"1",然后选中 A3:A12 单元格区域,单击"编辑"选项组中的"填充"下拉按钮,从下拉列表中选择"序列"选项,如图 5-32 所示。

步骤 05　弹出"序列"对话框,在"序列产生在"区域中选择"列"单选按钮,在"类型"区域中选择"等差序列"单选按钮,在"步长值"文本框中输入 1,单击"确定"按钮,如图 5-33 所示。

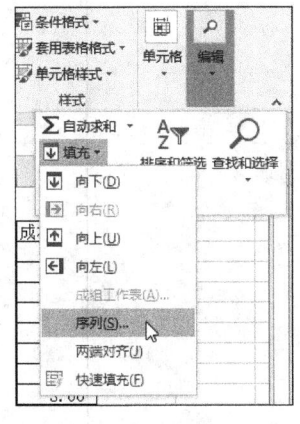

图 5-32　选择"序列"选项

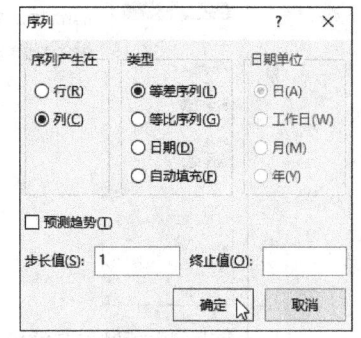

图 5-33　设置"序列"类型

步骤 06　选中 B3:B12 单元格区域,按 Ctrl+1 组合键,弹出"设置单元格格式"对话框,打开"数字"选项卡,在"分类"列表框中选择"文本"选项,单击"确定"按钮,如图 5-34 所示。

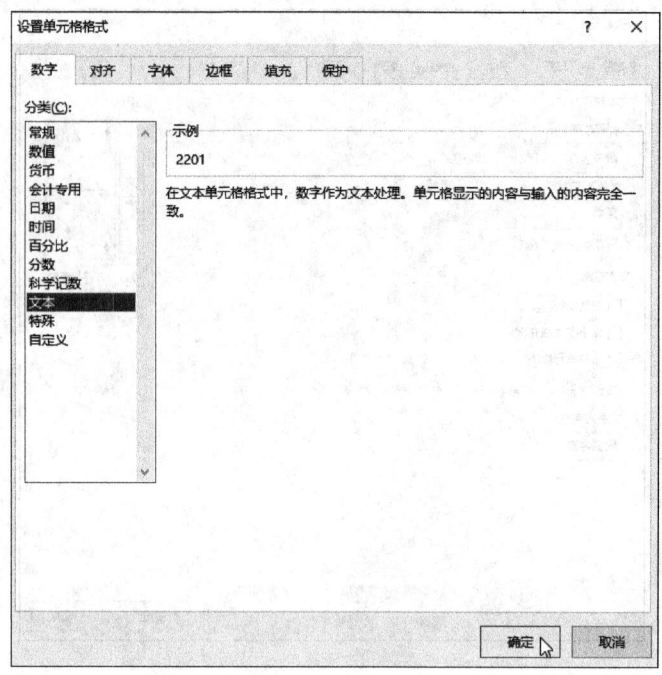

图 5-34　设置文本格式

步骤 07　选中 G3:G12 单元格区域，按 Ctrl+1 组合键，然后弹出"设置单元格格式"对话框，打开"数字"选项卡，在"分类"列表框中选择"会计专用"选项，将小数位数设置为 2，货币符号选择"￥"，最后单击"确定"按钮，如图 5-35 所示。

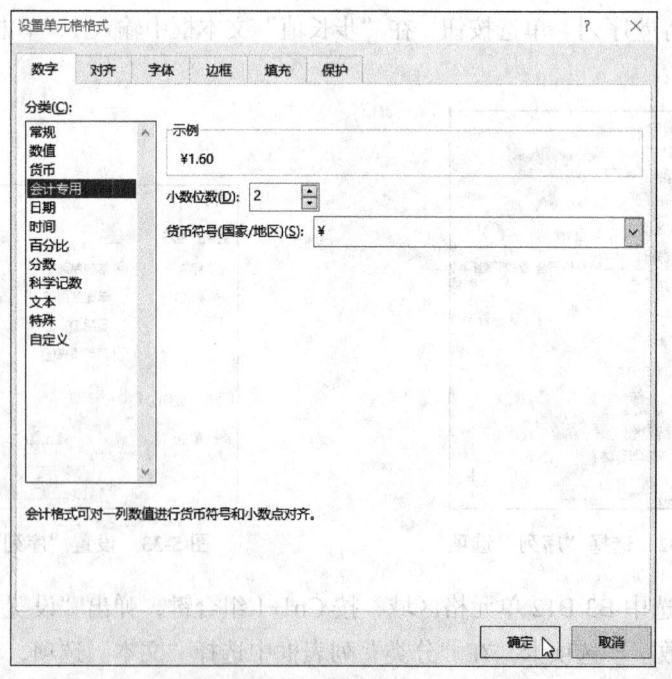

图 5-35　设置数字格式

步骤 08 选中 A2:G12 单元格区域，按 Ctrl+1 组合键，弹出"设置单元格格式"对话框，打开"对齐"选项卡，将"水平对齐"和"垂直对齐"都设置为"居中"，如图 5-36 所示。

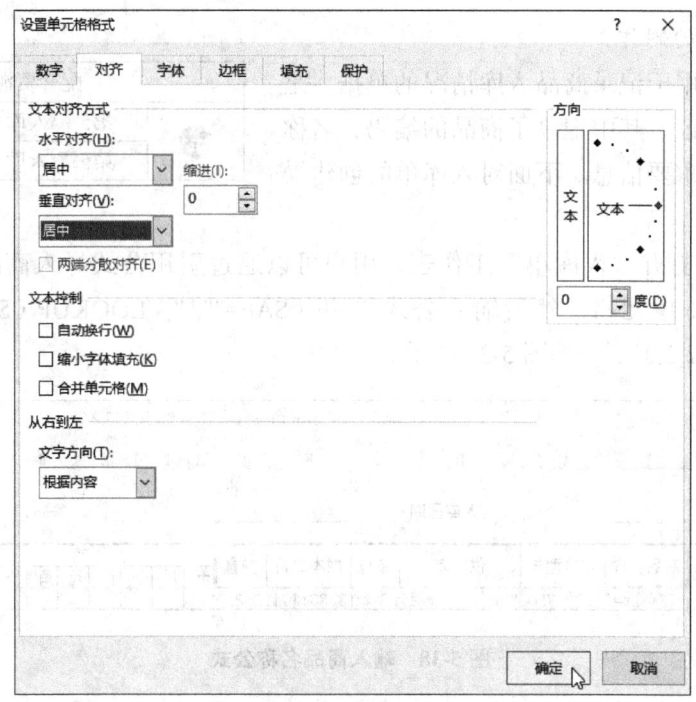

图 5-36 设置表格对齐方式

步骤 09 单击"确定"按钮，返回工作表编辑区，查看最终效果，如图 5-37 所示。

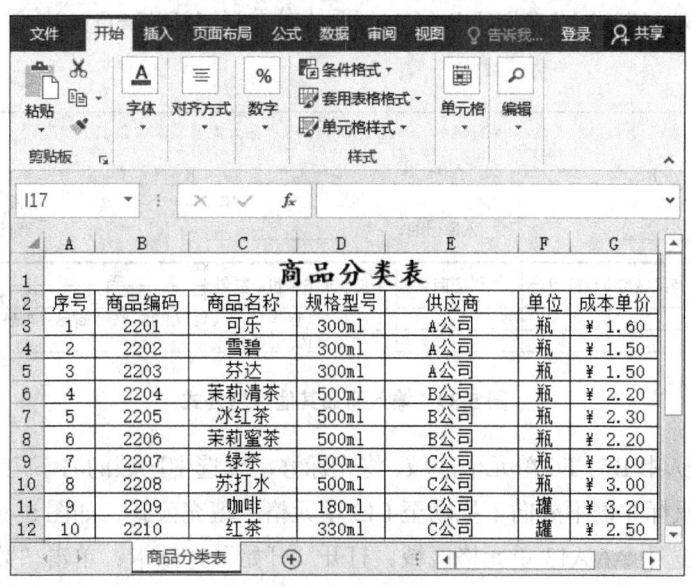

图 5-37 商品分类表效果图

5.3.2 入库单和统计表的制作

1. 入库单的制作

入库单是用于记录商品入库情况的单据，是重要的原始凭证，其中记录了商品的编码、名称及入库数量等重要信息。下面对入库单的创建操作进行介绍。

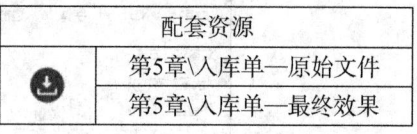

配套资源
第5章\入库单—原始文件
第5章\入库单—最终效果

步骤01 打开"入库单"工作表，用户可以通过引用公式导入商品分类表中的数据。选中 B6 单元格，然后输入公式"=IF（$A6="",""，VLOOKUP（$A6,商品分类表!$B$3:$G$12,2,0））"，如图 5-38 所示。

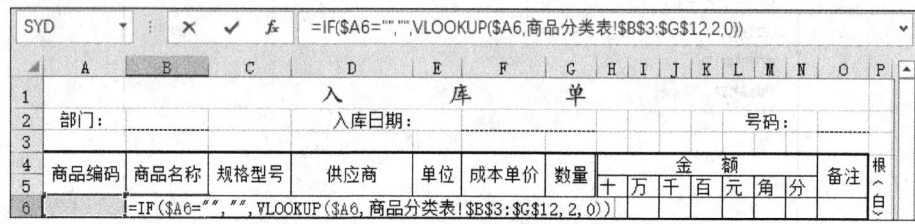

图 5-38　输入商品名称公式

步骤02 继续在 C6、D6、E6、F6 单元格分别输入公式"=IF（$A6="",""，VLOOKUP（$A6, 商品分类表!$B$3:$G$12, 3, 0））""=IF（$A6="",""，VLOOKUP（$A6, 商品分类表!$B$3:$G$12,4, 0））""=IF（$A6="",""，VLOOKUP（$A6, 商品分类表!$B$3:$G$12, 5,0））""=IF（$A6="",""，VLOOKUP（$A6, 商品分类表!$B$3:$G$12,6,0））"，如图 5-39 所示。

图 5-39　输入商品其他信息公式

步骤03 选中 B6：F6 单元格区域，将光标移动到选中区域的右下角，当光标变成 + 形状时，按住鼠标左键不放向下拖动至 F13 单元格，填充公式，如图 5-40 所示。

步骤04 选中 A6:A13 单元格区域，打开"开始"选项卡，单击"数字"选项组中的"设置单元格格式"，在"数字"选项卡的"分类"列表中选择"文本"选项，如图 5-41 所示。

第 5 章　Excel 在进销存核算管理中的应用

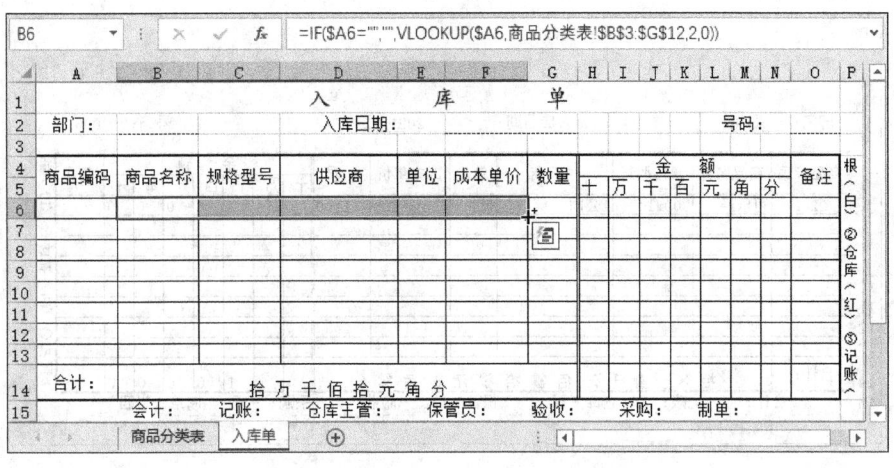

图 5-40　填充公式（一）

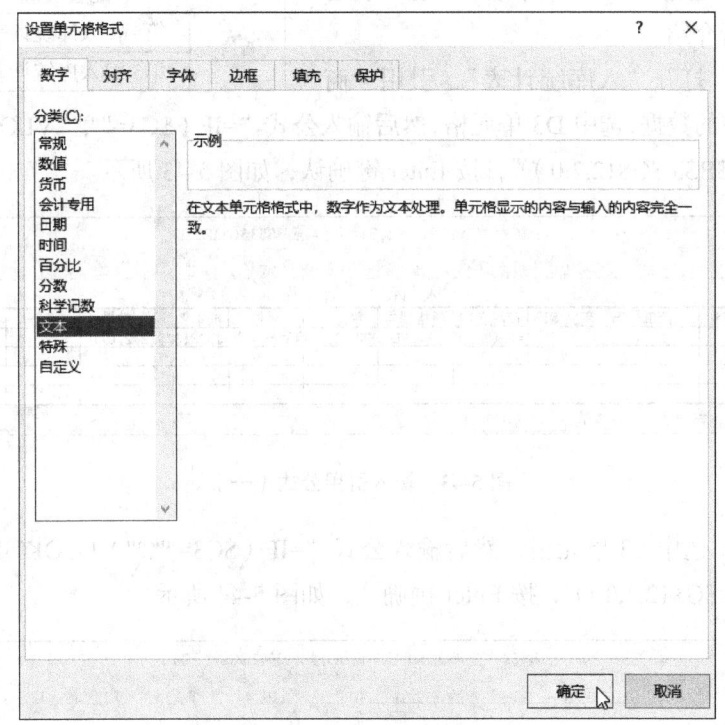

图 5-41　设置文本格式

步骤 05　在"入库单"中输入"采购部，2021/12/25，0001"，在 A6 单元格中输入 2201，此时会自动出现其对应的商品名称、规格型号、供应商和成本单价等信息，然后在"数量"栏中输入"1000"，制单"赵四"，采购"王五"，最后手动输入其他信息即可，查看最终效果，如图 5-42 所示。

2. 入库统计表的编制

为统计商品的入库情况，方便进行库存统计，用户需要编制入库统计表，将所有商

图 5-42 入库单效果图

品的入库情况登记下来。下面对入库统计表的创建操作进行介绍。

配套资源
第5章\入库统计表—原始文件
第5章\入库统计表—最终效果

步骤 01 打开"入库统计表",引用"商品分类表"中的数据,选中 D3 单元格,然后输入公式"=IF($C3="","",VLOOKUP($C3,商品分类表!$B$3:$G$12,2,0))",按 Enter 键确认,如图 5-43 所示。

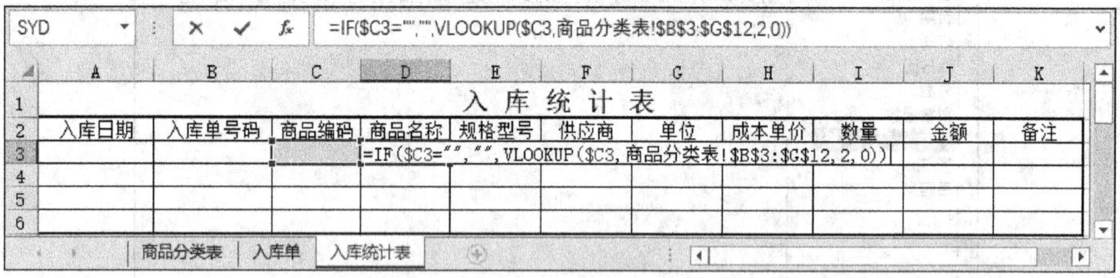

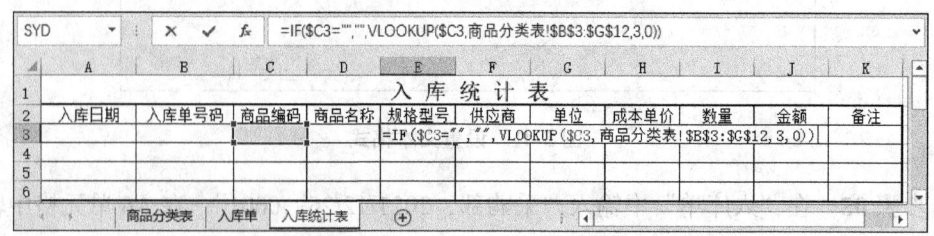

图 5-43 输入引用公式(一)

步骤 02 选中 E3 单元格,然后输入公式"=IF($C3="","",VLOOKUP($C3,商品分类表!$B$3:$G$12,3,0))",按 Enter 键确认,如图 5-44 所示。

图 5-44 输入引用公式(二)

步骤 03 选中 F3 单元格,然后输入公式"=IF($C3="","",VLOOKUP($C3,商品分类表!$B$3:$G$12,4,0))",按 Enter 键确认,如图 5-45 所示。

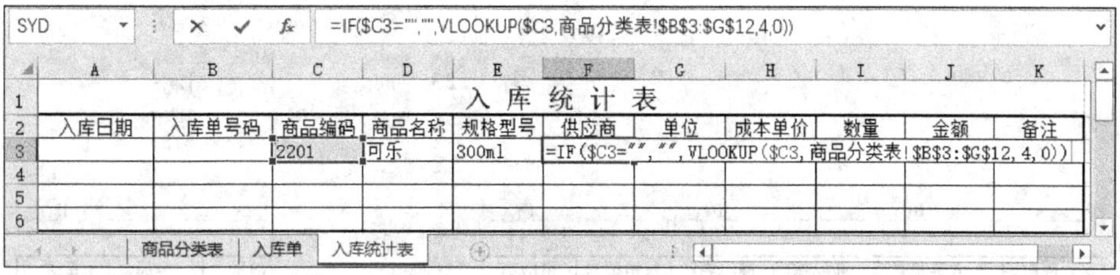

第 5 章　Excel 在进销存核算管理中的应用

图 5-45　输入引用公式（三）

步骤 04　选中 G3 单元格，然后输入公式"=IF（$C3="",""，VLOOKUP（$C3,商品分类表!$B$3:$G$12,5,0））"，按 Enter 键确认，如图 5-46 所示。

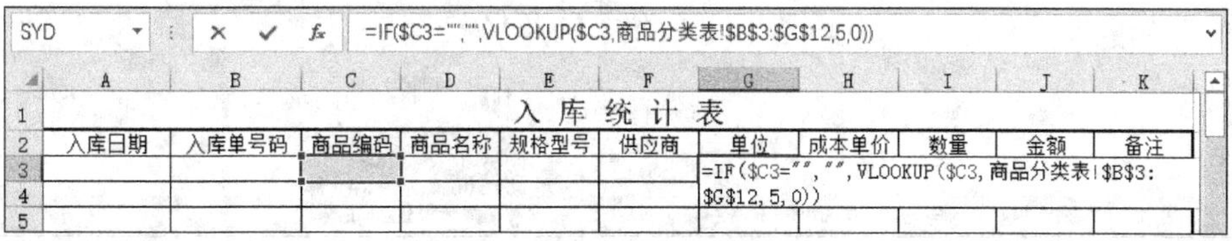

图 5-46　输入引用公式（四）

步骤 05　选中 H3 单元格，然后输入公式"=IF（$C3="",""，VLOOKUP（$C3,商品分类表!$B$3:$G$12,6,0））"，按 Enter 键确认，如图 5-47 所示。

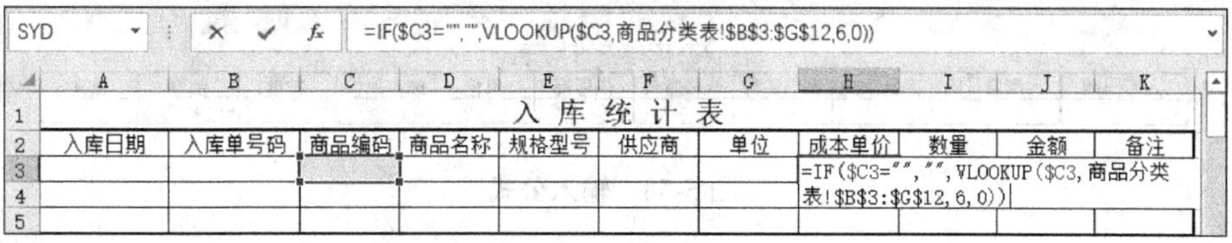

图 5-47　输入引用公式（五）

步骤 06　选中 D3:H3 单元格区域，将光标移动到 H3 单元格右下角，当光标变成 ✚ 形状时，按住鼠标左键不放，向下拖动至 H6 单元格，填充公式，如图 5-48 所示。

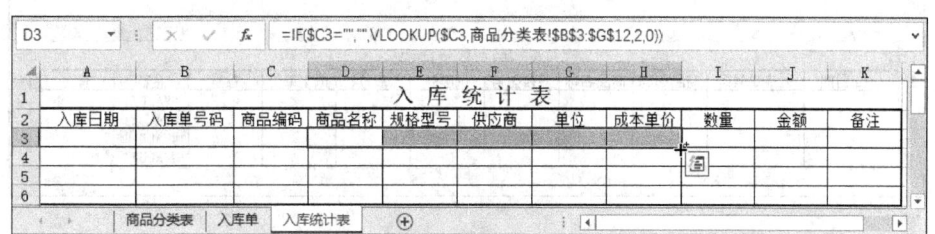

图 5-48　填充公式（二）

步骤 07　选中 C3: C6 单元格区域，单击"数字"选项组中的"数字格式"下拉按钮，从下拉列表中选择"文本"选项，如图 5-49 所示。

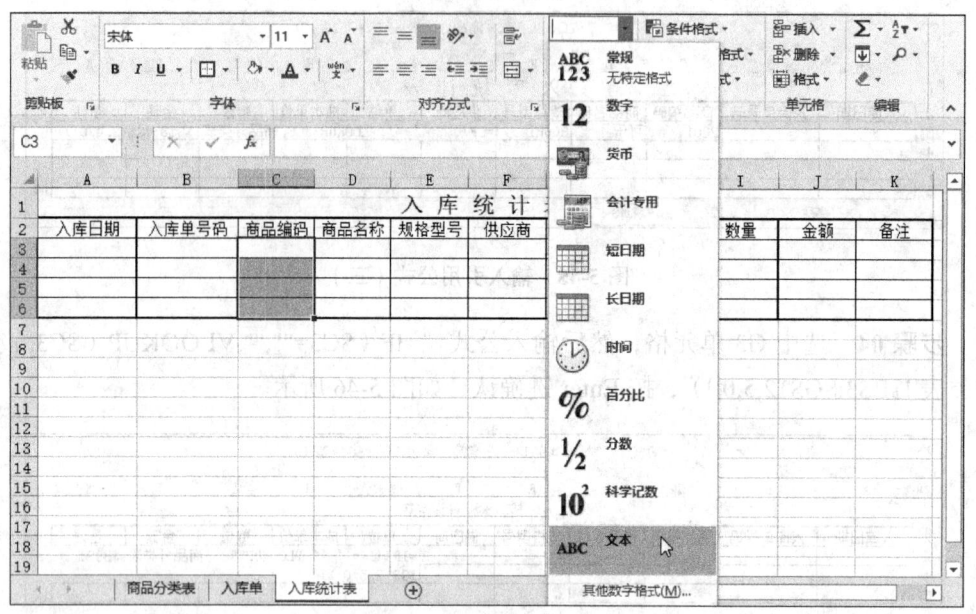

图 5-49 设置文本格式

步骤 08 选中 J3 单元格，输入公式"=H3*I3"，如图 5-50 所示。

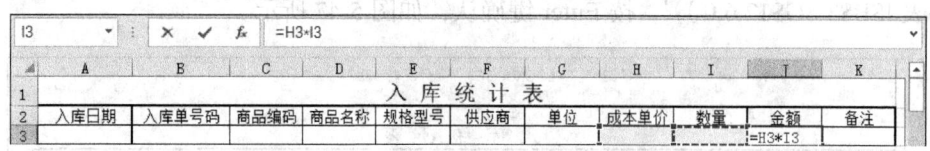

图 5-50 输入公式

步骤 09 按 Enter 键确认，会出现"#VALUE"，此时将光标移动到 J3 单元格的右下角，当光标变成 ✚ 形状时，按住鼠标左键不放，向下拖动至 J6 单元格，填充公式如图 5-51 所示。

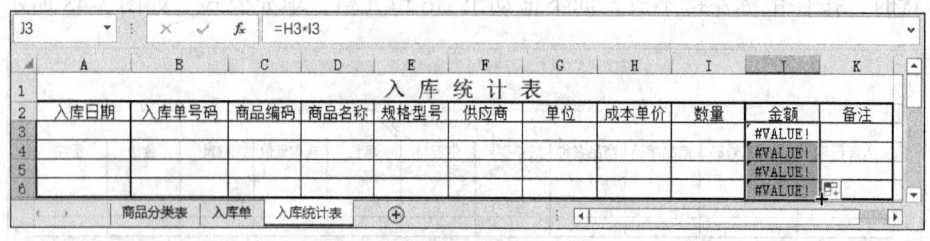

图 5-51 填充公式（三）

步骤 10 在表格中输入商品编码"2201"，此时表格中将自动显示该编码代表的商品信息，如图 5-52 所示。

步骤 11 接着按照"入库单"输入其他信息，查看"入库统计表"最终效果，如图 5-53 所示。

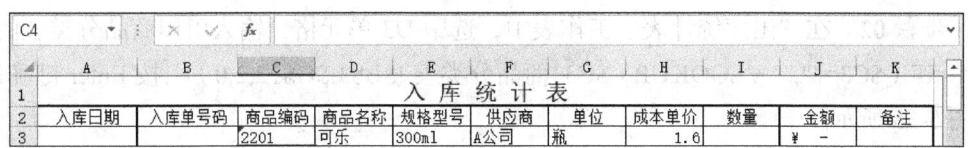

入库日期	入库单号码	商品编码	商品名称	规格型号	供应商	单位	成本单价	数量	金额	备注
		2201	可乐	300ml	A公司	瓶	1.6		¥ -	

图 5-52 输入商品编码

入库日期	入库单号码	商品编码	商品名称	规格型号	供应商	单位	成本单价	数量	金额	备注
2021/12/25	0001	2201	可乐	300ml	A公司	瓶	1.6	1000	¥ 1,600.00	
									#VALUE!	
									#VALUE!	
									#VALUE!	

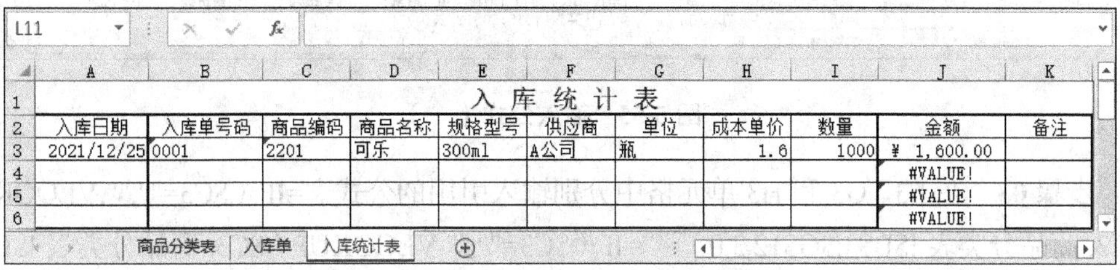

图 5-53 入库统计表效果图

5.3.3 出库单和统计表的编制

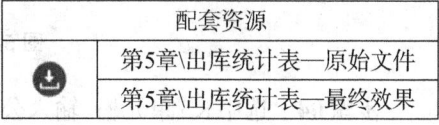

配套资源
第5章\出库统计表—原始文件
第5章\出库统计表—最终效果

销售员将商品销售出去后，需要填写出库单，才能将商品从仓库中领走。为统计所有商品的出库情况，需要创建出库统计表，将审核无误的出库单上的数据登记到出库统计表中。下面对出库统计表的创建操作进行介绍。

步骤 01 打开“出库统计表”工作簿，将“入库单”复制到“出库单”工作表中，保留原格式，修改其中部分内容，即可形成出库单，入库单与出库单的制作方法相同，这里不再赘述，如图 5-54 所示。

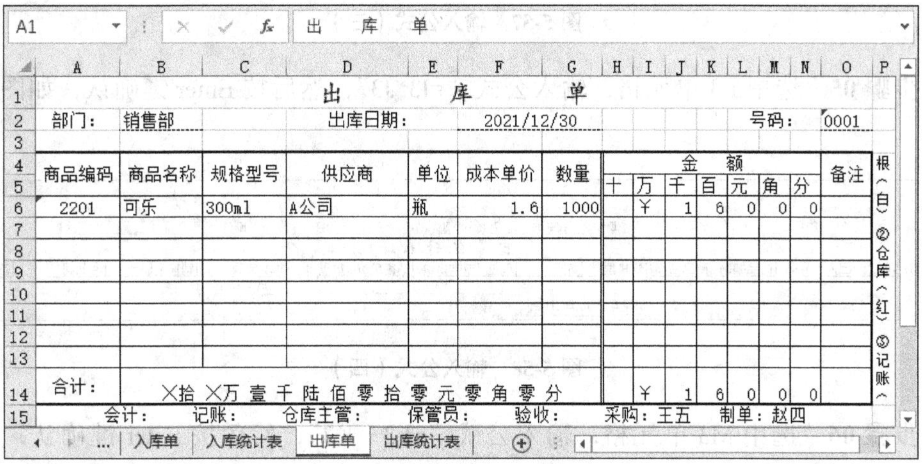

图 5-54 出库单效果图

步骤 02 在"出库统计表"工作表中,选中 D3 单元格,输入引用商品分类表的公式"=IF($C3="","",VLOOKUP($C3,商品分类表!$B$3:$G$12,2,0))",按 Enter 键确认,如图 5-55 所示。

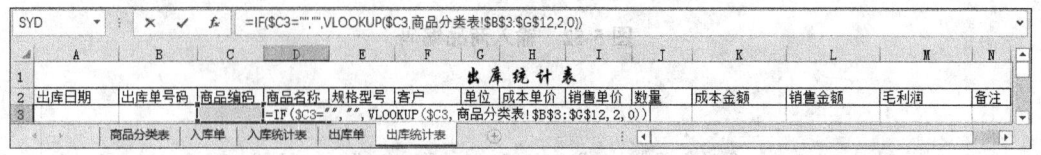

图 5-55 输入公式(一)

步骤 03 在 E3、G3 和 H3 单元格中分别输入引用的公式"=IF($C3="","",VLOOKUP($C3,商品分类表!$B$3:$G$12,3,0))""=IF($C3="","",VLOOKUP($C3,商品分类表!$B$3:$G$12,5,0))""=IF($C3="","",VLOOKUP($C3,商品分类表!$B$3:$G$12,6,0))",然后按 Enter 键确认,如图 5-56 所示。

图 5-56 输入公式(二)

步骤 04 选中 K3 单元格,输入公式"=H3*J3",然后按 Enter 键确认,显示"#VALUE",如图 5-57 所示。

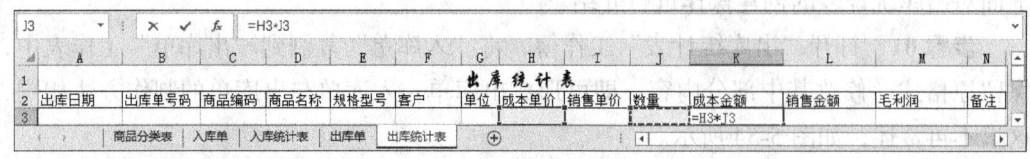

图 5-57 输入公式(三)

步骤 05 选中 L3 单元格,输入公式"=I3*J3",然后按 Enter 键确认,如图 5-58 所示。

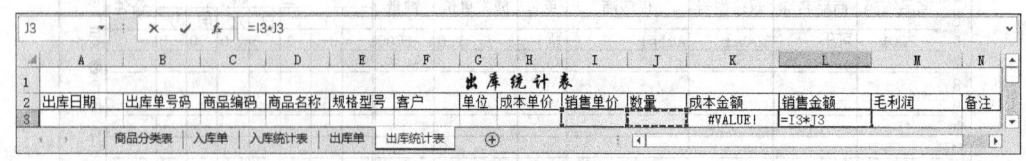

图 5-58 输入公式(四)

步骤 06 选中 M3 单元格,输入公式"=L3-K3",然后按 Enter 键确认,显示"#VALUE",如图 5-59 所示。

第 5 章 Excel 在进销存核算管理中的应用

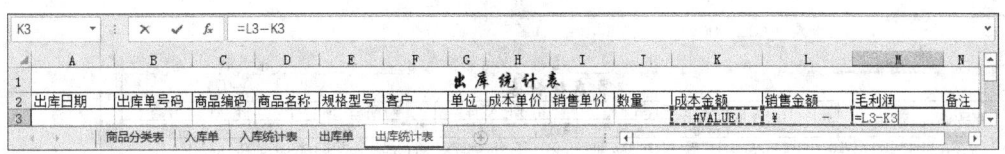

图 5-59 输入公式（五）

步骤 07 按照审核无误的出库单，在 A3 单元格输入"2021/12/30"，然后在 B3 单元格输入"0001"，在 C3 单元格输入"2201"，输入销售单价"4"，输入数量"1000"，则其他数据自动显示，效果如图 5-60 所示。

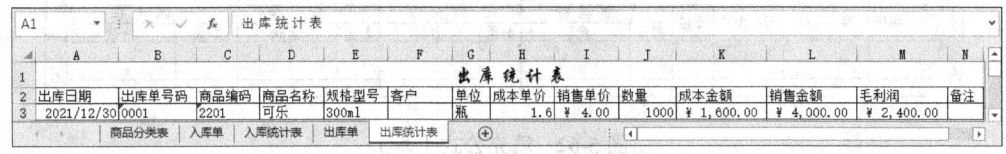

图 5-60 出库统计表效果图

5.3.4 库存统计表的制作

用户创建入库统计表和出库统计表后，还需要创建库存统计表，通过引用出入库统计表中的数据，使用公式计算本期结存的数量和金额，使用户能够实时掌握商品的库存情况。下面对库存统计表的创建操作进行介绍。

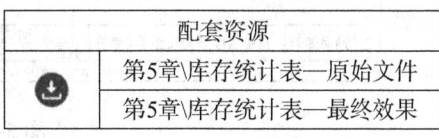

配套资源	
第5章\库存统计表—原始文件	
第5章\库存统计表—最终效果	

步骤 01 打开"库存统计表"工作表，然后选中 B4 单元格，在其中输入公式"=IF（ISNA（VLOOKUP（$A4,商品分类表!$B:$G,COLUMN（），0）），"",VLOOKUP（$A4,商品分类表!$B:$G,COLUMN（），0））"，按 Enter 键确认，引用商品分类表中的商品名称，如图 5-61 所示。

函数小解析

ISNA 函数

ISNA 函数用于检测一个值是否为 #N/A，正确返回 TRUE，否则返回 FALSE。ISNA 函数的语法格式为 ISNA（value）。其中，参数 value 表示单元格。

ISNA 函数常常和其他函数结合起来使用。在使用 VLOOKUP 函数的过程中，查找不到值，则会出现错误值 #N/A。

步骤 02 将光标移动到 B4 单元格的右下角，当光标变成 ➕ 形状时，按住鼠标左键

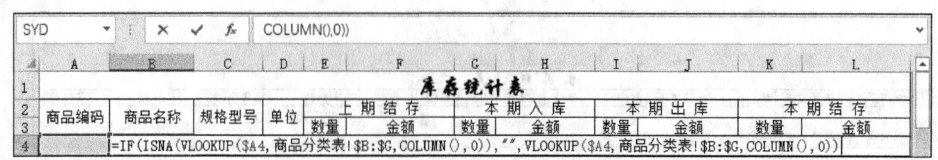

图 5-61　输入公式（一）

不放，向右拖动，填充公式至 C4 单元格，如图 5-62 所示。

图 5-62　填充公式（一）

步骤 03　选中 D4 单元格，然后修改公式为 "=IF（ISNA（VLOOKUP（$A4,商品分类表!$B:$G,COLUMN（），0）），"",VLOOKUP（$A4,商品分类表!$B:$G,COLUMN（）+1,0））"，按 Enter 键确认，如图 5-63 所示。

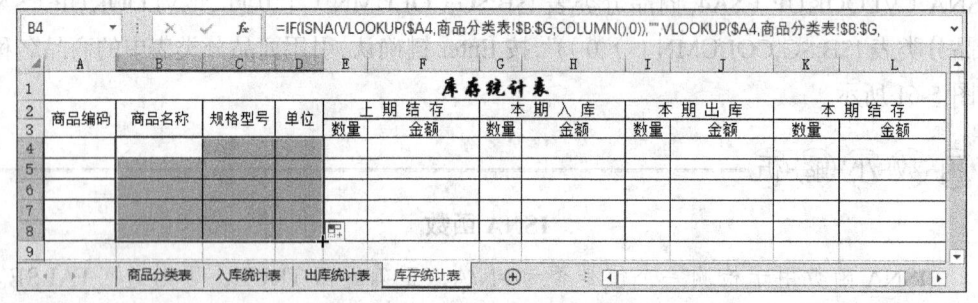

图 5-63　输入公式（二）

步骤 04　选中 B4:D4 单元格区域，然后将光标移动到 D4 单元格的右下角，当光标变成✚形状时，按住鼠标左键不放，向下移动填充公式至 D8 单元格，如图 5-64 所示。

图 5-64　填充公式（二）

步骤 05　选中 F4 单元格，然后在其中输入公式 "=IF（ISNA（VLOOKUP（$A4,商品分类表!$B:$G,6,0）），0,VLOOKUP（$A4,商品分类表!$B:$G,6,0）*E4）"，按 Enter 键确认，如图 5-65 所示。

图 5-65 输入公式（三）

步骤 06 选中 G4 单元格，然后在其中输入公式"=SUMIF（入库统计表 !C:C,库存统计表 !A4,入库统计表 !I:I）"，按 Enter 键确认，计算本期入库的数量，如图 5-66 所示。

图 5-66 输入公式（四）

步骤 07 选中 H4 单元格，然后在其中输入公式"=SUMIF（入库统计表 !C:C,库存统计表 !A4,入库统计表 !J:J）"，按 Enter 键确认，计算本期入库的金额，如图 5-67 所示。

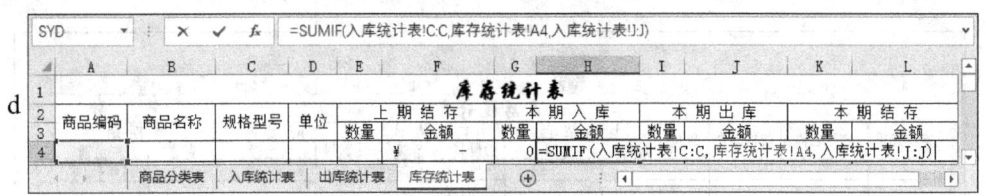

图 5-67 输入公式（五）

步骤 08 选中 I4 单元格，然后在其中输入公式"=SUMIF（出库统计表 !C:C,库存统计表 !A4,出库统计表 !J:J）"，按 Enter 键确认，计算本期出库的数量，如图 5-68 所示。

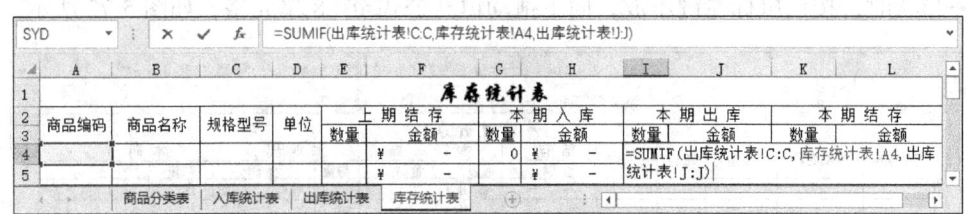

图 5-68 输入公式（六）

步骤 09 选中 J4 单元格，然后在其中输入公式"=SUMIF（出库统计表 !C:C,库存统计表 !A4,出库统计表 !K:K）"，按 Enter 键确认，计算本期出库的金额，如图 5-69 所示。

图 5-69 输入公式（七）

步骤 10 选中 K4 单元格，然后在其中输入公式"=E4+G4－I4"，按 Enter 键确认，计算本期结存的数量，如图 5-70 所示。

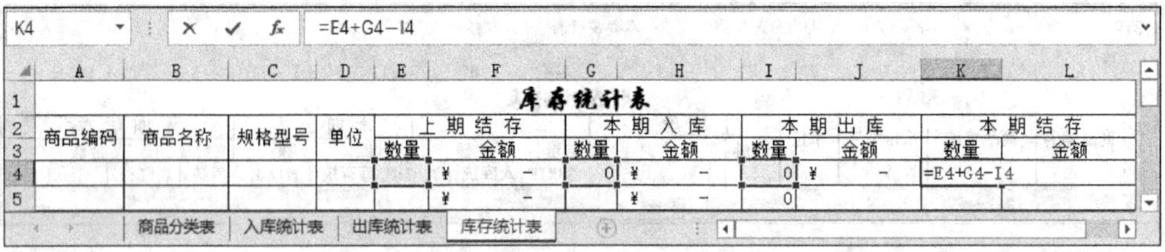

图 5-70 输入公式（八）

步骤 11 选中 L4 单元格，然后在其中输入公式"=F4+H4－J4"，按 Enter 键确认，计算本期结存的金额，如图 5-71 所示。

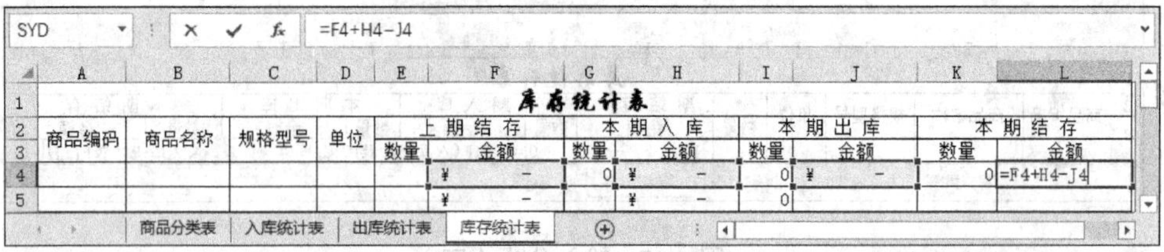

图 5-71 输入公式（九）

步骤 12 选择 F4：L4 单元格区域，将光标移动到 L4 单元格的右下角，当光标变成 ╋ 形状时，按住鼠标左键不放，向下拖动填充公式至 L8 单元格，如图 5-72 所示。

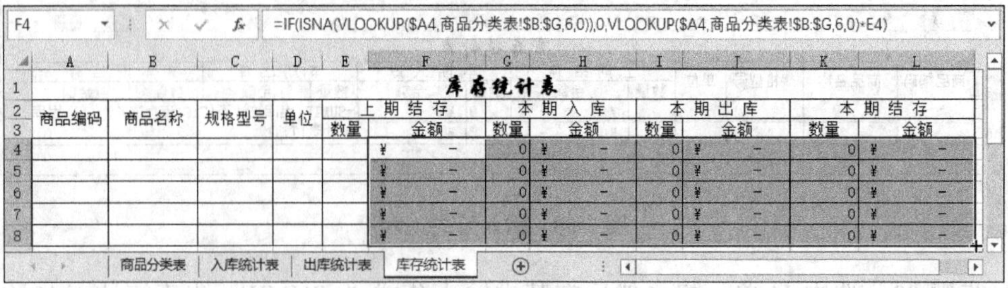

图 5-72 填充公式（三）

步骤 13 接着在 A4:A8 单元格区域输入商品编码"111001、111002、111003、

第 5 章 Excel 在进销存核算管理中的应用

111004、111005",在 E4:E8 单元格区域输入上期结存的数量"5000",其余信息都会自动显示出来,查看最终的效果,如图 5-73 所示。

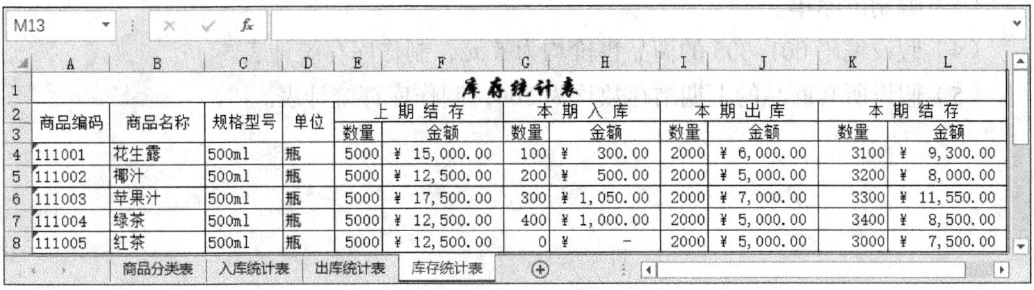

库存统计表

商品编码	商品名称	规格型号	单位	上期结存		本期入库		本期出库		本期结存	
				数量	金额	数量	金额	数量	金额	数量	金额
111001	花生露	500ml	瓶	5000	¥ 15,000.00	100	¥ 300.00	2000	¥ 6,000.00	3100	¥ 9,300.00
111002	椰汁	500ml	瓶	5000	¥ 12,500.00	200	¥ 500.00	2000	¥ 5,000.00	3200	¥ 8,000.00
111003	苹果汁	500ml	瓶	5000	¥ 17,500.00	300	¥ 1,050.00	2000	¥ 7,000.00	3300	¥ 11,550.00
111004	绿茶	500ml	瓶	5000	¥ 12,500.00	400	¥ 1,000.00	2000	¥ 5,000.00	3400	¥ 8,500.00
111005	红茶	500ml	瓶	5000	¥ 12,500.00	0	¥ —	2000	¥ 5,000.00	3000	¥ 7,500.00

图 5-73 库存统计表效果图

本章小结

本项目介绍了如何运用 Excel 2016 对进销存业务进行管理。本章首先介绍了进销存统计初始化设置;然后介绍销售管理的过程,包括销售统计表的编制与销售数据分析两个环节;最后讲解了库存管理的过程,包括商品分类表的编制、入库单和统计表的制作、出库单和统计表的编制及库存统计表的制作等。通过学习本章的内容,学生能够使用 Excel 2016 设计进销存管理系统。此外,本章还介绍了 ISNA 函数。

思考练习

利用 Excel 2016 的函数和公式对大阳公司进销存经济业务进行管理。

大阳公司商品分类表如下。

编码	名称	规格	供应商	单位	成本价	入库日期	数量	出库日期	数量
001	苹果汁	330mL	甲公司	瓶	¥2.60	2021/2/1	100	2021/5/1	80
002	椰汁	250mL	乙公司	瓶	¥3.50	2021/2/4	200	2021/2/10	100
003	葡萄汁	330mL	甲公司	瓶	¥2.50	2021/3/1	300	2021/4/1	100
004	橙汁	500mL	甲公司	瓶	¥2.20	2021/3/1	200	2021/3/15	150
005	柚子汁	500mL	乙公司	瓶	¥2.30	2021/2/4	300	2021/2/15	200

根据上述资料,完成下列操作。

（1）编制入库单。
（2）制作入库统计表。
（3）编制出库单。
（4）假设编码 001~005 的商品售价均为 5 元，制作库存统计表。
（5）假设所有商品的上期结存数均为 500，制作库存统计表。

Excel 在成本费用管理中的应用

第6章

学习目标

（1）理解成本费用管理相关的业务处理流程。
（2）掌握成本预测法的应用及成本分析表的编制方法。
（3）掌握费用统计与预测方法的应用及图表的创建方法。

课程思政

（1）遵守会计职业道德，切实履行自身义务。
（2）以严格、认真的工作态度，及时、准确地开展成本费用管理。

学习重点

（1）掌握成本预测法的应用方法。
（2）掌握成本分析表的创建步骤。
（3）掌握费用统计表的编制过程。
（4）掌握费用预测法的应用方法。

学习难点

（1）在掌握成本分析表编制法的基础上，能够建立成本比例图。
（2）在掌握费用统计表创建方法的基础上，能够创建费用变动图表。

成本费用预测是指运用一定的科学方法，对未来的成本费用水平及其变化趋势做出科学的估计。通过成本费用预测，掌握未来的成本费用水平及其变化趋势，有助于减少决策的盲目性，使经营管理者易于选择最优方案，做出正确决策。成本分析是根据成本核算提供的成本数据和其他相关资料，与本期计划成本、上年同期实际成本、本企业历史先进的成本水平，以及国内外先进企业的成本等进行比较，确定成本差异，并且分析差异的原因，查明成本超支的责任，以便采取措施，改进生产经营管理，降低成本、费用，提高经济效益。

6.1 成本费用管理初始化设置

6.1.1 背景资料

小王在华联公司利用 Excel 会计电算化进行日常业务管理和核算，极大地提高了工作效率。公司现要求小王利用 Excel 2016 对成本费用进行管理，小王决定首先应用成本及费用预测法，然后进行费用统计，编制成本费用分析表，最后建立成本比例图及费用变动图表，以便能够直观地看到成本的分配。

6.1.2 成本预测法的应用

配套资源	
	第6章\成本预测表—原始文件
	第6章\成本预测表—最终效果

成本预测是企业进行成本决策和编制成本计划的依据，是降低产品成本的重要措施，还是增强企业竞争力和提高企业经济效益的主要手段。常用的成本预测法有历史成本分析法、因素分析法及比例分析法等。其中因素分析法是在上年成本水平的基础上，分析预测影响成本的各项因素，再按成本的组成项目及各自的影响因素预测成本同上年相比的降低额及降低率的一种分析方法。本章着重介绍 Excel 2016 在因素分析法中的应用。

步骤 01 打开应用因素分析法的“成本预测表”工作表，然后按照“成本数据表”输入基础数据，如图 6-1 所示。

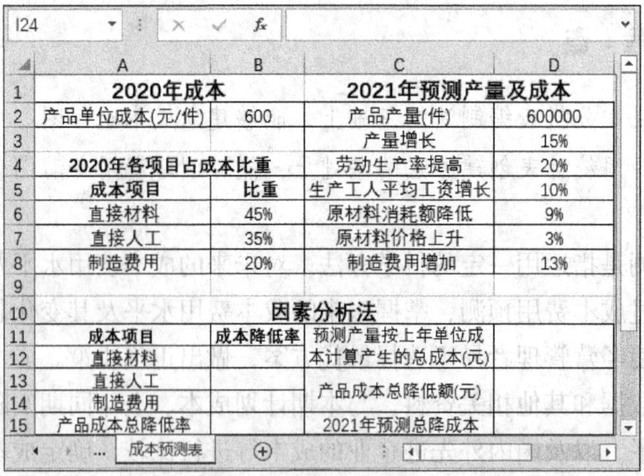

	A	B	C	D
1	2020年成本		2021年预测产量及成本	
2	产品单位成本(元/件)	600	产品产量(件)	600000
3			产量增长	15%
4	2020年各项目占成本比重		劳动生产率提高	20%
5	成本项目	比重	生产工人平均工资增长	10%
6	直接材料	45%	原材料消耗额降低	9%
7	直接人工	35%	原材料价格上升	3%
8	制造费用	20%	制造费用增加	13%
9				
10	因素分析法			
11	成本项目	成本降低率	预测产量按上年单位成本计算产生的总成本(元)	
12	直接材料			
13	直接人工		产品成本总降低额(元)	
14	制造费用			
15	产品成本总降低率		2021年预测总降低成本	

图 6-1 录入成本数据

步骤02 在单元格 B12 中输入公式"=(1-(1-D6)*(1+D7))*B6",然后按 Enter 键确认输入,得到直接材料项目的成本降低率,如图 6-2 所示。

图 6-2 输入公式(一)

步骤03 在单元格 B13 中输入公式"=(1-(1+D5)/(1+D4))*B7",按 Enter 键确认输入,得到直接人工项目的成本降低率,如图 6-3 所示。

图 6-3 输入公式(二)

步骤04 在单元格 B14 中输入公式"=(1-(1+D8)/(1+D3))*B8",按 Enter 键确认输入,得到制造费用项目的成本降低率,如图 6-4 所示。

步骤05 在单元格 B15 中输入公式"=SUM(B12:B14)",按 Enter 键确认输入,得到产品成本总降低率,如图 6-5 所示。

步骤06 选择 B12:B15 单元格区域,右击,选择"设置单元格格式",然后在"数字"选项卡的"分类"列表中选择"百分比",小数位数输入"2",如图 6-6 所示。

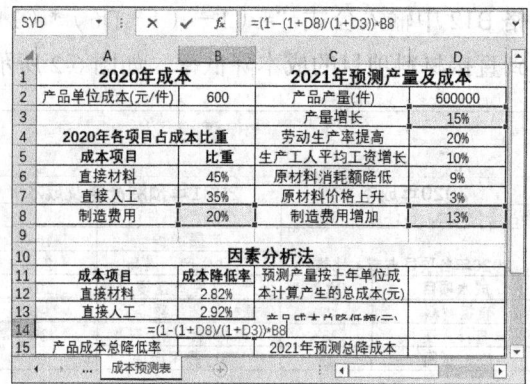

图 6-4 输入公式（三）

图 6-5 输入公式（四）

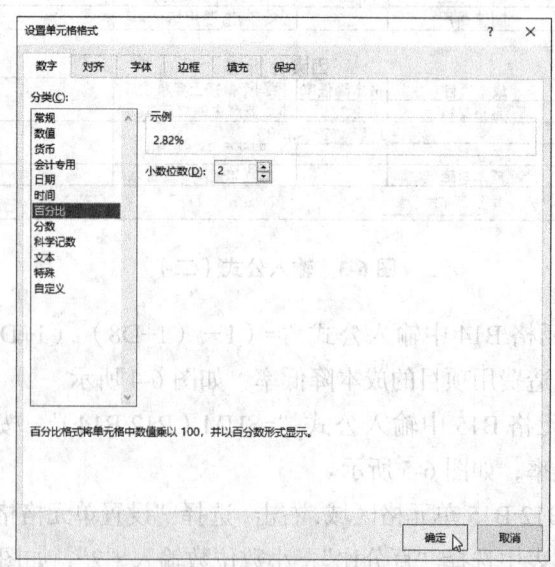

图 6-6 设置单元格格式

· 156 ·

步骤 07　在单元格 D11 中输入公式 "=B2*D2"，按 Enter 键确认输入，得到产品预测产量按上年单位成本计算产生的总成本，如图 6-7 所示。

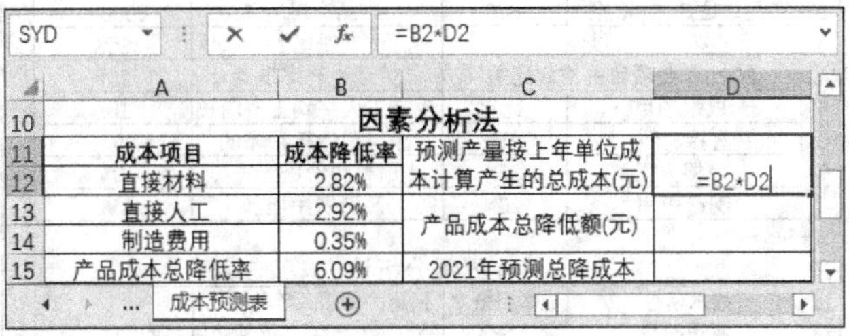

图 6-7　输入公式（五）

步骤 08　在单元格 D13 中输入公式 "=B15*D11"，按 Enter 键确认输入，得到产品成本总降低额，如图 6-8 所示。

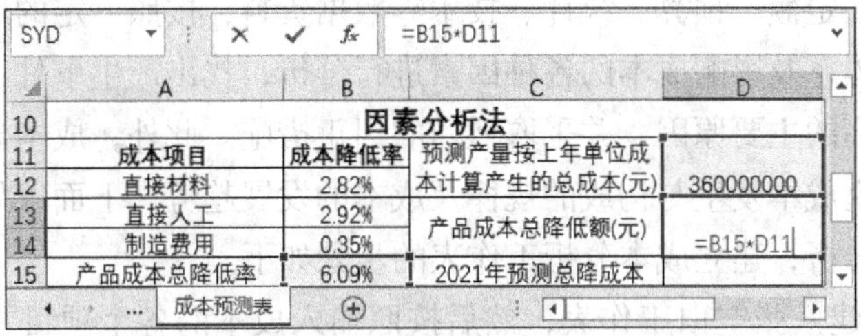

图 6-8　输入公式（六）

步骤 09　在单元格 D15 中输入公式 "=D11－D13"，按 Enter 键确认输入，得到产品 2021 年预测总降成本，如图 6-9 所示。

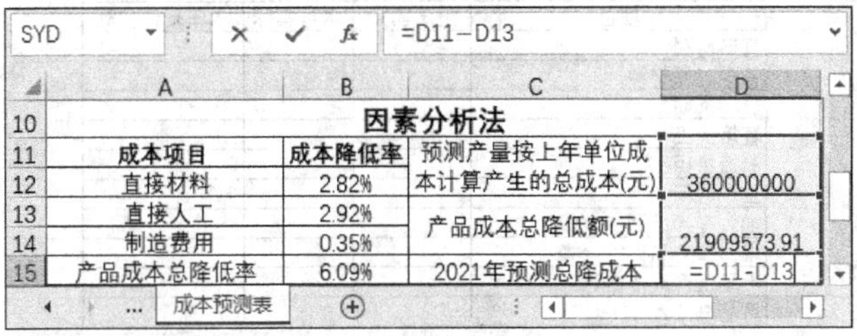

图 6-9　输入公式（七）

步骤 10　成本预测表效果如图 6-10 所示。

6.1.3　成本分析表的编制

成本分析是成本管理的一项重要内容，主要是以审核的结果和成本核算所提供的信息为

配套资源
第6章\成本分析表—原始文件
第6章\成本分析表—最终效果

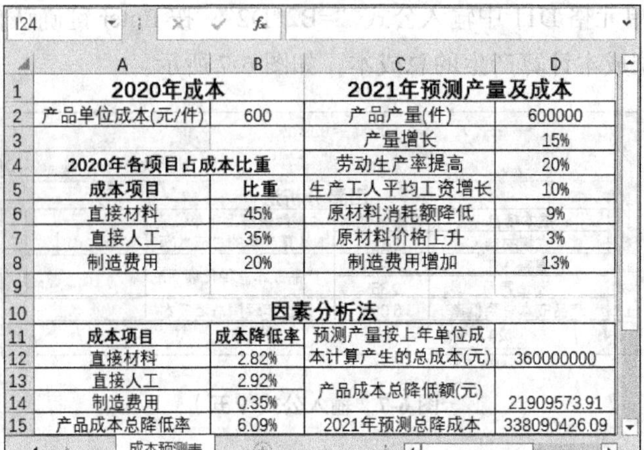

	A	B	C	D
1	2020年成本		2021年预测产量及成本	
2	产品单位成本(元/件)	600	产品产量(件)	600000
3			产量增长	15%
4	2020年各项目占成本比重		劳动生产率提高	20%
5	成本项目	比重	生产工人平均工资增长	10%
6	直接材料	45%	原材料消耗额降低	9%
7	直接人工	35%	原材料价格上升	3%
8	制造费用	20%	制造费用增加	13%
9				
10	因素分析法			
11	成本项目	成本降低率	预测产量按上年单位成本计算产生的总成本(元)	
12	直接材料	2.82%		360000000
13	直接人工	2.92%	产品成本总降低额(元)	
14	制造费用	0.35%		21909573.91
15	产品成本总降低率	6.09%	2021年预测总降成本	338090426.09

图 6-10　成本预测表效果图

基础，结合计划、定额、预算、统计、技术等数据资料，按照一定的原则和采用一定的方法对成本管理体系及影响成本的各种因素进行分析，找出产生事件、不符合成本范围的开支和成本升高的主要原因，并采取适当的纠正措施。此外，成本分析活动还应包括发现、认识和研究成本发生与构成的规律及成本的发展趋势。下面以华联公司为例来说明如何进行成本分析，建立成本分析工作表的步骤如下。

步骤 01　新建一张空白工作表，然后按照输入成本的各个项目并调整格式，最后输入编制单位“华联公司”，就建立了基本的表格，如图 6-11 所示。

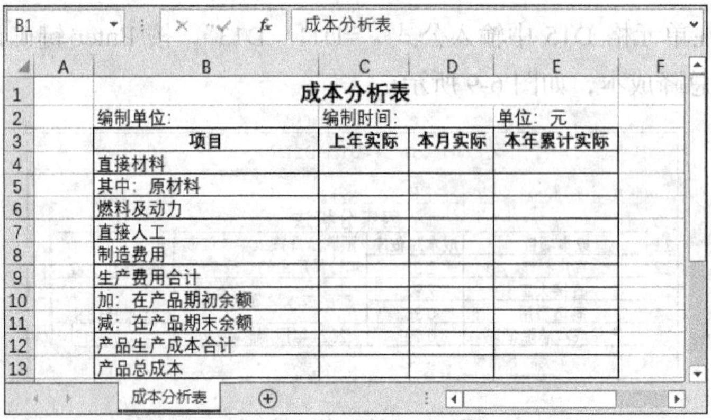

	A	B	C	D	E	F
1		成本分析表				
2		编制单位:	编制时间:		单位：元	
3		项目	上年实际	本月实际	本年累计实际	
4		直接材料				
5		其中：原材料				
6		燃料及动力				
7		直接人工				
8		制造费用				
9		生产费用合计				
10		加：在产品期初余额				
11		减：在产品期末余额				
12		产品生产成本合计				
13		产品总成本				

图 6-11　建立表格

步骤 02　为了使成本表更加美观，可以去掉网格线。首先切换到“视图”选项卡，然后在“显示”选项组中取消“窗口选项”区域中的“网格线”复选框的选中状态，如图 6-12 所示。

步骤 03　返回到工作表中，显示效果如图 6-13 所示。

步骤 04　设置编制时间。选中 D2 单元格，在“公式”选项卡中选择“插入函数”命令，弹出“插入函数”对话框。在“选择类别”下拉列表框中选择“日期与时间”，在“选

 第 6 章 Excel 在成本费用管理中的应用

择函数"列表框中选择 NOW 函数，如图 6-14 所示。

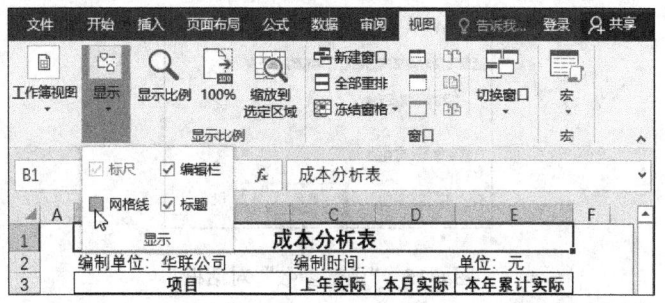

图 6-12 取消网格线复选框选中状态

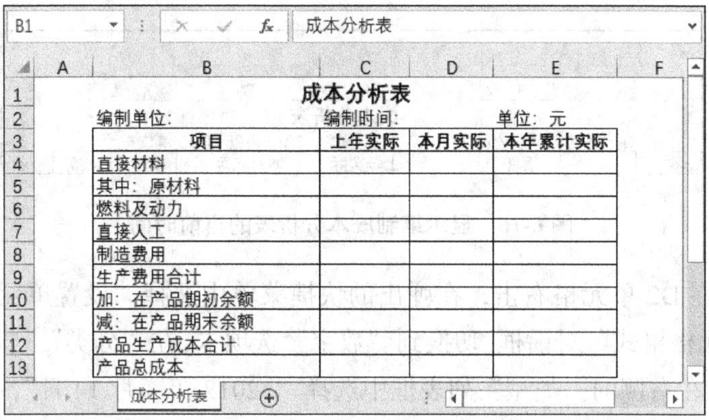

图 6-13 取消网格线的效果

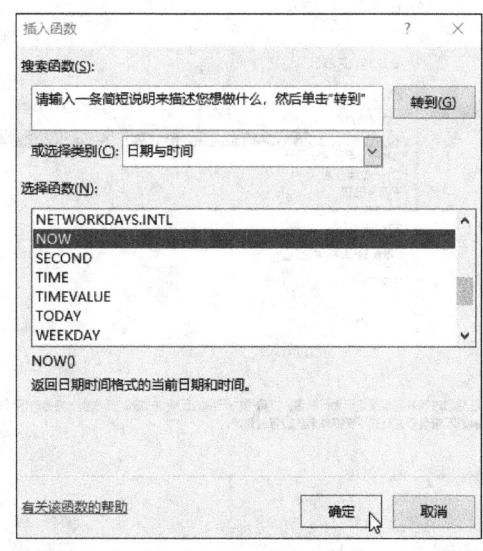

图 6-14 选择 NOW 函数

步骤 05 单击"确定"按钮，弹出"函数参数"对话框，在其中显示出"该函数

不需要参数。"的提示信息，如图 6-15 所示。

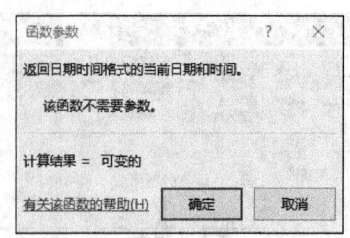

图 6-15 "函数参数"对话框

步骤 06 单击"确定"按钮，返回到工作表中，此时 D2 单元格中显示出编制成本分析表的当前时间，如图 6-16 所示。

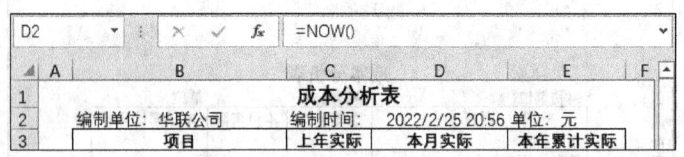

图 6-16 显示编制成本分析表的当前时间

步骤 07 在 D2 单元格右击，在弹出的快捷菜单中选择"设置单元格格式"选项，弹出"设置单元格格式"对话框，切换到"数字"选项卡，在"分类"列表框中选择"日期"选项，然后在右侧的"类型"列表框中选择"*2012 年 3 月 14 日"，如图 6-17 所示。

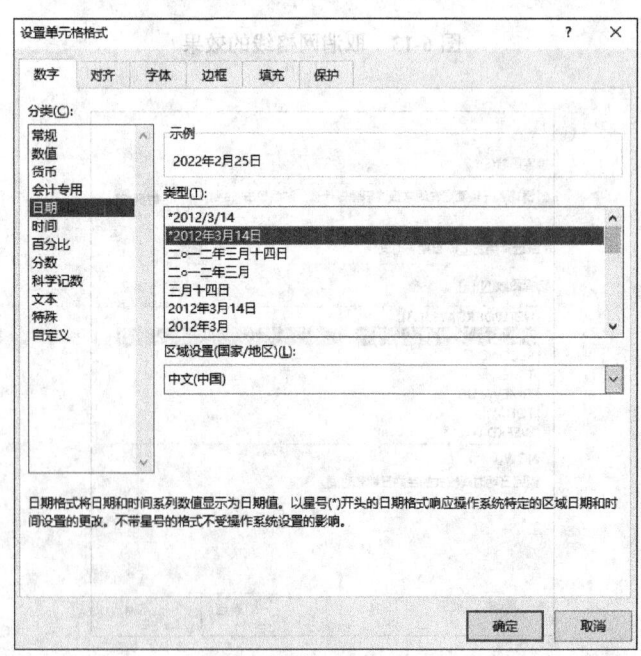

图 6-17 设置单元格日期格式

步骤 08 单击“确定”按钮，返回到工作表中，此时的时间显示效果如图 6-18 所示。

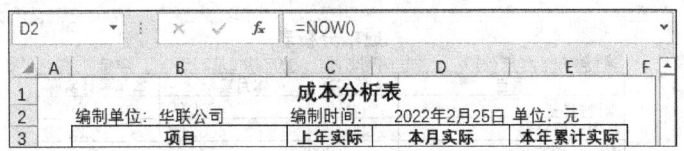

图 6-18　设置日期格式后的效果

步骤 09 输入数据并进行审核，在工作表中输入各个项目已发生的数据，如图 6-19 所示。

项目	上年实际	本月实际	本年累计实际
直接材料	25000.00	4000.00	37080.00
其中：原材料	25000.00	4000.00	37080.00
燃料及动力	17000.00	640.00	9120.00
直接人工	50000.00	2460.00	40000.00
制造费用	24100.00	1120.00	30000.00
生产费用合计			
加：在产品期初余额	37840.00	2100.00	46000.00
减：在产品期末余额	20000.00	1600.00	17800.00
产品生产成本合计			
产品总成本			

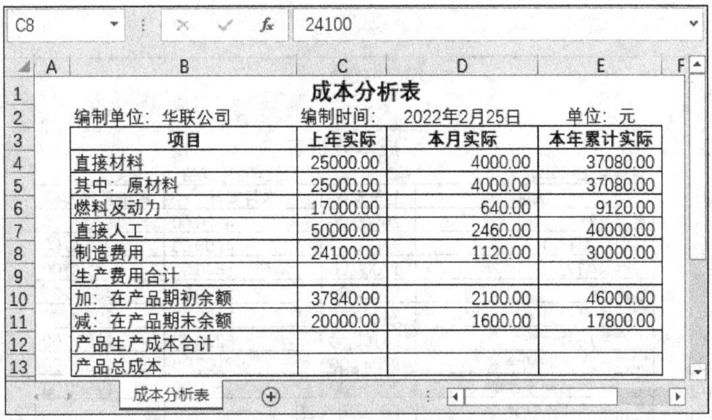

图 6-19　输入已发生数据

步骤 10 在 C9 单元格中输入公式“=SUM（C6:C8,C4）”，按 Enter 键确认输入，如图 6-20 所示。

项目	上年实际	本月实际	本年累计实际
直接材料	25000.00	4000.00	37080.00
其中：原材料	25000.00	4000.00	37080.00
燃料及动力	17000.00	640.00	9120.00
直接人工	50000.00	2460.00	40000.00
制造费用	24100.00	1120.00	30000.00
生产费用合计	=SUM(C6:C8,C4)		

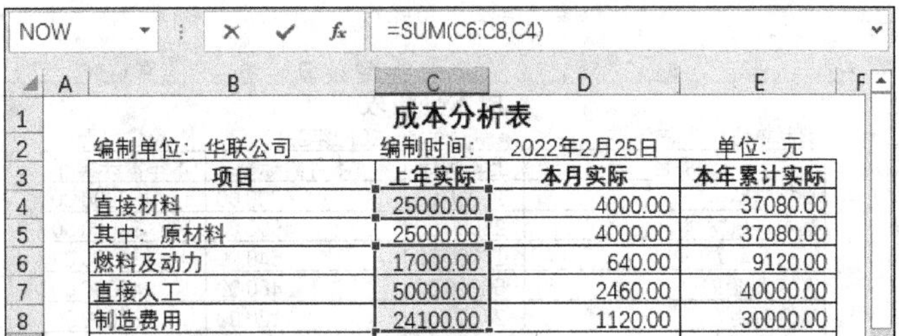

图 6-20　计算生产费用合计

步骤 11 选中 C9 单元格，将鼠标放在右下角，当出现✚形状时，向右拖曳至 E9 单元格，将此公式填充至 D9:E9 单元格区域中，得到生产费用合计，如图 6-21 所示。

步骤 12 在 C12 单元格中输入公式 =“C9+C10－C11”，按 Enter 键确认输入，如图 6-22 所示。

步骤 13 将此公式填充至 D12:E12 单元格区域中，得到产品生产成本合计，如图 6-23 所示。

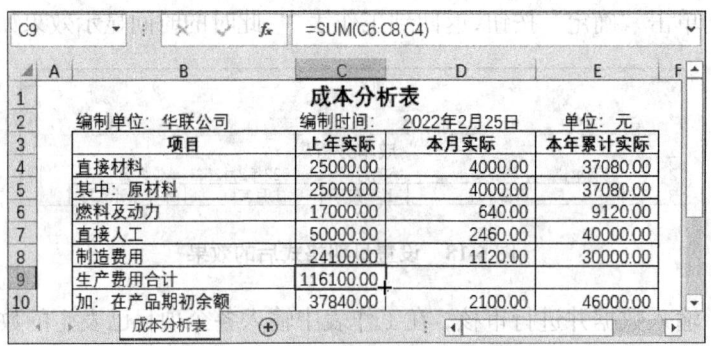

图 6-21　填充生产费用合计公式

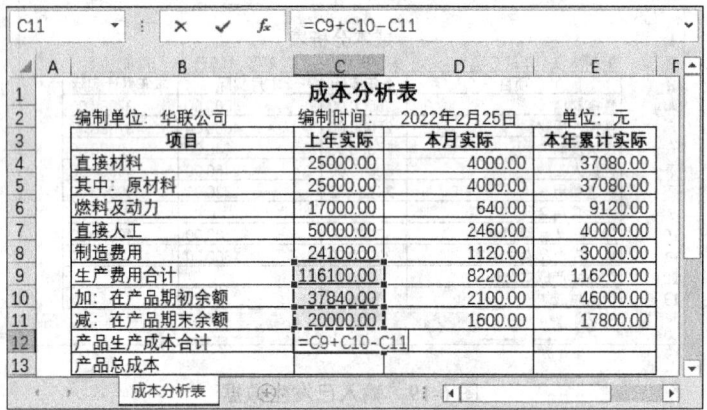

图 6-22　输入成本合计计算公式

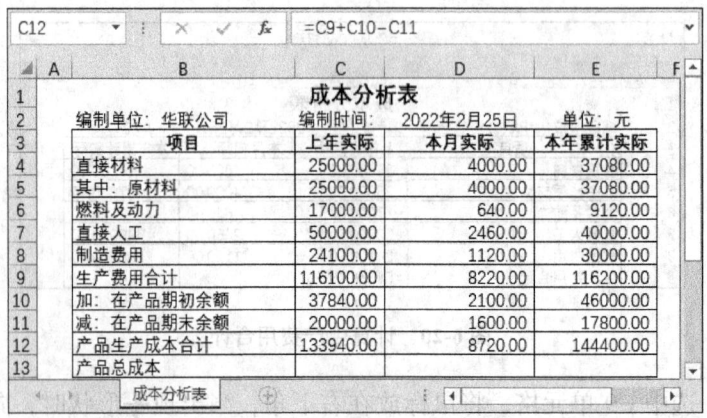

图 6-23　计算生产成本合计

步骤 14　在单元格 C13 中输入公式"=C12",按 Enter 键确认输入,然后将此公式填充至 D13:E13 单元格区域中,得到产品总成本。成本分析表效果图如图 6-24 所示。

第6章 Excel 在成本费用管理中的应用

图 6-24 成本分析表效果图

6.1.4 建立成本比例图

对各项成本项目进行比例分析，可以为企业控制成本、制定经营策略提供依据。成本比例以图示的形式表现，有利于管理决策者更直观地掌握各部分成本的比例情况。建立成本比例图的步骤如下。

配套资源
第6章\成本分析表—原始文件
第6章\成本比例图—最终效果

步骤 01 打开"成本分析表"，由于"直接材料"和"其中：原材料"行的数据重复，可以将"其中：原材料"行隐藏。选择第 5 行并右击，在弹出的快捷菜单中选择"隐藏"选项，如图 6-25 所示。

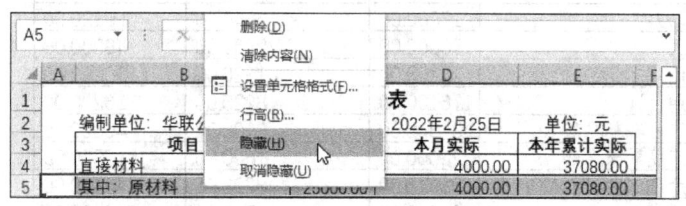

图 6-25 隐藏数据

步骤 02 选择"插入"选项卡中的"图表"选项组，然后在"饼图"下拉菜单中选择"三维饼图"，如图 6-26 所示。

步骤 03 单击确定之后，一个新的空白框"图表区"就会出现在当前表格中，然后适当调整图表大小及位置，如图 6-27 所示。

步骤 04 右击图表区域，在弹出的菜单中选择"选择数据"命令，如图 6-28 所示。

步骤 05 弹出"选择数据源"对话框，在"图表数据区域"中输入公式"= 成本比例图 !$B$4:$B$8, 成本比例图 !$E$4:$E$8"，如图 6-29 所示。

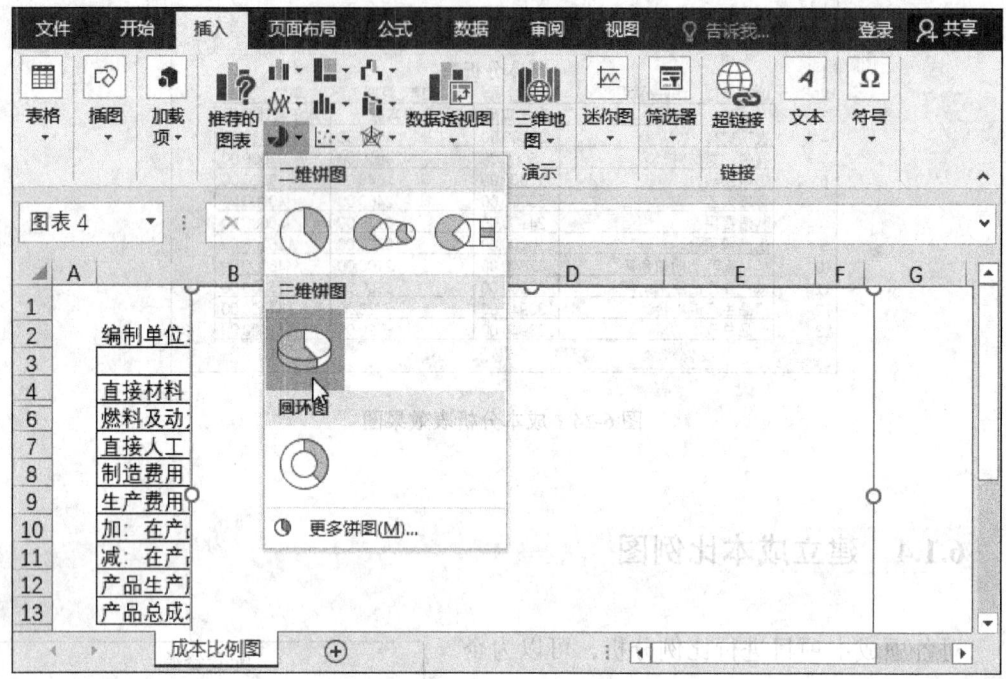

图 6-26 插入饼图

图 6-27 调整图表大小及位置

第 6 章　Excel 在成本费用管理中的应用

图 6-28　选择数据

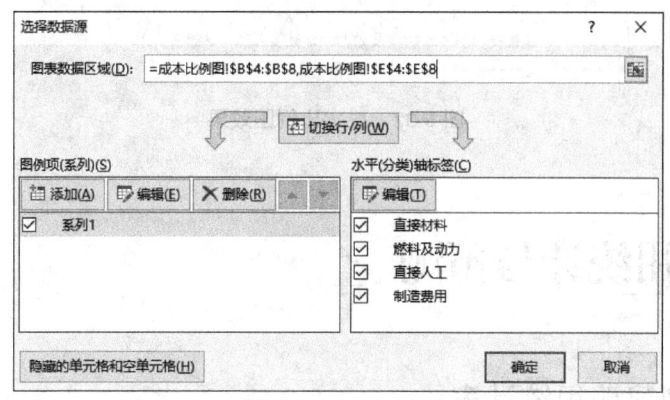

图 6-29　选择图表数据区域

步骤 06　单击"确定"按钮确认输入，选中图表之后在"图表工具"下的"设计"选项卡中单击"图表样式"的其他选项，如图 6-30 所示。

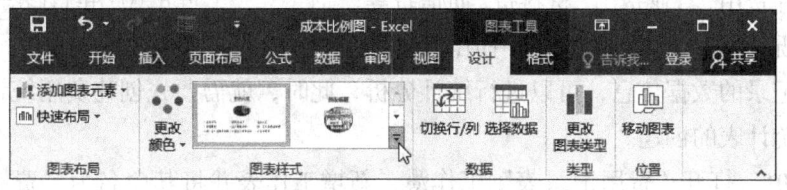

图 6-30　打开其他图表样式

步骤 07 在弹出的图表样式中选择"样式 9",如图 6-31 所示。

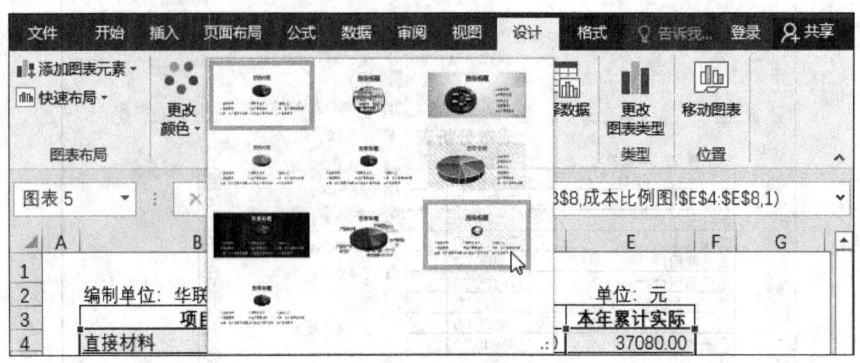

图 6-31 选择图表样式 9

步骤 08 成本比例图的最终显示效果如图 6-32 所示。

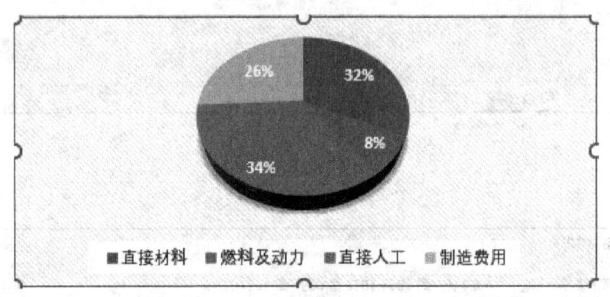

图 6-32 成本比例图效果

6.2 费用统计与预测

6.2.1 创建费用统计表

费用是企业在日常生产经营过程中发生的、与产品生产活动没有直接联系的各项费用,通常包括管理费用、营业费用、材料费、通信费等。在通常情况下,企业会将日常费用情况进行记

配套资源
第6章\费用记录表—原始文件
第6章\费用统计表—最终效果

录,对于记录的数据信息,可以进行统计分析,此时,就需要先创建费用统计表。下面介绍费用统计表的创建。

步骤 01 打开"费用记录表"工作簿,新增工作表并将其命名为"费用统计表",输入表标题、行标题及列标题等内容,如图 6-33 所示。

第 6 章　Excel 在成本费用管理中的应用

图 6-33　新建费用统计表

步骤 02　选中 B3 单元格，单击"插入函数"按钮 fx，如图 6-34 所示。

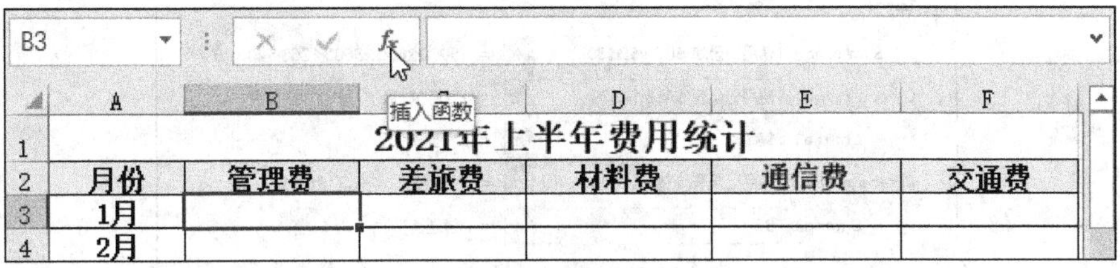

图 6-34　插入函数

步骤 03　在弹出的"插入函数"对话框中的"或选择类别"中选择"数学与三角函数"，然后在"选择函数"中选择 SUMIFS 函数，最后单击"确定"按钮，如图 6-35 所示。

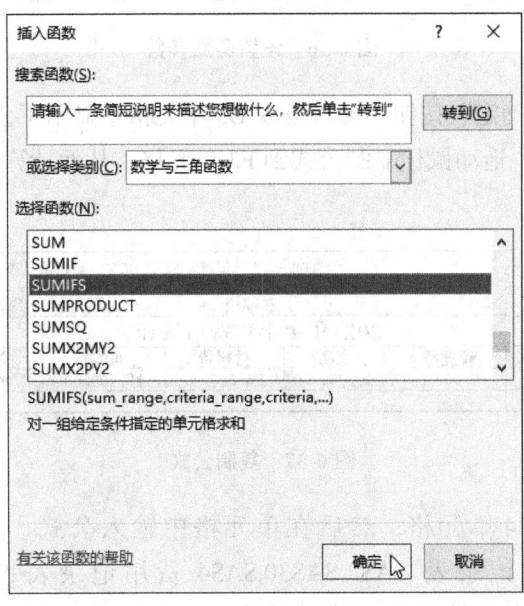

图 6-35　选择 SUMIFS 函数

> **函数小解析**
>
> **SUMIFS 函数**
>
> SUMIFS 函数是一个数学与三角函数，用于计算其满足多个条件的全部参数的总量。该函数的语法格式为 SUMIFS（sum_range,criteria_range1,criteria1,[criteria_range2, criteria2], …）。其中，参数 sum_range 表示要求和的单元格区域；参数 criteria_range1 表示使用 criteria1 测试的区域；参数 criteria1 表示将计算 criteria_range1 中的哪些单元格的和的条件；参数 criteria_range2, criteria2, …表示附加的区域及其关联条件。

步骤 04 此时，弹出"函数参数"对话框，然后设置函数参数，如图 6-36 所示。

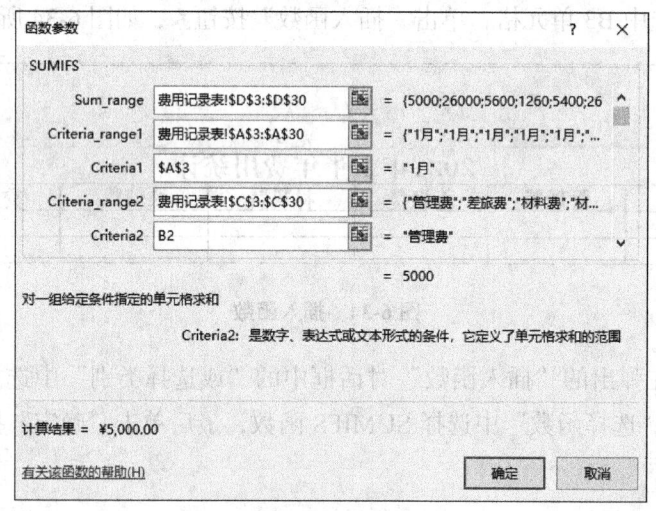

图 6-36 设置函数参数

步骤 05 单击"确定"按钮，即可发现 B3 单元格中显示了公式的计算结果，将鼠标放在单元格右下角，拖动鼠标复制公式到 F3 单元格，从而计算 1 月不同费用的总额，如图 6-37 所示。

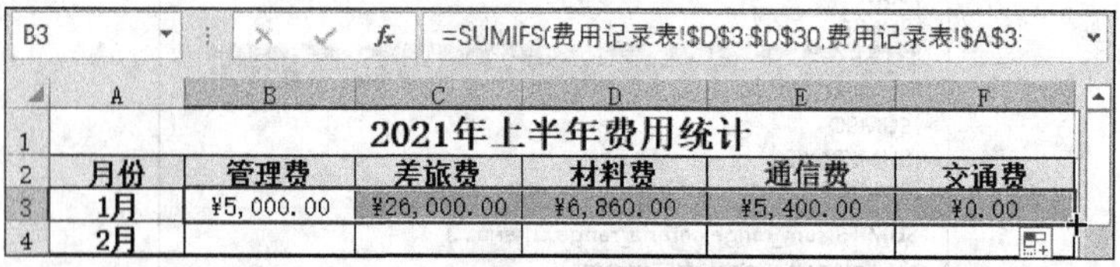

图 6-37 复制公式

步骤 06 选中 B4 单元格，然后在单元格中输入公式"=SUMIFS（费用记录表 !$D$3:$D$30, 费用记录表 !$A$3:$A$30,$A$4, 费用记录表 !$C$3:$C$30,B2）"，按下 Enter 键，即可得到计算结果，拖动填充柄，复制公式到 F4 单元格，如图 6-38 所示。

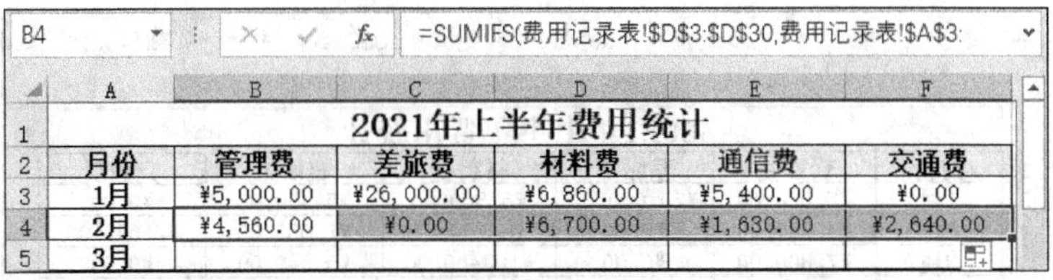
B4 =SUMIFS(费用记录表!$D$3:$D$30,费用记录表!$A$3:

	A	B	C	D	E	F
1	2021年上半年费用统计					
2	月份	管理费	差旅费	材料费	通信费	交通费
3	1月	¥5,000.00	¥26,000.00	¥6,860.00	¥5,400.00	¥0.00
4	2月	¥4,560.00	¥0.00	¥6,700.00	¥1,630.00	¥2,640.00
5	3月					

图 6-38 输入公式（一）

步骤 07 选中 B5 单元格，然后在单元格中输入公式“=SUMIFS（费用记录表!$D$3:$D$30,费用记录表!$A$3:$A$30,$A$5,费用记录表!$C$3:$C$30,B2）”，按下 Enter 键，即可得到计算结果，拖动填充柄，复制公式到 F5 单元格，如图 6-39 所示。

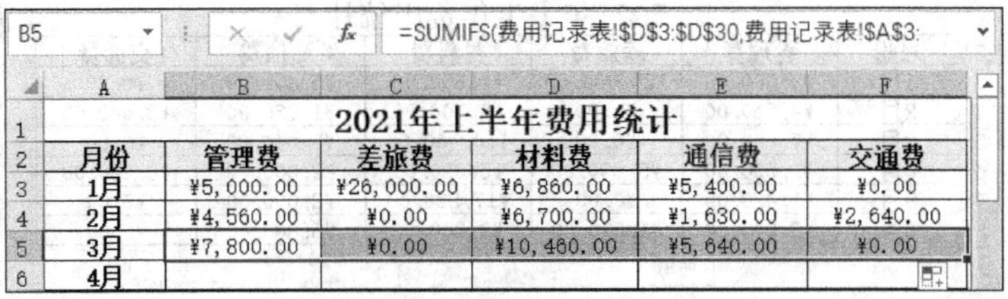
B5 =SUMIFS(费用记录表!$D$3:$D$30,费用记录表!$A$3:

	A	B	C	D	E	F
1	2021年上半年费用统计					
2	月份	管理费	差旅费	材料费	通信费	交通费
3	1月	¥5,000.00	¥26,000.00	¥6,860.00	¥5,400.00	¥0.00
4	2月	¥4,560.00	¥0.00	¥6,700.00	¥1,630.00	¥2,640.00
5	3月	¥7,800.00	¥0.00	¥10,460.00	¥5,640.00	¥0.00
6	4月					

图 6-39 输入公式（二）

步骤 08 选中 B6 单元格，然后在单元格中输入公式“=SUMIFS（费用记录表!$D$3:$D$30,费用记录表!$A$3:$A$30,$A$6,费用记录表!$C$3:$C$30,B2）”，按下 Enter 键，即可得到计算结果，拖动填充柄，复制公式到 F6 单元格，如图 6-40 所示。

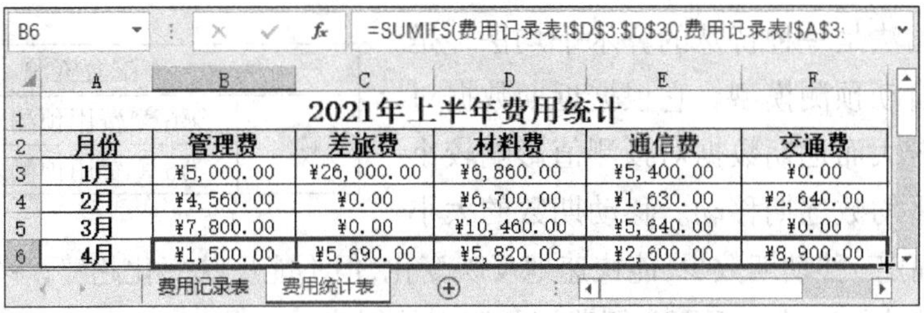
B6 =SUMIFS(费用记录表!$D$3:$D$30,费用记录表!$A$3:

	A	B	C	D	E	F
1	2021年上半年费用统计					
2	月份	管理费	差旅费	材料费	通信费	交通费
3	1月	¥5,000.00	¥26,000.00	¥6,860.00	¥5,400.00	¥0.00
4	2月	¥4,560.00	¥0.00	¥6,700.00	¥1,630.00	¥2,640.00
5	3月	¥7,800.00	¥0.00	¥10,460.00	¥5,640.00	¥0.00
6	4月	¥1,500.00	¥5,690.00	¥5,820.00	¥2,600.00	¥8,900.00

图 6-40 输入公式（三）

步骤 09 选中 B7 单元格，然后在单元格中输入公式“=SUMIFS（费用记录表!$D$3:$D$30,费用记录表!$A$3:$A$30,$A$7,费用记录表!$C$3:$C$30,B2）”，按下 Enter 键，即可得到计算结果，拖动填充柄，复制公式到 F7 单元格，如图 6-41 所示。

步骤 10 选中 B8 单元格，然后在单元格中输入公式“=SUMIFS（费用记录表!$D$3:$D$30,费用记录表!$A$3:$A$30,$A$8,费用记录表!$C$3:$C$30,B2）”，按下 Enter 键，即可得到计算结果，拖动填充柄，复制公式到 F8 单元格，此时，费用统计表就制作完成了，如图 6-42 所示。

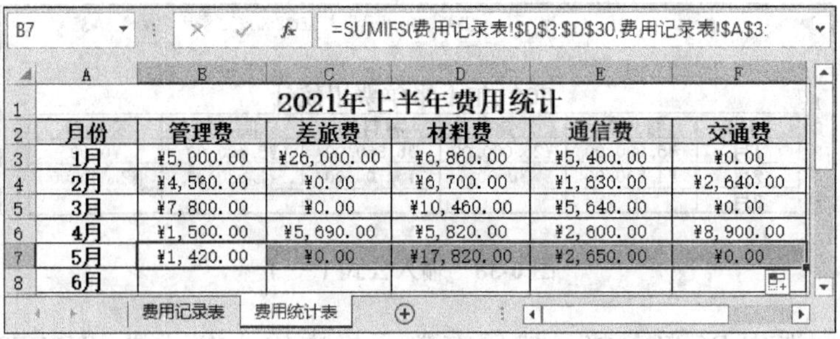

图 6-41 输入公式（四）

图 6-42 费用统计表效果图

6.2.2 费用预测法的应用

移动平均法是一种特殊的算术平均法，是一种简单的自动预测模型。它根据近期数据对预测值影响较大而远期数据对预测值影响较小的事实，把平均数逐期移动。移动期数的大小

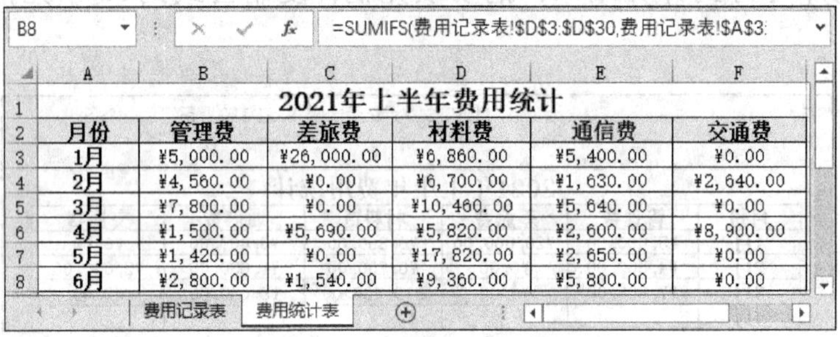

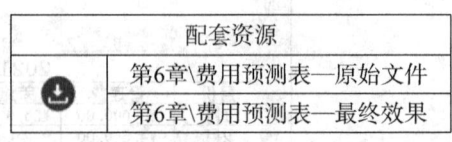

配套资源
第6章\费用预测表—原始文件
第6章\费用预测表—最终效果

视具体情况而定。移动期数少，能快速地反映变化，但不能反映变化趋势；移动期数越多，能反映变化趋势越准确。下面介绍费用预测表的创建。

步骤 01 打开"费用预测表"工作表，单击"文件"按钮，在展开的菜单中单击"选项"，此时，弹出"Excel 选项"对话框，选择"加载项"选项，最后单击"转到"按钮，如图 6-43 所示。

步骤 02 在弹出的"加载宏"对话框中勾选"分析工具库"复选框，然后单击"确定"按钮，如图 6-44 所示。

步骤 03 此时，返回工作表，在"数据"选项卡的"分析"组中单击"数据分析"按钮，如图 6-45 所示。

步骤 04 在弹出的"数据分析"对话框中选择"移动平均"选项，然后单击"确定"按钮，如图 6-46 所示。

第 6 章　Excel 在成本费用管理中的应用

图 6-43　单击"转到"按钮

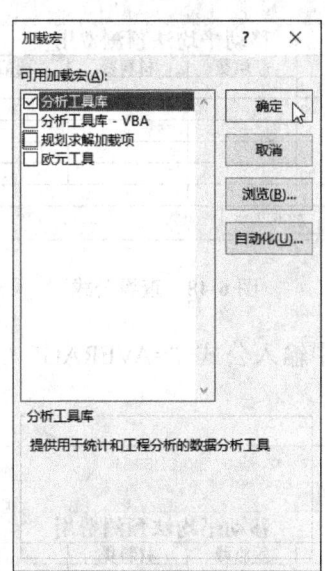

图 6-44　加载分析工具库

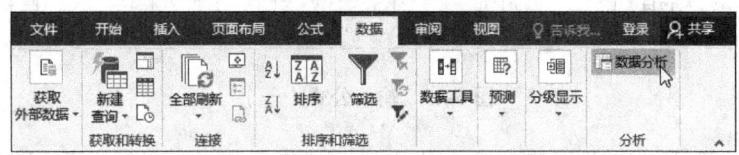

图 6-45　单击"数据分析"按钮

步骤 05 在弹出的"移动平均"对话框中设置"输入区域"为"$B$3:$B$8",然后勾选"标志位于第一行"复选框,设置"间隔"为"2",设置"输出区域"为"$B$12",最后单击"确定"按钮,如图 6-47 所示。

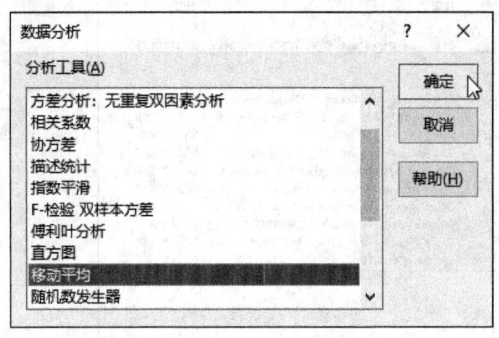

图 6-46 选择分析工具

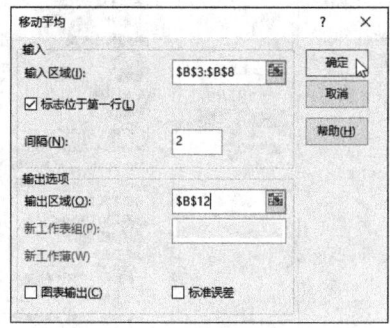

图 6-47 设置移动平均

步骤 06 此时,返回工作表中即可看到在输出区域显示了预测结果,由于移动平均工具输出结果第一个值为空值"#N/A",此时若选中 B13 单元格,可查看到公式为"=AVERAGE(B4:B5)",如图 6-48 所示。

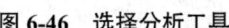

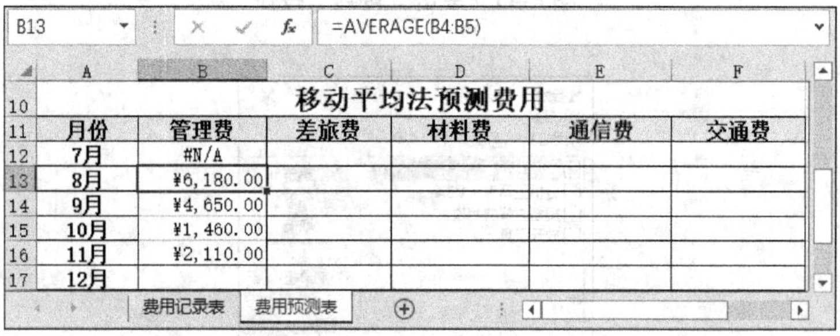

图 6-48 查看公式

步骤 07 在 B12 单元格中输入公式"=AVERAGE(B3:B4)",完成 7 月的管理费用预测值计算,如图 6-49 所示。

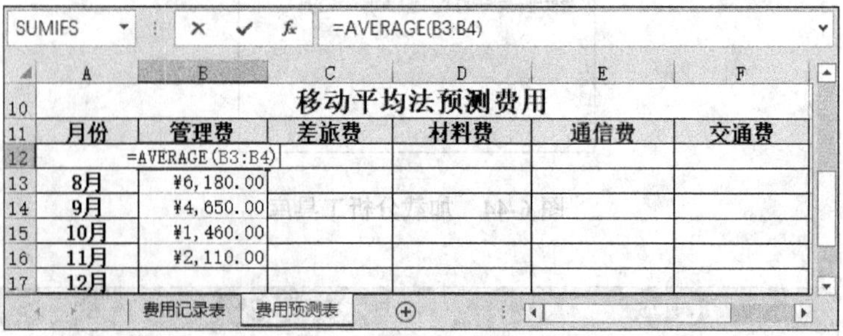

图 6-49 输入公式(一)

步骤 08 选中 B17 单元格,输入公式"=AVERAGE(B12:B16)",按下 Enter 键即

可得到计算结果，如图 6-50 所示。

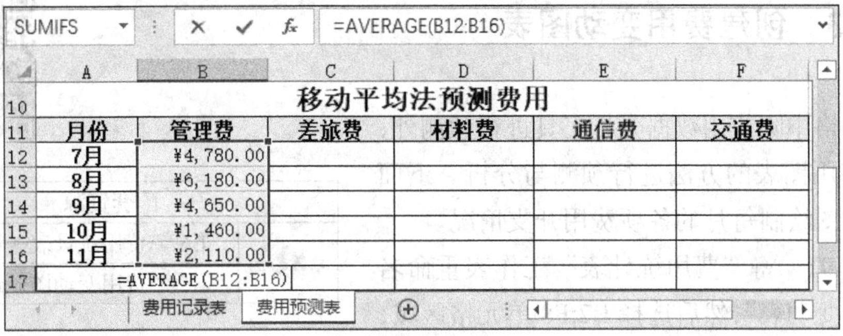

SUMIFS | =AVERAGE(B12:B16)

移动平均法预测费用					
月份	管理费	差旅费	材料费	通信费	交通费
7月	¥4,780.00				
8月	¥6,180.00				
9月	¥4,650.00				
10月	¥1,460.00				
11月	¥2,110.00				
	=AVERAGE(B12:B16)				

费用记录表 | 费用预测表

图 6-50　输入公式（二）

步骤 09　选择 B12:B17 单元格区域，向右拖动填充柄，预测不同月份下不同的费用额，如图 6-51 所示。

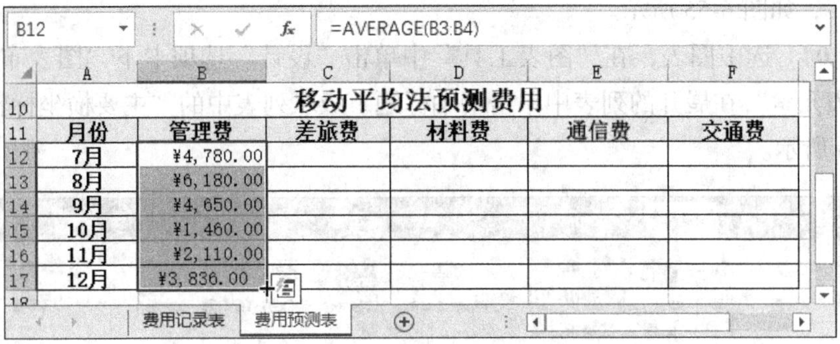

B12 | =AVERAGE(B3:B4)

移动平均法预测费用					
月份	管理费	差旅费	材料费	通信费	交通费
7月	¥4,780.00				
8月	¥6,180.00				
9月	¥4,650.00				
10月	¥1,460.00				
11月	¥2,110.00				
12月	¥3,836.00				

费用记录表 | 费用预测表

图 6-51　填充公式

步骤 10　至此，费用预测表就完成了，如图 6-52 所示。

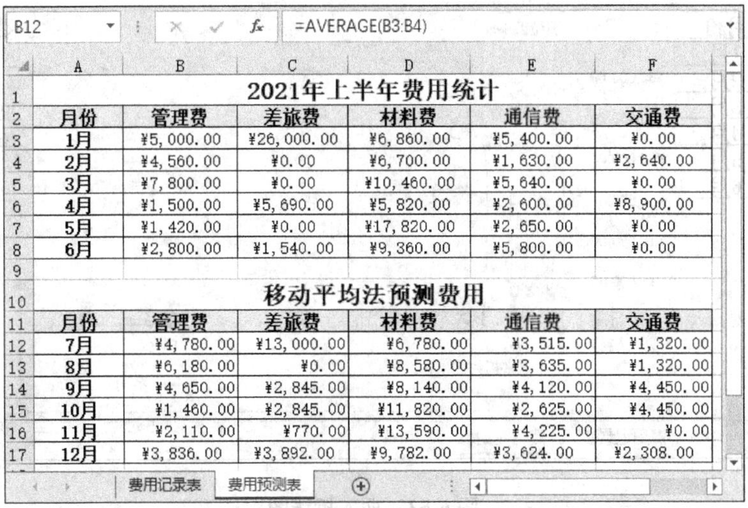

B12 | =AVERAGE(B3:B4)

2021年上半年费用统计					
月份	管理费	差旅费	材料费	通信费	交通费
1月	¥5,000.00	¥26,000.00	¥6,860.00	¥5,400.00	¥0.00
2月	¥4,560.00	¥0.00	¥6,700.00	¥1,630.00	¥2,640.00
3月	¥7,800.00	¥0.00	¥10,460.00	¥5,640.00	¥0.00
4月	¥1,500.00	¥5,690.00	¥5,820.00	¥2,600.00	¥8,900.00
5月	¥1,420.00	¥0.00	¥17,820.00	¥2,650.00	¥0.00
6月	¥2,800.00	¥1,540.00	¥9,360.00	¥5,800.00	¥0.00
移动平均法预测费用					
月份	管理费	差旅费	材料费	通信费	交通费
7月	¥4,780.00	¥13,000.00	¥6,780.00	¥3,515.00	¥1,320.00
8月	¥6,180.00	¥0.00	¥8,580.00	¥3,635.00	¥1,320.00
9月	¥4,650.00	¥2,845.00	¥8,140.00	¥4,120.00	¥4,450.00
10月	¥1,460.00	¥2,845.00	¥11,820.00	¥2,625.00	¥4,450.00
11月	¥2,110.00	¥770.00	¥13,590.00	¥4,225.00	¥0.00
12月	¥3,836.00	¥3,892.00	¥9,782.00	¥3,624.00	¥2,308.00

费用记录表 | 费用预测表

图 6-52　费用预测表效果图

6.2.3 创建费用变动图表

在表格中除使用数据分析工具进行预测外，还可以使用图表的方法进行预测与分析。下面利用折线图绘制每月的各项费用开支情况。

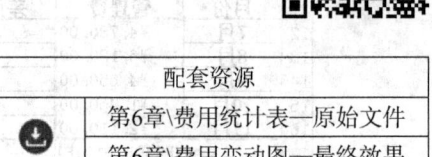

配套资源
第6章\费用统计表——原始文件
第6章\费用变动图——最终效果

步骤01 将"费用统计表"工作表重命名为"费用变动表"，然后选择 B2:F8 单元格区域，在"插入"选项卡的"图表"组中单击"插入折线图"按钮，在展开的列表中选择"带数据标记的折线图"选项，如图 6-53 所示。

步骤02 此时，即可看到创建好的图表效果，如图 6-54 所示。

步骤03 因此时图表的标题已存在，且在图表的上方，所以直接更改图表标题为"费用变动图"，如图 6-55 所示。

步骤04 选中图表，在"图表工具"中单击"设计"选项卡下"图表布局"中的"添加图表元素"，在展开的列表中单击"轴标题"级联列表中的"主要横坐标轴"选项，如图 6-56 所示。

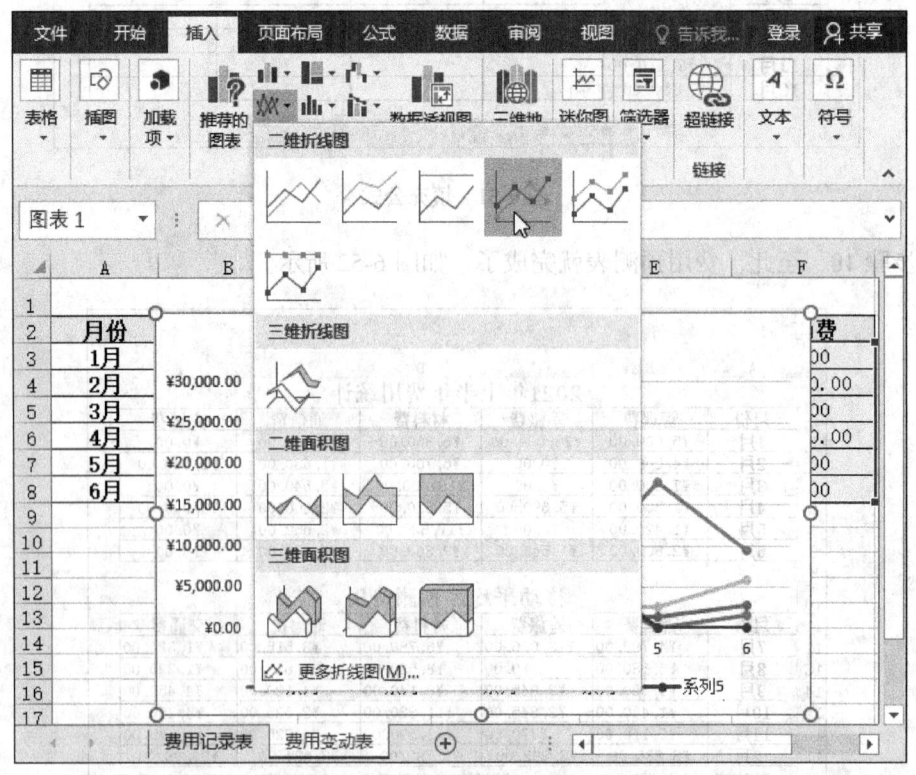

图 6-53 插入折线图

第 6 章　Excel 在成本费用管理中的应用

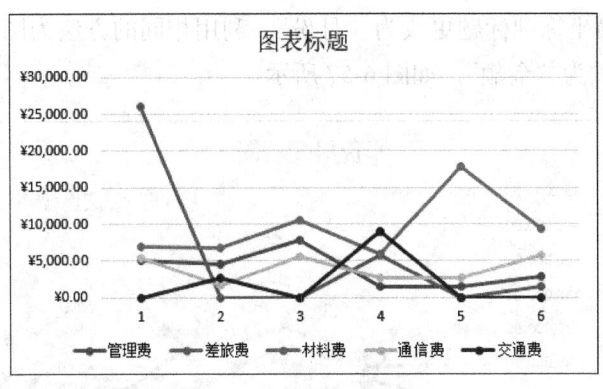

图 6-54　创建图表效果

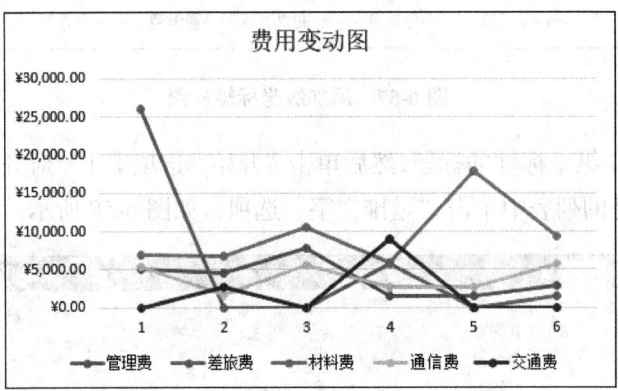

图 6-55　更改图表标题

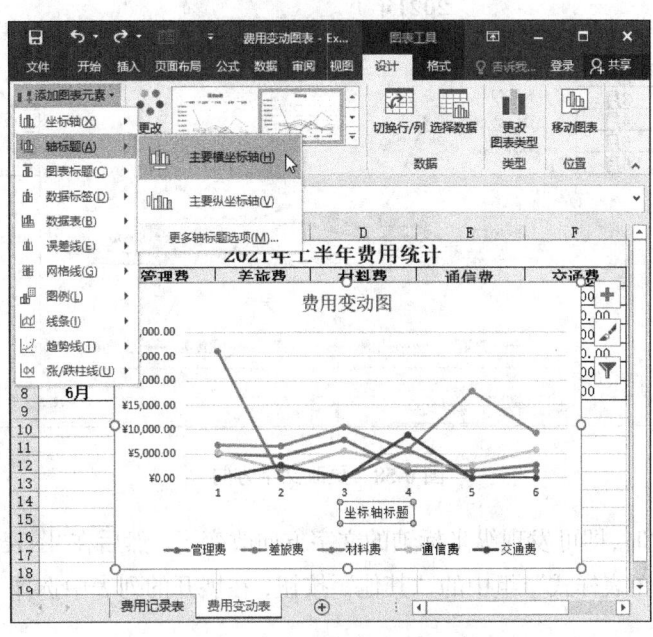

图 6-56　添加横坐标轴标题

步骤 05 将横坐标轴标题更改为"月份",利用相同的方法为图表添加"主要纵坐标轴",并将其要改为"金额",如图 6-57 所示。

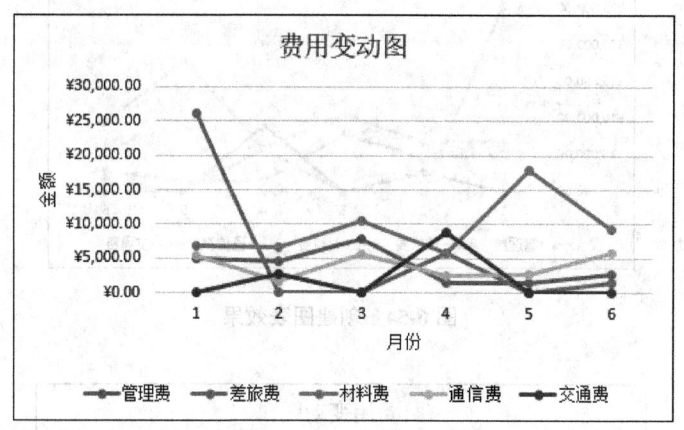

图 6-57 添加纵坐标轴标题

步骤 06 选中纵坐标轴的标题,然后单击"开始"选项卡下"对齐方式"组中的"方向"按钮,在展开的列表中单击"竖排文字"选项,如图 6-58 所示。

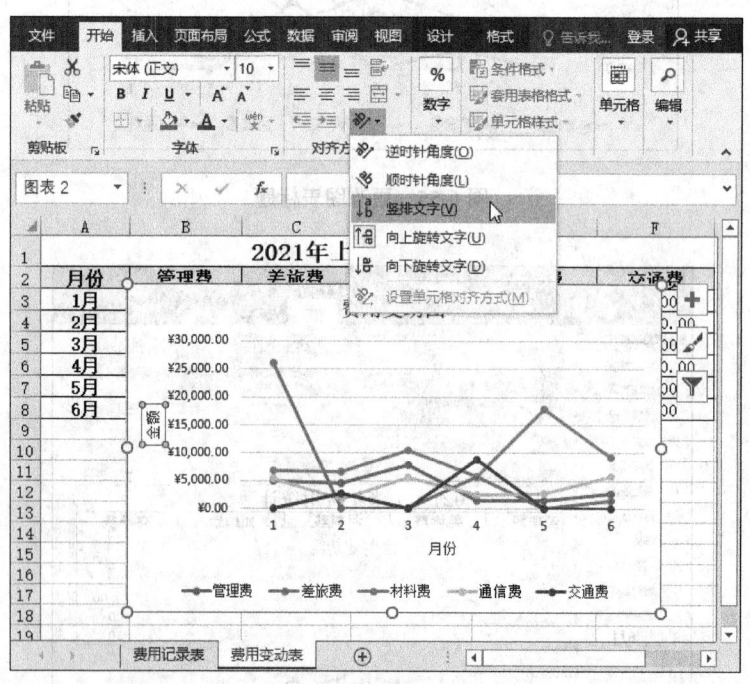

图 6-58 更改文字方向

步骤 07 此时,即可发现纵坐标轴的文字方向改变了。然后在"图表工具"中单击"设计"选项卡下"图表样式"组中的"其他"按钮,在展开的列表中选择"样式 5"选项,如图 6-59 所示。

Excel 在成本费用管理中的应用

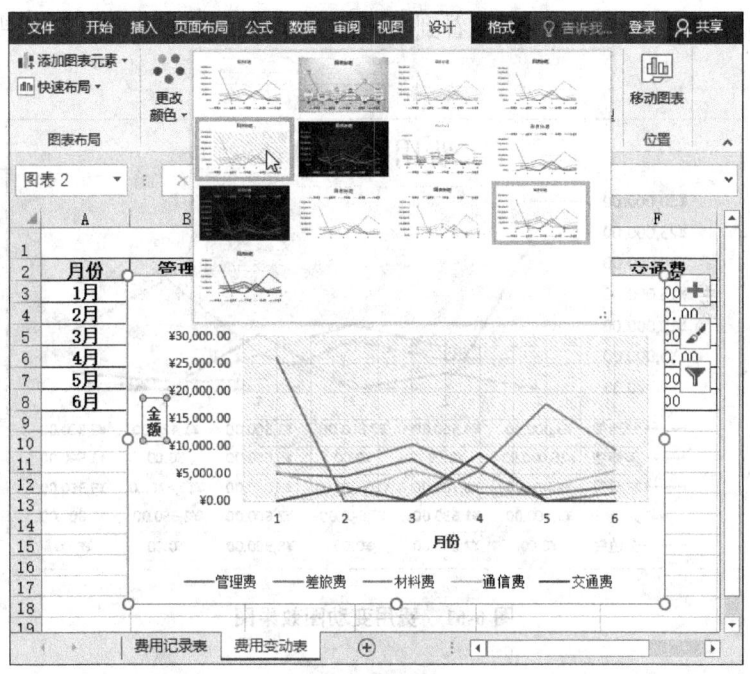

图 6-59　更改图表样式

步骤 08　在"图表工具"中单击"设计"选项卡下"图表布局"中的"快速布局"按钮，在展开的列表中选择"布局 5"选项，如图 6-60 所示。

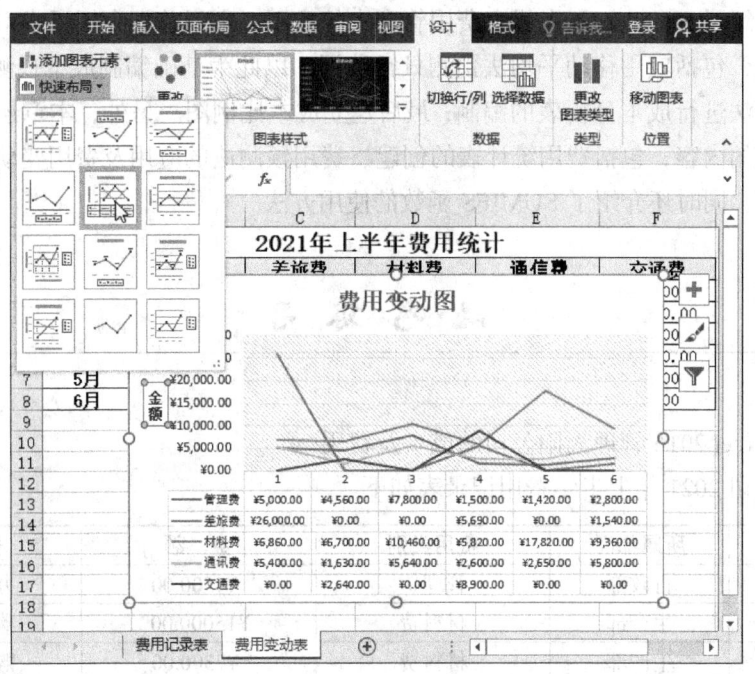

图 6-60　更改图表布局

步骤 09 经过以上操作，即可看到更改图表布局后费用变动图的效果，如图 6-61 所示。

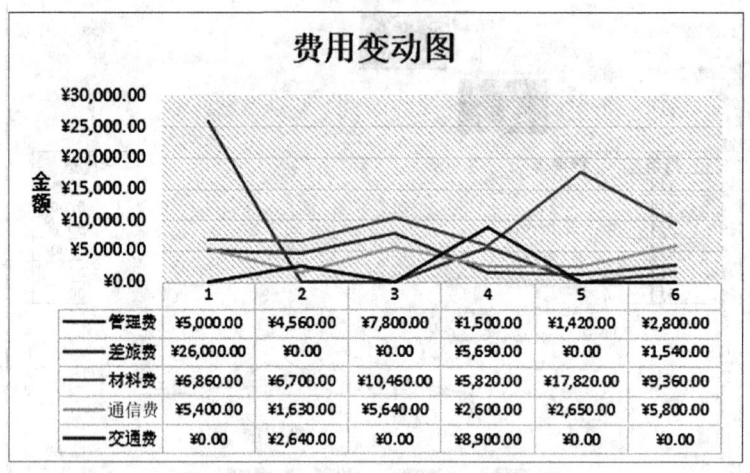

图 6-61 费用变动图效果图

本章小结

本章介绍了 Excel 2016 在成本费用管理中的应用。本章首先介绍了成本费用初始化设置的过程，包括应用移动平均法预测日常费用，以此为基础编制成本预测表；然后应用因素分析法进行成本分析表的编制；最后建立成本比例图。另外，本章还介绍了费用统计与预测的内容，包括费用统计表的创建、费用预测法的应用及费用变动图表的创建等三个过程，同时还介绍了 SUMIFS 函数的使用方法。

思考练习

利用 Excel 2016 管理大阳公司的成本及费用。
大阳公司 2021 年上半年费用记录表如下。

日期	所属部门	费用类别	金　　额	备注
1月	行政部	管理费	¥4500.00	办公用品
1月	生产部	材料费	¥15000.00	购买原料
2月	生产部	材料费	¥7300.00	购买原料
2月	客服部	通信费	¥1980.00	电话
3月	行政部	管理费	¥7800.00	办公用品

续表

日期	所属部门	费用类别	金　　额	备　注
3月	客服部	通信费	¥5640.00	电话
4月	客服部	通信费	¥5600.00	电话
4月	行政部	管理费	¥2300.00	办公用品
5月	客服部	通信费	¥4650.00	电话
6月	生产部	材料费	¥5000.00	购买原料

根据上述资料完成下列操作。

（1）利用SUMIFS函数创建费用统计表。

（2）应用移动平均法编制费用预测表。

（3）创建折线形费用变动图表。

第7章 Excel 在财务分析中的应用

学习目标

（1）了解财务分析的目的，理解财务分析的过程和主要方法。
（2）理解创建比率分析表的过程，能够熟练应用财务比率。
（3）掌握数据透视表下的财务对比分析方法及财务图表直观分析方法。

课程思政

（1）遵循谨慎的原则，准确判断会计信息的实用性及正确性。
（2）热爱岗位工作，遵守工作规范，约束自身行为，保证账目真实。

学习重点

（1）掌握比率分析表的过程创建方法及财务比率的应用方法。
（2）掌握数据透视表下的财务对比分析过程及步骤。
（3）掌握财务图表的直观分析过程及步骤。

学习难点

（1）掌握比率分析表的创建方法。
（2）掌握财务对比分析方法及财务图表直观分析方法。
（3）学会应用财务比率进行分析。

财务分析是财务管理不可或缺的环节，是一种以会计核算、报表资料及其他相关资料为依据，采用一系列专门的分析技术和方法，对一企业等经济组织过去的和现在的相关筹资活动、投资活动、经营活动的偿债能力、盈利能力和营运能力等进行分析与评价，为企业的投资者、债权人、经营者及其他关心企业的组织或个人了解企业过去、评价企业现状、预测企业未来、做出正确决策提供准确的信息或依据的经济分析方法。无论是投资者、债权人、管理者，还是政府部门、中介机构，正确进行财务分析，对其做出理性决策都具有很强的现实意义。

7.1 财务分析初始化设置

7.1.1 背景资料

小王利用 6 个月的时间在华联公司内部实现了 Excel 会计电算化，极大地提高了工作效率。到了年末，领导想了解公司的偿债能力、营运能力和盈利能力，以评判公司现状、预测公司未来，为公司决策提供有力的依据。小王接受了这项工作，他开始学习财务分析知识、整理财务数据，为进行财务分析做好准备。

7.1.2 创建财务比率分析模型

配套资源
第7章\财务比率分析模型—原始文件
第7章\财务比率分析模型—最终效果

财务比率分析模型以财务比率分析为基础，运用 Excel 2016 建立基本模式，使管理者能准确、简单、快捷地掌握企业财务状况，从而可以有效地统一指标的数据源，加快数据的处理能力，提高数据计算的准确性，为评价和改进财务管理工作提供可靠的依据。为综合反映财务比率的情况，用户可以制作表格，将财务指标汇总到一张表格中，综合反映企业的财务状况。下面介绍财务比率分析表的创建过程。

步骤 01　打开“财务比率模型”工作簿，在新建的“财务比率分析表”工作表中制作表格，如图 7-1 所示。

	B	C
1	财务比率分析表	
2	编制单位：	日期：
3	指标名称	比率
4	一、变现能力分析（短期偿债能力比率）	
5	流动比率	
6	速动比率	
7	二、资产管理比率（营运效率比率）	
8	存货周转率	
9	存货周转天数	
10	应收账款周转率	
11	应收账款周转天数	
12	营业周期	
13	流动资产周转率	
14	固定资产周转率	
15	总资产周转率	
16		
17	资产负债率	
18	产权比率	
19	有形净值债务率	
20	已获利息倍数	
21		
22	销售毛利率	
23	销售净利率	
24	资产报酬率	
25	股东权益报酬率	

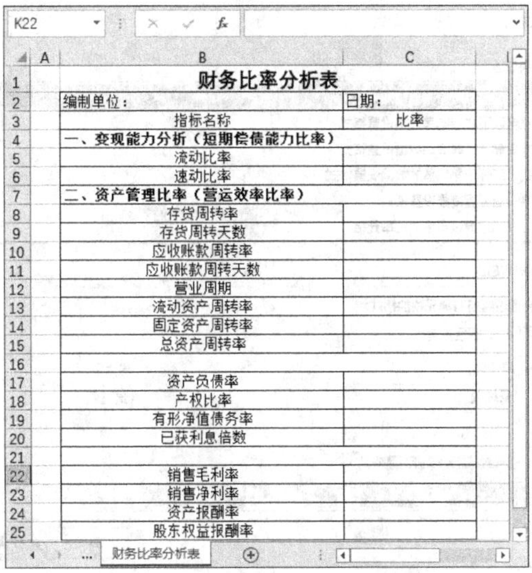

图 7-1　创建财务比率分析表

步骤02 选中 B3:C25 单元格区域，打开"开始"选项卡，单击"样式"选项组中的"条件格式"按钮，从下拉列表中选择"新建规则"，如图 7-2 所示。

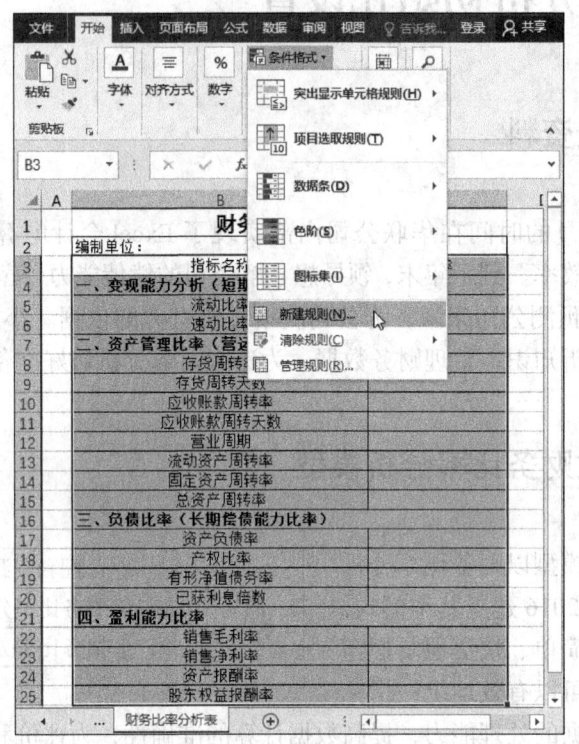

图 7-2 选择条件格式

步骤03 弹出"新建格式规则"对话框，在"选择规则类型"列表框中选择"使用公式确定要设置格式的单元格"选项，如图 7-3 所示。

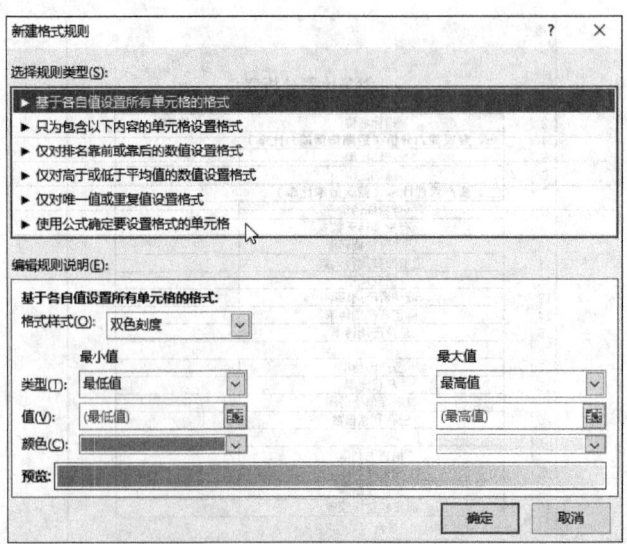

图 7-3 选择规则类型

步骤04 在"为符合此公式的值设置格式"文本框中输入公式"=MOD(ROW(),2)=1",单击"格式"按钮,如图7-4所示。

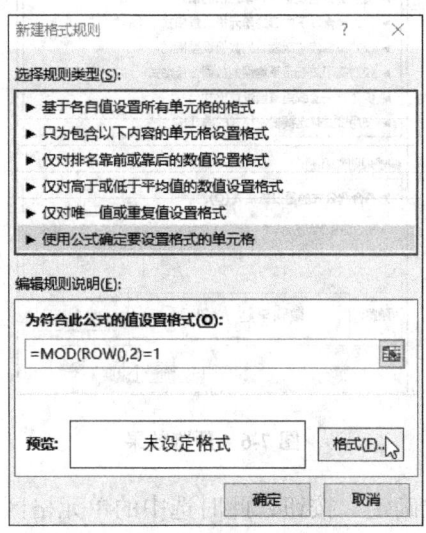

图7-4 输入设置格式的公式

步骤05 弹出"设置单元格格式"对话框,背景色选择"黄色",如图7-5所示。

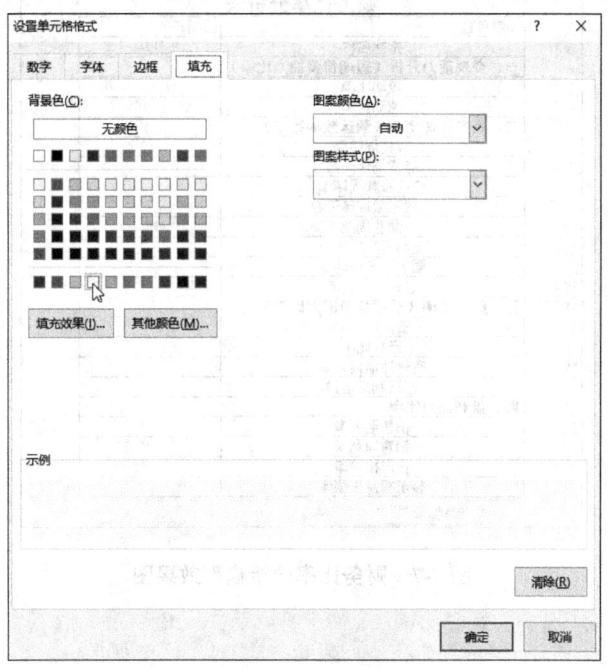

图7-5 设置背景色

步骤06 单击"确定"按钮后,返回"编辑格式规则"对话框,在"预览"区域中可以看到设置后的效果,如图7-6所示。

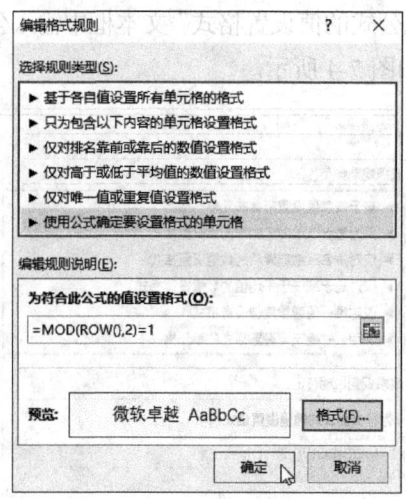

图 7-6 预览效果

步骤 07 再次单击"确定"按钮，此时选中的单元格区域中的奇数行就被设置了底纹，如图 7-7 所示。

图 7-7 财务比率分析模型效果图

7.1.3 财务比率的应用

变现能力比率、资产管理比率、负债比率和盈利能力比率都是根据资产负

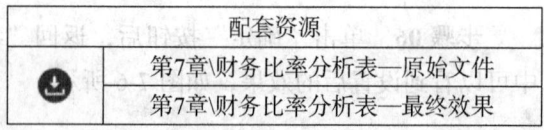

配套资源	
第7章\财务比率分析表—原始文件	
第7章\财务比率分析表—最终效果	

第 7 章 Excel 在财务分析中的应用

债表和利润表中的数据计算得到的。下面介绍在"财务比率分析表"中,通过利润表和资产负债表计算各种比率的操作方法。

步骤 01 打开"财务比率分析表"工作表,选中 C5:C6、C8:C15、C17:C20 和 C22:C25 单元格区域,将其单元格格式设置为数值格式,小数位数设置为 2,如图 7-8 所示。

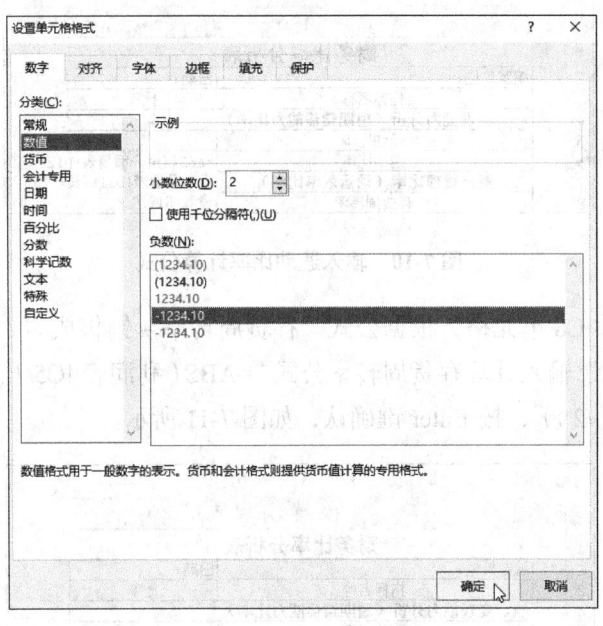

图 7-8 设置小数位数

步骤 02 选中 C5 单元格,根据公式"流动比率=流动资产/流动负债"计算流动比率,输入公式"=ABS(资产负债表!D12/资产负债表!H10)",按 Enter 键确认,如图 7-9 所示。

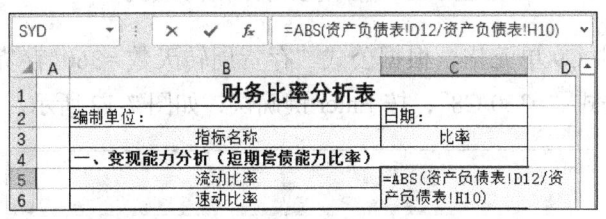

图 7-9 输入流动比率计算公式

> **函数小解析**
>
> **ABS 函数**
>
> ABS 函数用于描述返回数值的绝对值。该函数的语法为 ABS(number)。其中,参数 number 可以是任意有效的数值表达式。如果 number 包含 Null,则返回 Null;如果是未初始化变量,则返回 0。

步骤03 选中C6单元格，根据公式"速动比率=（流动资产－存货）/流动负债"，输入计算速动比率公式"=ABS((资产负债表!D12－资产负债表!D11)/资产负债表!H10)"，按Enter键确认，如图7-10所示。

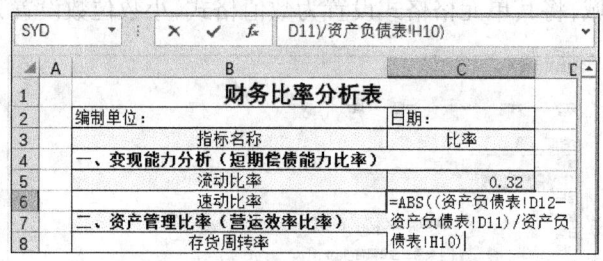

图7-10 输入速动比率计算公式

步骤04 选中C8单元格，根据公式"存货周转率=销售成本/((期初存货余额＋期末存货余额)/2)"，输入计算存货周转率公式"=ABS(利润表!C5/((资产负债表!C11+资产负债表!D11)/2))"，按Enter键确认，如图7-11所示。

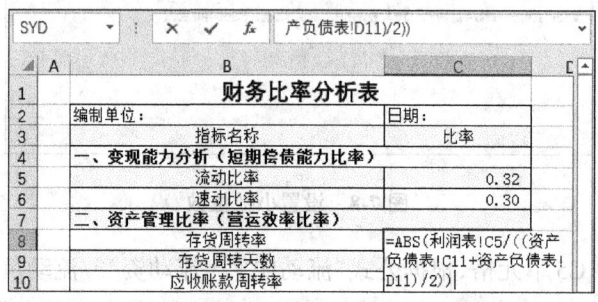

图7-11 输入存货周转率计算公式

步骤05 选中C9单元格，根据公式"存货周转天数=360/存货周转率"，输入计算存货周转天数公式"=360/C8"，按Enter键确认，如图7-12所示。

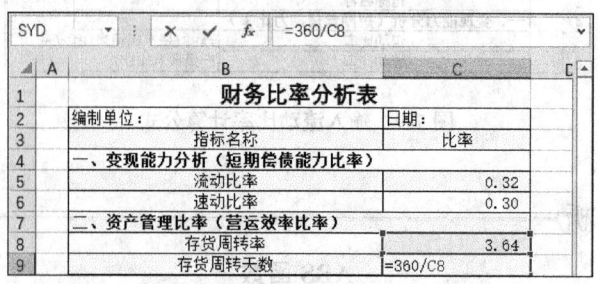

图7-12 输入存货周转天数计算公式

步骤06 选中C10单元格，根据公式"应收账款周转率=销售收入/((期初应收账款净额＋期末应收账款金额)/2)"，输入计算应收账款周转率公式"=ABS(利润表!C4/((资产负债表!C9+资产负债表!D9)/2))"，按Enter键确认，如图7-13所示。

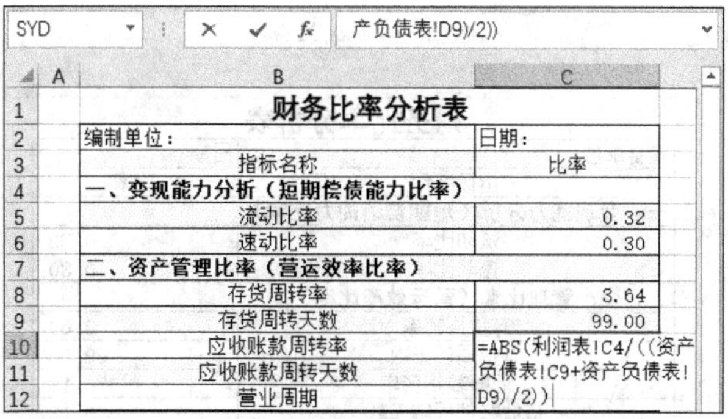

第 7 章　Excel 在财务分析中的应用

图 7-13　输入应收账款周转率计算公式

步骤 07　选中 C11 单元格，根据公式"应收账款周转天数 =360/ 应收账款周转率"，输入计算应收账款周转天数的公式"=360/C10"，按 Enter 键确认，如图 7-14 所示。

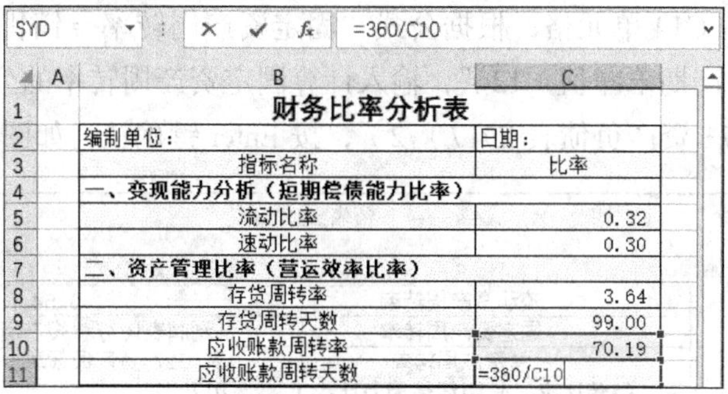

图 7-14　输入应收账款周转天数计算公式

步骤 08　选中 C12 单元格，根据公式"营业周期 = 存货周转天数 + 应收账款周转天数"，输入计算营业周期的公式"=C9+C11"，按 Enter 键确认，如图 7-15 所示。

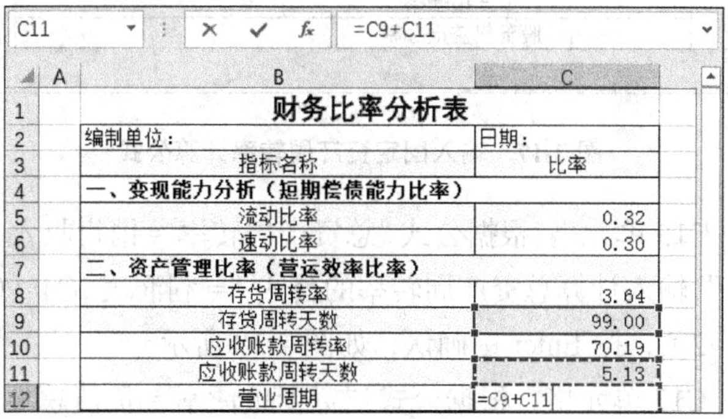

图 7-15　输入营业周期计算公式

步骤 09　选中 C13 单元格，根据公式"流动资产周转率 = 销售收入 /（（流动资产期初余额 + 流动资产期末余额）12）"，输入计算流动资产周转率的公式"= 利润表 !C4/（（资产负债表 !C12+ 资产负债表 !D12）/2）"，按 Enter 键确认，如图 7-16 所示。

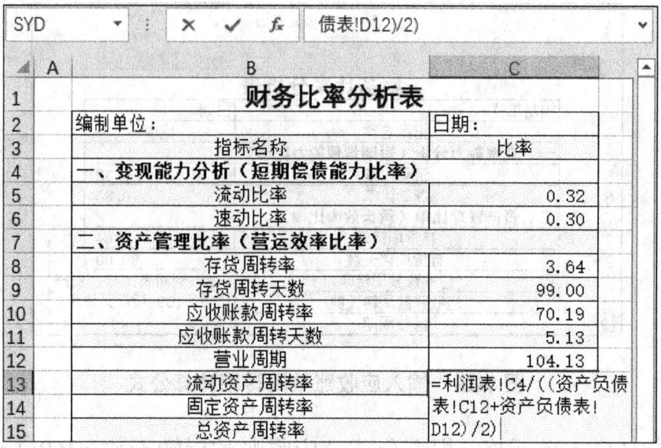

图7-16 输入流动资产周转率计算公式

步骤10 选中C14单元格,根据公式"固定资产周转率=销售收入/((固定资产期初净值+固定资产期末净值)12)",输入计算固定资产周转率的公式"=利润表!C4/((资产负债表!C17+资产负债表!D17)/2)",按Enter键确认,如图7-17所示。

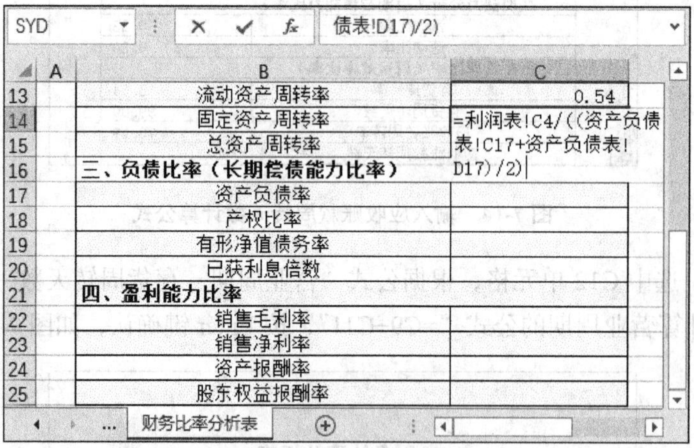

图7-17 输入固定资产周转率计算公式

步骤11 选中C15单元格,根据公式"总资产周转率=销售收入/((期初资产总额+期末资产总额)/2)",输入计算总资产周转率的公式"=利润表!C4/((资产负债表!C20+资产负债表!D20)/2)",按Enter键确认,如图7-18所示。

步骤12 选中C17单元格,根据公式"资产负债率=负债总额/资产总额",输入计算资产负债率的公式"=ABS(资产负债表!H14/资产负债表!D20)",按Enter键确认,如图7-19所示。

步骤13 选中C18单元格,根据公式"产权比率=负债总额/股东权益",输入计算产权比率的公式"=ABS(资产负债表!H14/资产负债表!H19)",按Enter键确认,如图7-20所示。

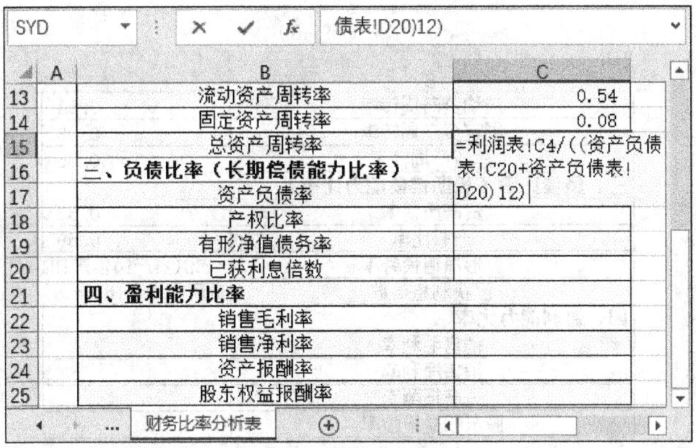

第 7 章 Excel 在财务分析中的应用

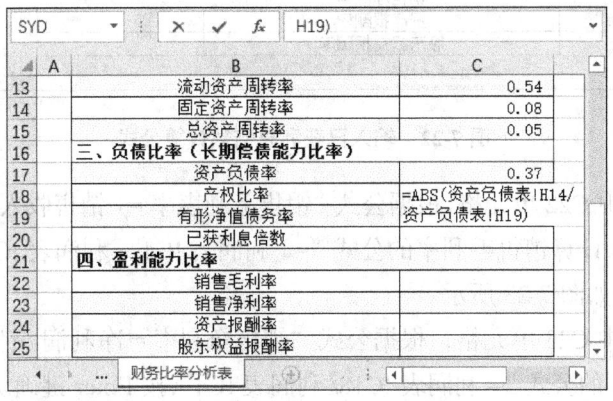

图 7-18 输入总资产周转率计算公式

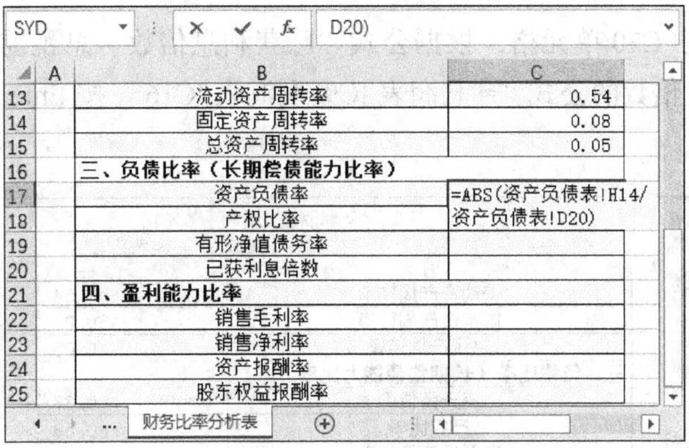

图 7-19 输入资产负债率计算公式

图 7-20 输入产权比率计算公式

步骤 14 选中 C19 单元格，根据公式"有形净值负债率 = 负债总额 /（股东权益 − 无形资产净值）"，输入计算有形净值债务率的公式"=ABS（资产负债表 !H14/（资产负债表 !H19 − 0））"，按 Enter 键确认，如图 7-21 所示。

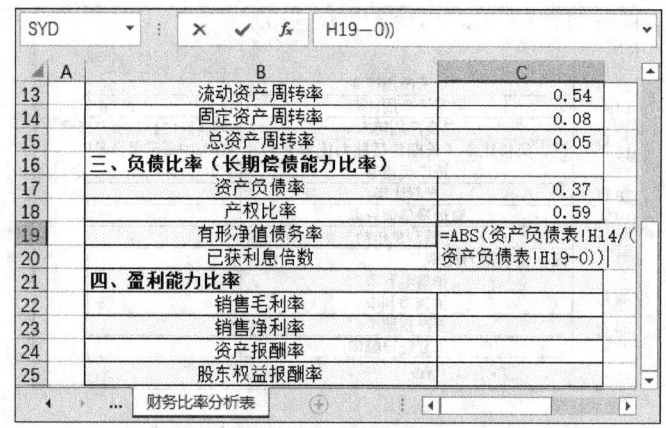

图 7-21 输入有形净值负债率计算公式

步骤 15 选中 C20 单元格，根据公式"已获利息倍数 = 息税前利润 / 利息费用"，输入计算已获利息倍数的公式"= 利润表 !C9/ 利润表 !C16"，按 Enter 键确认，如图 7-22 所示。

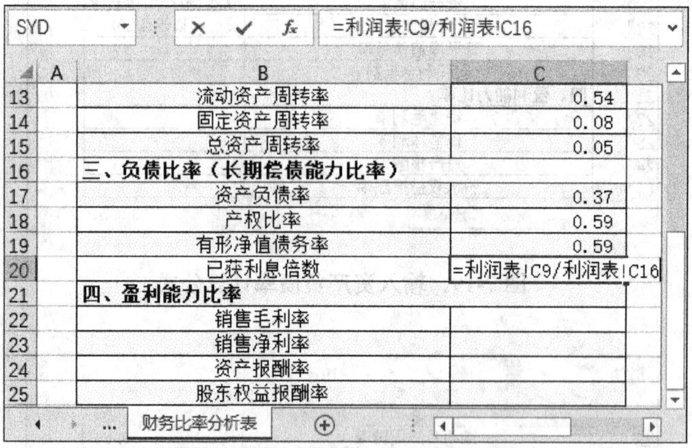

图 7-22 输入已获利息倍数计算公式

步骤 16 选中 C22 单元格，根据公式"销售毛利表率 =（销售收入 − 销售成本）/ 销售收入净额"，输入计算销售毛利率的公式"=（利润表 !C4− 利润表 !C5）/ 利润表 !C4"，按 Enter 键确认，如图 7-23 所示。

步骤 17 选中 C23 单元格，根据公式"销售净利率 = 净利润 / 销售收入净额"，输入计算销售净利率的公式"= 利润表 !C18/ 利润表 !C4"，按 Enter 键确认，如图 7-24 所示。

步骤 18 选中 C24 单元格，根据公式"资产报酬率 = 净利润 / 平均资产总额"，输入计算资产报酬率的公式"= 利润表 !C18/（（资产负债表 !C20+ 资产负债表 !D20）/ 2）"，按 Enter 键确认，如图 7-25 所示。

步骤 19 选中 C25 单元格，根据公式"股东权益报酬率 = 净利润 /（（期初股东权益 + 期末股东权益）/2）"，输入计算股东权益报酬率的公式"=ABS（利润表 !C18/（（资产

负债表 !C19+ 资产负债表 !D19）/2））”，按 Enter 键确认，如图 7-26 所示。

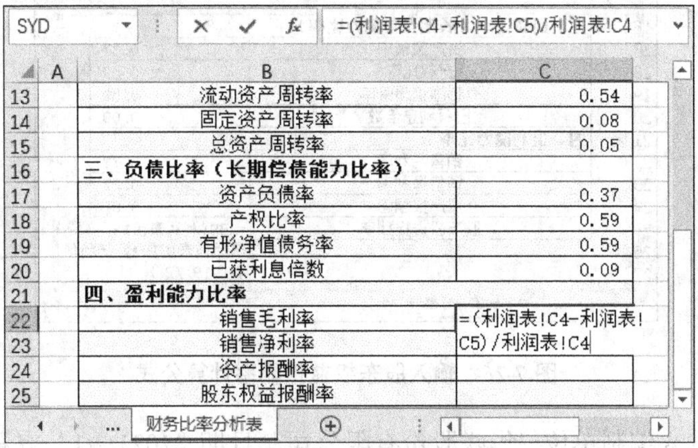
SYD =(利润表!C4-利润表!C5)/利润表!C4

	A	B	C
13		流动资产周转率	0.54
14		固定资产周转率	0.08
15		总资产周转率	0.05
16		三、负债比率（长期偿债能力比率）	
17		资产负债率	0.37
18		产权比率	0.59
19		有形净值债务率	0.59
20		已获利息倍数	0.09
21		四、盈利能力比率	
22		销售毛利率	=(利润表!C4-利润表!C5)/利润表!C4
23		销售净利率	
24		资产报酬率	
25		股东权益报酬率	

财务比率分析表

图 7-23　输入销售毛利率计算公式

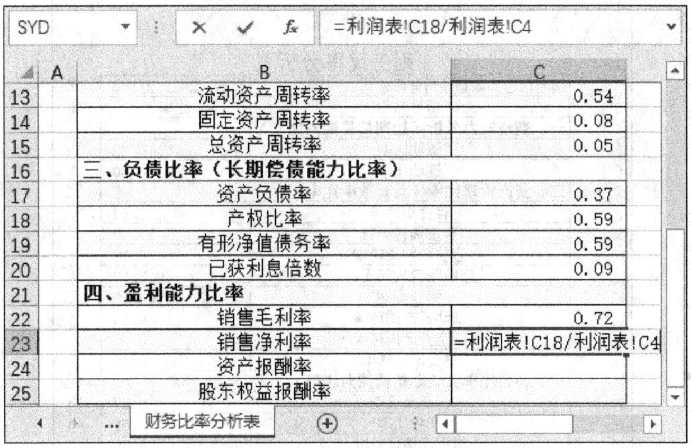
SYD =利润表!C18/利润表!C4

	A	B	C
13		流动资产周转率	0.54
14		固定资产周转率	0.08
15		总资产周转率	0.05
16		三、负债比率（长期偿债能力比率）	
17		资产负债率	0.37
18		产权比率	0.59
19		有形净值债务率	0.59
20		已获利息倍数	0.09
21		四、盈利能力比率	
22		销售毛利率	0.72
23		销售净利率	=利润表!C18/利润表!C4
24		资产报酬率	
25		股东权益报酬率	

财务比率分析表

图 7-24　输入销售净利率计算公式

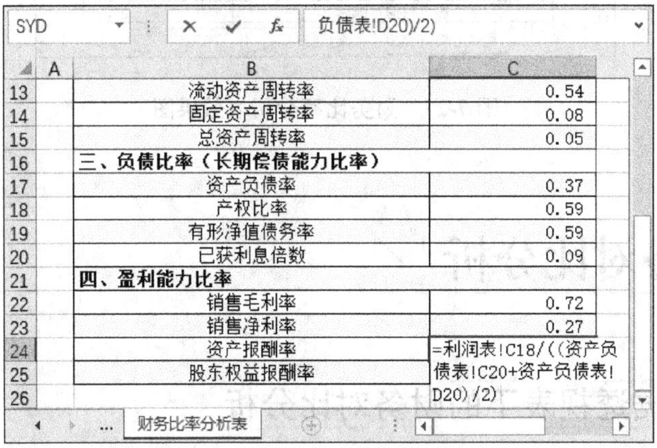
SYD 负债表!D20)/2)

	A	B	C
13		流动资产周转率	0.54
14		固定资产周转率	0.08
15		总资产周转率	0.05
16		三、负债比率（长期偿债能力比率）	
17		资产负债率	0.37
18		产权比率	0.59
19		有形净值债务率	0.59
20		已获利息倍数	0.09
21		四、盈利能力比率	
22		销售毛利率	0.72
23		销售净利率	0.27
24		资产报酬率	=利润表!C18/((资产负债表!C20+资产负债表!D20)/2)
25		股东权益报酬率	
26			

财务比率分析表

图 7-25　输入资产报酬率计算公式

SYD　　资产负债表!D19)/2))

	A	B	C
16		三、负债比率（长期偿债能力比率）	
17		资产负债率	0.37
18		产权比率	0.59
19		有形净值债务率	0.59
20		已获利息倍数	0.09
21		四、盈利能力比率	
22		销售毛利率	0.72
23		销售净利率	0.27
24		资产报酬率	0.01
25		股东权益报酬率	=ABS(利润表!C18/((资产负债表!C19+资产负债表!D19)/2))
26			
27			

财务比率分析表

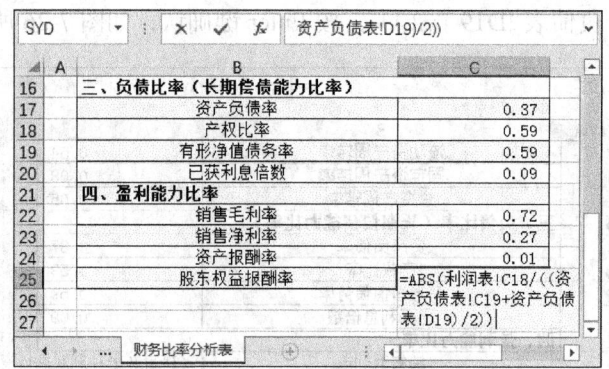

图 7-26　输入股东权益报酬率计算公式

步骤 20　输入编制单位“华联股份有限公司”，日期“2021/2/1”，查看设置后的效果，如图 7-27 所示。

D31

	A	B	C
1		财务比率分析表	
2		编制单位：华联股份有限公司	日期：2021/2/1
3		指标名称	比率
4		一、变现能力分析（短期偿债能力比率）	
5		流动比率	0.32
6		速动比率	0.30
7		二、资产管理比率（营运效率比率）	
8		存货周转率	3.64
9		存货周转天数	99.00
10		应收账款周转率	70.19
11		应收账款周转天数	5.13
12		营业周期	104.13
13		流动资产周转率	0.54
14		固定资产周转率	0.08
15		总资产周转率	0.05
16		三、负债比率（长期偿债能力比率）	
17		资产负债率	0.37
18		产权比率	0.59
19		有形净值债务率	0.59
20		已获利息倍数	0.09
21		四、盈利能力比率	
22		销售毛利率	0.72
23		销售净利率	0.27
24		资产报酬率	0.01
25		股东权益报酬率	0.02

财务比率分析表

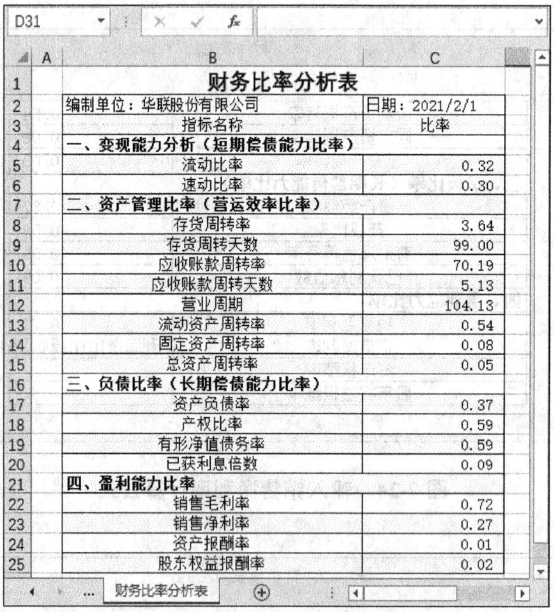

图 7-27　财务比率分析表效果图

7.2 财务对比分析

7.2.1 数据透视表下的财务对比分析

数据透视表不仅具有分类汇总的能力，还可以添加字段，计算财务比率与标准比率

第 7 章 Excel 在财务分析中的应用

之间的差异值。下面介绍使用数据透视表对财务比率进行对比分析的操作方法。

配套资源	
	第7章\财务对比分析表—原始文件
	第7章\财务数据透视表—最终效果

步骤 01 打开"财务对比分析表"工作表,然后将"财务比率分析表"中 C 列的实际比率输入"财务对比分析表"的 D 列中,如图 7-28 所示。

图 7-28 录入财务比率实际值

步骤 02 选中 A2:D14 单元格,然后打开"插入"选项卡,单击"表格"选项组中的"数据透视表"按钮,如图 7-29 所示。

图 7-29 插入数据透视表

步骤 03 弹出"创建数据透视表"对话框,然后核对所选区域是否正确,选中"新工作表"单选按钮,如图 7-30 所示。

Excel 在财务中的应用

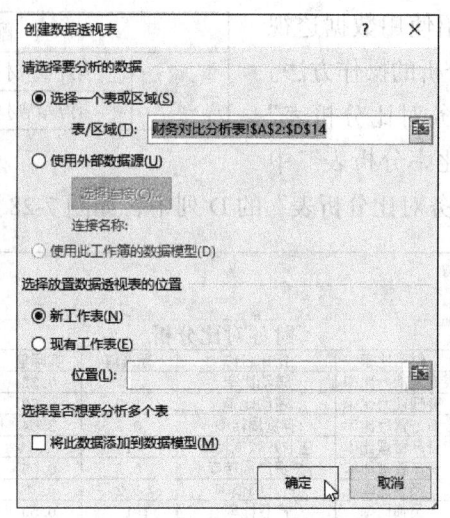

图 7-30 核对所选区域

步骤 04 单击"确定"按钮,然后弹出空白数据透视表 Sheet1 和"数据透视表字段"窗格,如图 7-31 所示。

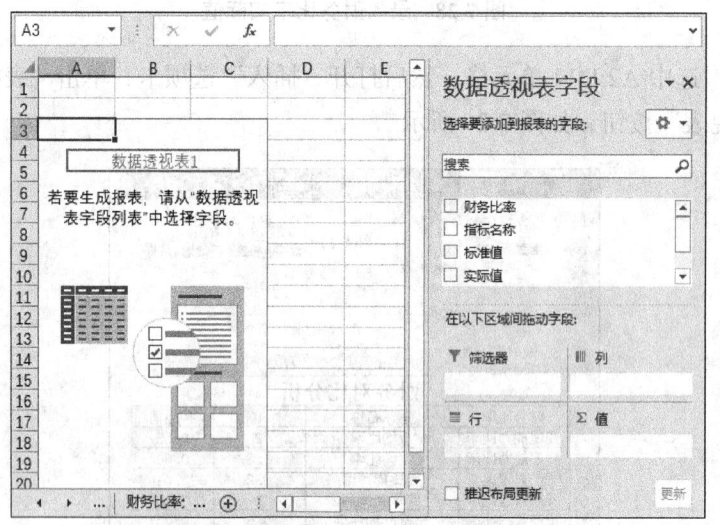

图 7-31 空白数据透视表和"数据透视表字段"窗格

步骤 05 在表格右侧的"数据透视表字段"窗格中,依次选中"财务比率、指标名称、标准值、实际值"字段,字段会自动出现在合适的区域中,如图 7-32 所示。

步骤 06 关闭"数据透视表字段"窗格,单击数据透视表中的任意单元格,然后打开"数据透视表工具"下的"设计"选项卡,单击"布局"选项组中的"报表布局"下拉按钮,从弹出的下拉列表中选择"以表格形式显示"选项,如图 7-33 所示。

步骤 07 单击"布局"选项组中的"分类汇总"下拉按钮,从弹出的下拉列表中选择"不显示分类汇总"选项,如图 7-34 所示。

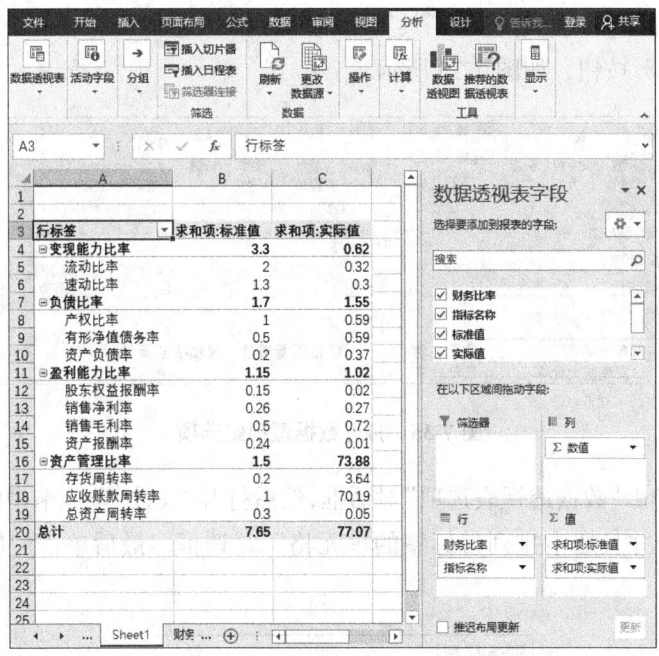

图 7-32 选择字段

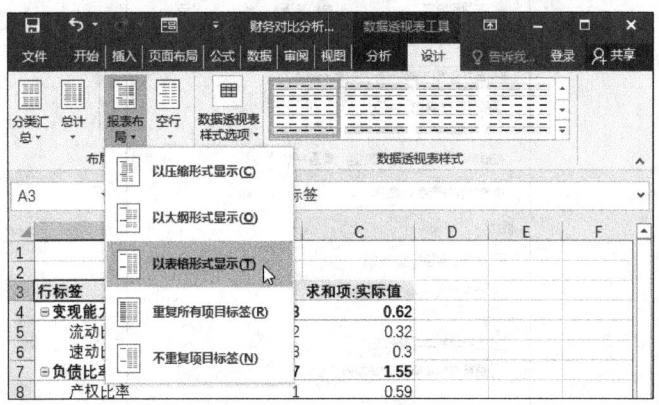

图 7-33 以表格形式显示

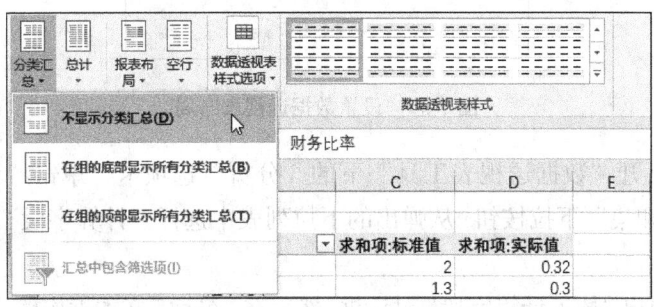

图 7-34 不显示分类汇总

步骤 08 打开"数据透视表工具"下的"分析"选项卡,单击"数据透视表"选项组中的"选项"按钮,如图 7-35 所示。

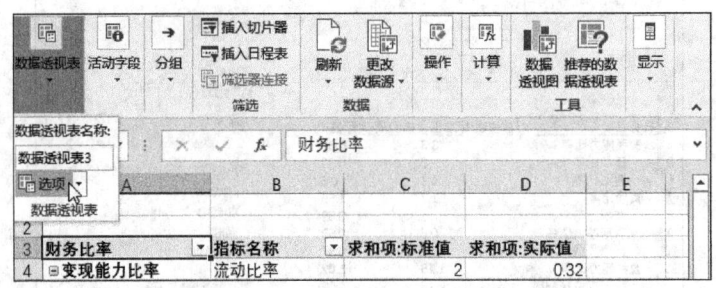

图 7-35 打开数据透视组选项

步骤 09 弹出"数据透视表选项"对话框,然后打开"设计"选项卡中的"布局和格式"选项,勾选"合并且居中排列带标签的单元格"复选框,最后单击"确定"按钮,如图 7-36 所示。

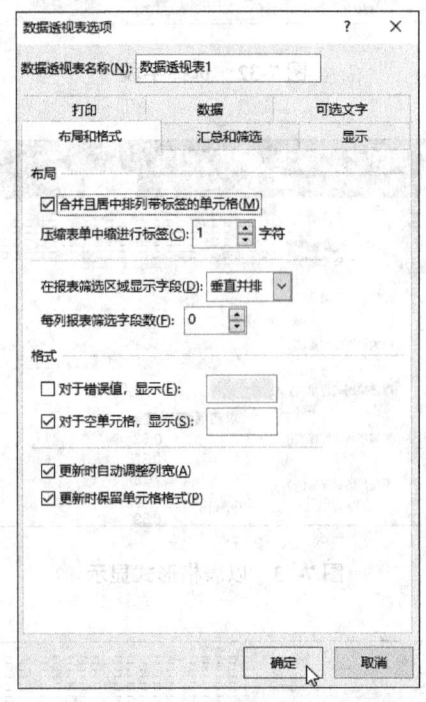

图 7-36 设置数据透视表布局

步骤 10 打开"数据透视表工具"下的"分析"选项卡,单击"计算"选项组中的"字段、项目和集"下拉按钮,从弹出的下拉列表中选择"计算字段"选项,如图 7-37 所示。

步骤 11 弹出"插入计算字段"对话框,然后在"名称"文本框中输入"差异",在"公式"文本框中输入公式"=实际值－标准值",如图 7-38 所示。

第 7 章 Excel 在财务分析中的应用

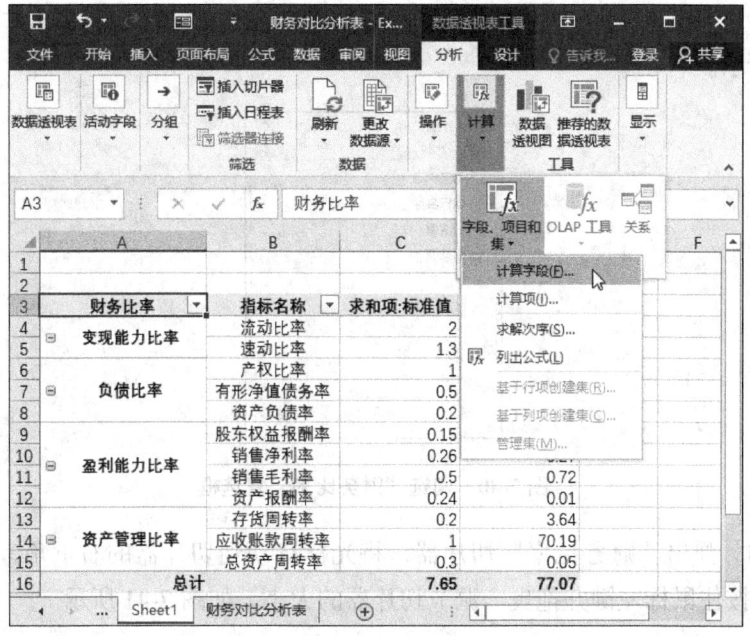

图 7-37 选择计算字段选项

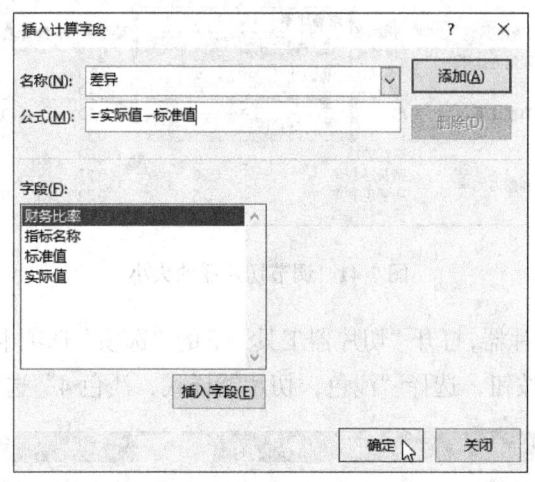

图 7-38 输入计算字段公式

步骤 12 单击"确定"按钮,此时,数据透视表中就多了一个名为"差异"的字段,然后单击"筛选"选项组中的"插入切片器"按钮,如图 7-39 所示。

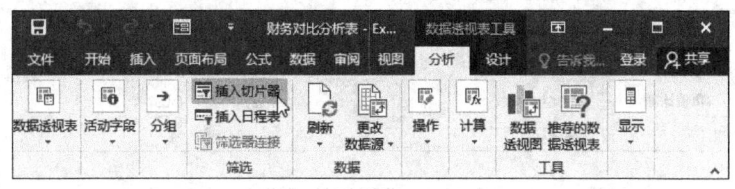

图 7-39 插入切片器

步骤 13 弹出"插入切片器"对话框,勾选"财务比率"复选框,单击"确定"按钮,如图 7-40 所示。

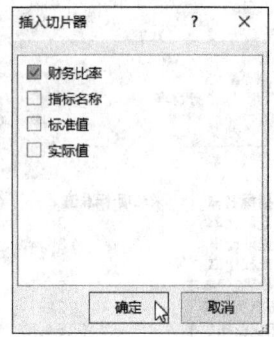

图 7-40 勾选"财务比率"复选框

步骤 14 弹出"财务比率"切片器,将光标移动到切片器的右下角,当光标变成形状时,按住鼠标左键并拖曳,调节切片器的大小,如图 7-41 所示。

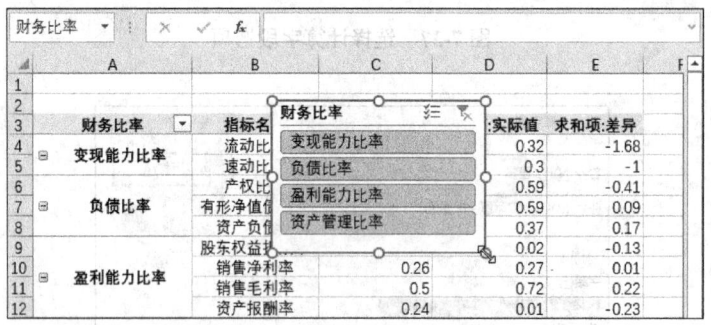

图 7-41 调节切片器的大小

步骤 15 选中切片器,打开"切片器工具"下的"选项"选项卡,单击"切片器样式"选项组中的下拉列表按钮,选择"浅色,切片器样式,浅色 4"选项,如图 7-42 所示。

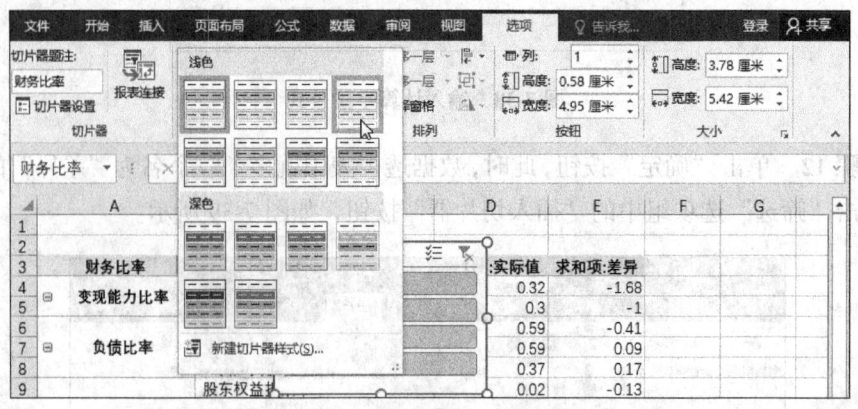

图 7-42 选择切片器样式

步骤 16 设置好切片器样式后,选择切片器中的"盈利能力比率"选项,即可对数据透视表中的数据进行筛选,将工作表 Sheet1 重命名为"财务数据透视表",查看最终效果,如图 7-43 所示。

图 7-43 财务数据透视表最终效果

7.2.2 财务图表直观分析

数据透视图用于辅助数据透视表进行数据分析。使用数据透视图可以使数据透视表中的数据更加直观地显示出来,也更加容易进行比较。下面介绍使用数据透视图对财务比率进行对比分析的操作方法。

配套资源
第7章\财务数据透视表—原始文件
第7章\财务数据透视图—最终效果

步骤 01 打开"财务数据透视表",单击"财务比率"切片器上的"清除筛选器"按钮,取消数据透视表的筛选状态,如图 7-44 所示。

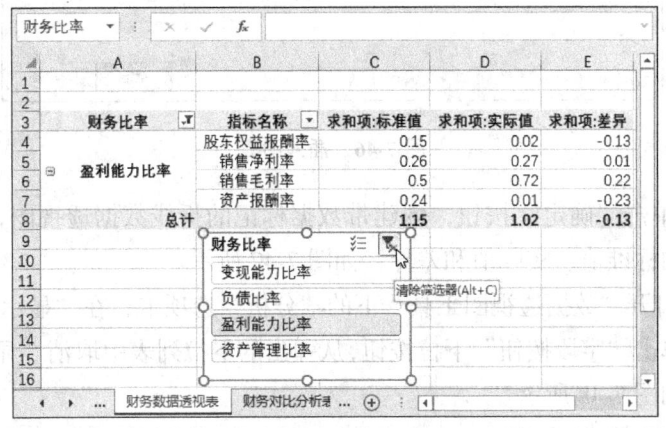

图 7-44 取消数据透视表筛选状态

步骤02 单击 A3 单元格,打开"数据透视表工具"下的"分析"选项卡,单击"工具"选项组中的"数据透视图"按钮,如图 7-45 所示。

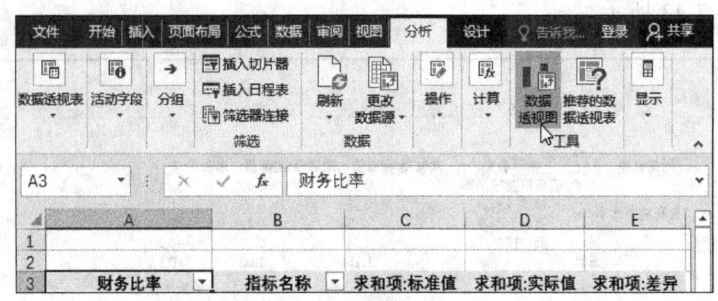

图 7-45 打开数据透视图

步骤03 弹出"插入图表"对话框,选择"折线图"下的"带数据标记的折线图"选项,如图 7-46 所示。

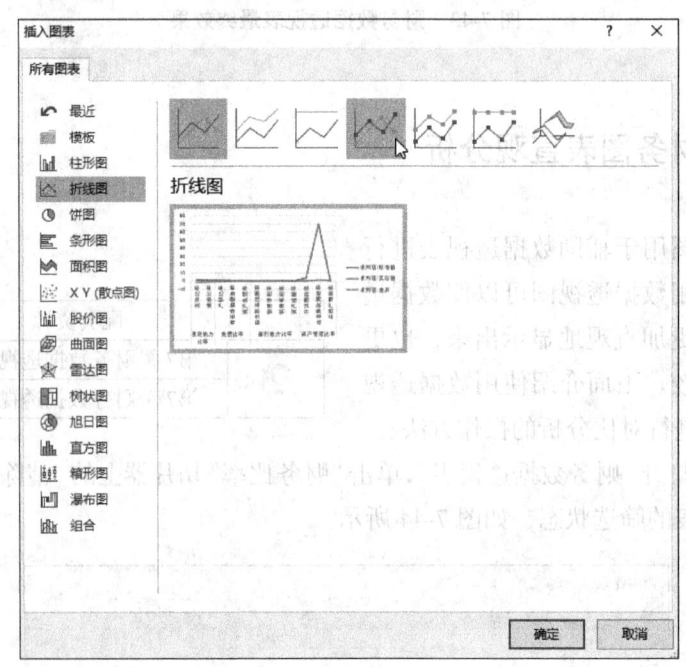

图 7-46 插入图表

步骤04 单击"确定"按钮,创建带数据标记的折线数据透视图,在图上分别显示了各类指标的标准值、实际值和差异,如图 7-47 所示。

步骤05 打开"数据透视图工具"下的"分析"选项卡,在"显示/隐藏"选项组的下拉列表中单击"字段按钮"下拉按钮,从弹出的下拉列表中取消"显示值字段按钮"选项的勾选,如图 7-48 所示。

步骤06 返回数据透视图,此时,值字段按钮就不显示了,如图 7-49 所示。

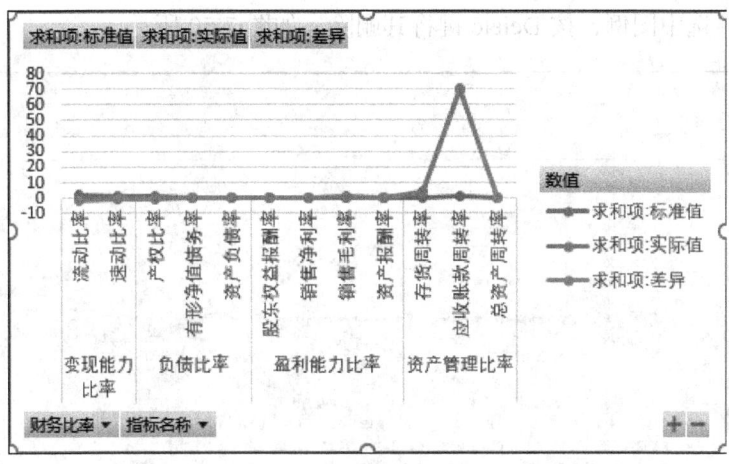

图 7-47 创建带数据标记的折线数据透视图

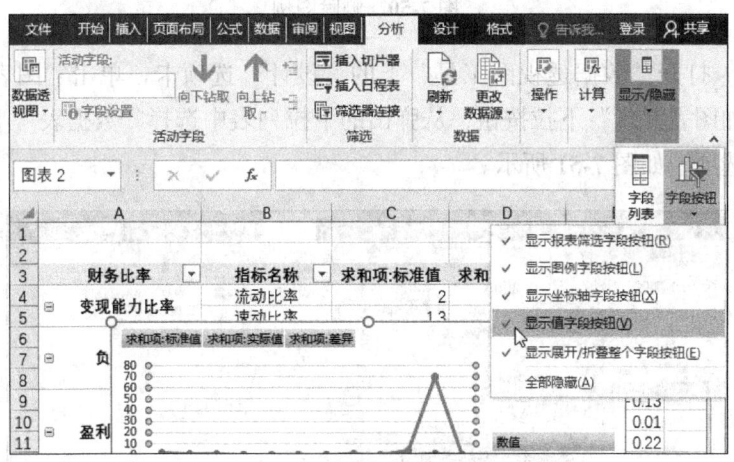

图 7-48 取消显示值字段

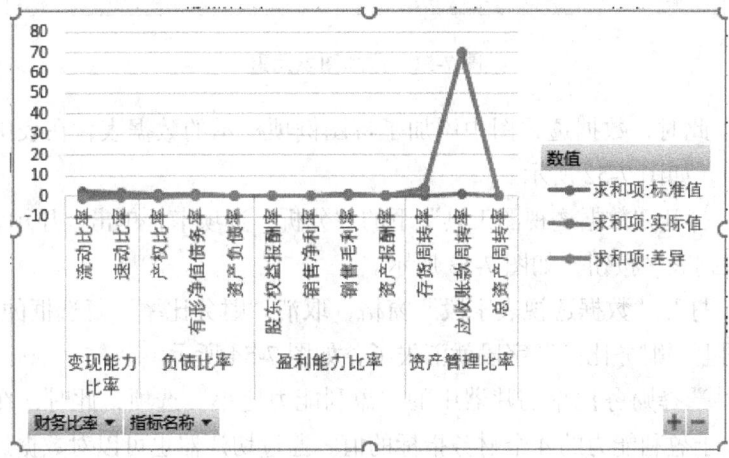

图 7-49 返回数据透视图

步骤 07 选中图例，按 Delete 键将其删除，如图 7-50 所示。

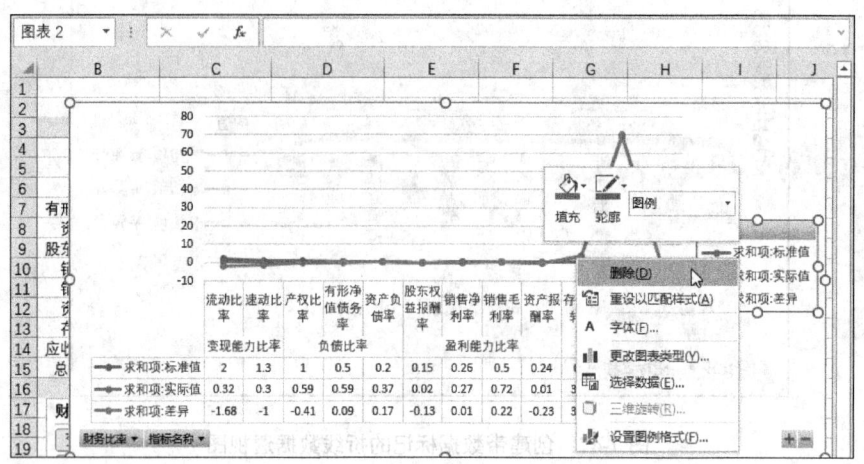

图 7-50 删除图例

步骤 08 打开"数据透视图工具"下的"设计"选项卡，单击"图表布局"选项组中的"添加图表元素"下拉按钮，从弹出的下拉列表中选择"数据表"下的"显示图例项标示"选项，如图 7-51 所示。

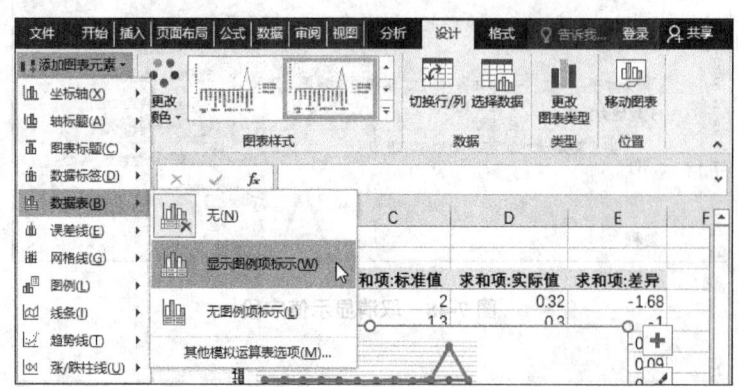

图 7-51 添加图表元素

步骤 09 此时，数据透视图中添加了带图例项标示的数据表，在表中详细列出了各个比率的值，如图 7-52 所示。

步骤 10 打开"数据透视图工具"下的"分析"选项卡，单击"显示/隐藏"选项组中的"字段列表"按钮，如图 7-53 所示。

步骤 11 打开"数据透视表字段"窗格，取消"财务比率"复选框的勾选，此时，在数据透视图上"财务比率"字段就消失了，如图 7-54 所示。

步骤 12 选择财务比率切片器中的"盈利能力比率"选项，此时，在数据透视图上就只显示关于盈利能力的 4 个财务指标的值。通过切片器也可以对数据透视图进行筛选分析，最后将工作表名称重命名为"财务数据透视图"，如图 7-55 所示。

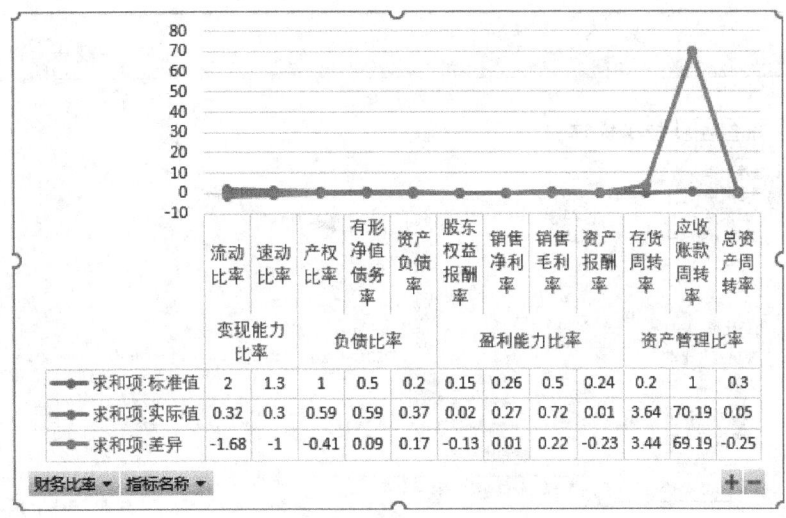

图 7-52 添加带图例项标示的数据表

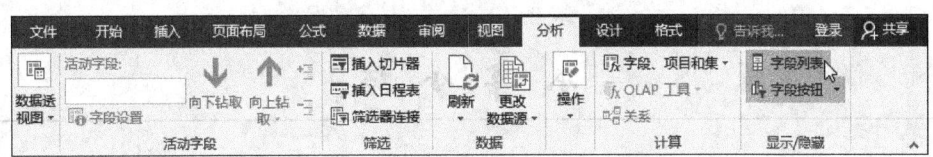

图 7-53 隐藏字段列表

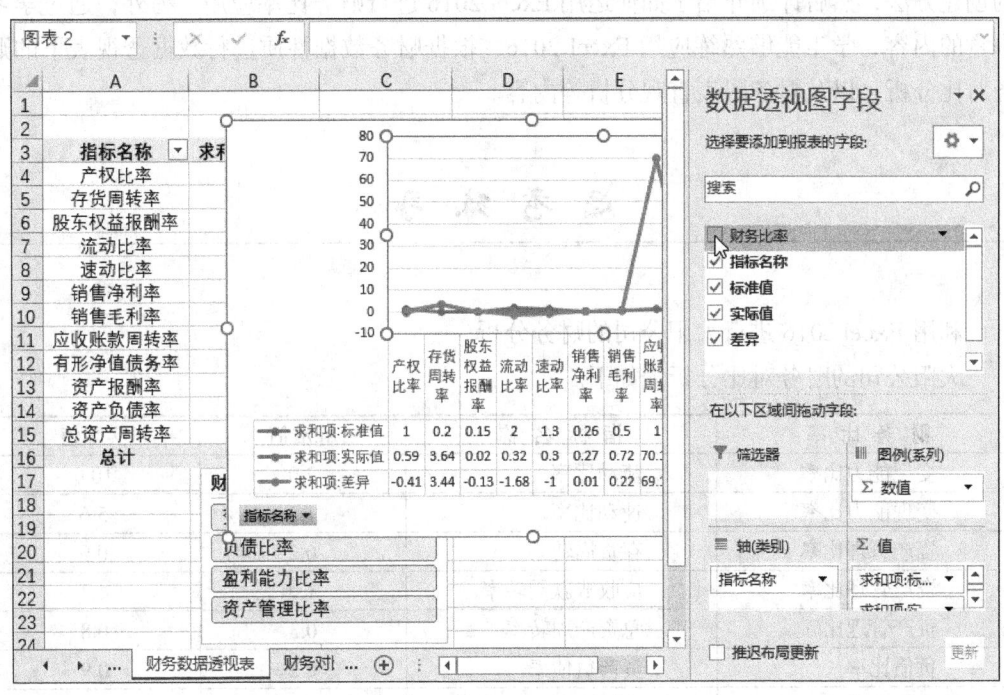

图 7-54 取消勾选"财务比率"复选框

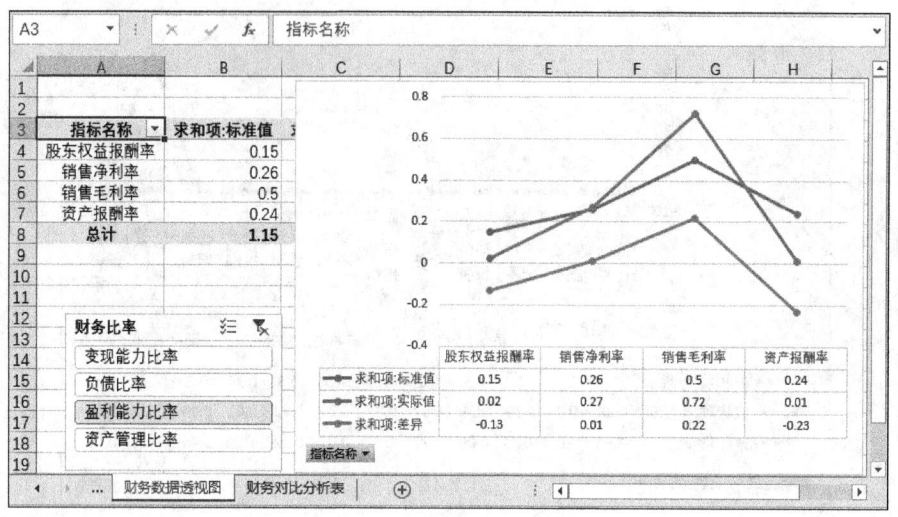

图 7-55 财务数据透视图

本章小结

本章介绍了如何运用 Excel 2016 进行财务分析。本章首先介绍了财务比率分析模型的创建方法，然后详细介绍了如何运用 Excel 2016 进行财务比率应用。另外，通过学习本章的内容，学生能够熟练应用 Excel 2016，根据财务数据性质进行数据透视表下的财务对比分析，以及财务图表直观分析等内容。

思考练习

利用 Excel 2016 进行大阳公司的财务分析。

大阳公司的财务对比分析表如下。

财 务 比 率	指 标 名 称	标准值	实际值
变现能力比率	流动比率	2.0	10.0
变现能力比率	速动比率	1.3	5.6
资产管理比率	存货周转率	0.2	0.9
资产管理比率	应收账款周转率	1.0	4.3
资产管理比率	总资产周转率	0.3	0.8
负债比率	资产负债率	0.2	0.9
负债比率	产权比率	1.0	2.0
负债比率	有形净值债务率	0.5	0.8

续表

财 务 比 率	指 标 名 称	标准值	实际值
盈利能力比率	销售毛利率	0.5	1.0
盈利能力比率	销售净利率	0.3	0.7
盈利能力比率	资产报酬率	0.2	0.8
盈利能力比率	股东权益报酬率	0.2	0.3

根据上述财务对比分析表中的数据，完成下列练习。

（1）利用数据透视表进行财务分析。

（2）利用财务图表进行直观财务分析。

第8章 Excel 在筹资与投资管理中的应用

学习目标

（1）了解资金需要量预测的方法。

（2）能够运用 Excel 2016 设计长期借款基本模型。

（3）学会使用 Excel 2016 对最优资本结构及投资决策进行分析。

课程思政

（1）遵守国家法律法规，合法筹集资金。

（2）以认真审慎的态度进行投资决策，努力提升综合素养，并将理论结合实际，做好对综合素养要求较高的投资管理工作。

学习重点

（1）掌握资金需要量的预测分析方法。

（2）掌握设计长期借款基本模型的方法及步骤。

（3）掌握项目投资决策分析方法。

学习难点

（1）掌握筹资单变量决策模型的设计。

（2）掌握最优资本结构分析的方法。

（3）学会应用项目风险投资决策分析的方法。

筹资是指企业根据生产、对外投资的需要，通过筹资渠道和资本市场，运用筹资方式，有效筹集企业所需资金的财务活动。筹资是企业财务管理工作的起点，关系到企业能否正常开展生产经营活动。筹资活动是企业生存、发展的基本前提。没有资金，企业将难以生存，更不可能发展，企业应科学合理地进行筹资活动。投资是指将某种有价值的资产，包括资金、人力、知识产权等，投入某个企业、项目或经济活动中，以获取经

8.1 资金筹集管理初始化设置

8.1.1 背景资料

小王运用 Excel 2016 在华联公司内部实现了会计电算化，提高了工作效率，并且完成了财务分析工作，为领导了解企业的偿债能力、变现能力和盈利能力，以及评判企业现状、预测企业未来提供了有力的依据，得到了领导的表扬和嘉奖。小王备受鼓舞，决定再接再厉，尝试利用 Excel 2016 进行资金筹集与投资管理，为确保企业高速运转作出贡献。于是，她开始学习资金筹集管理知识，整理财务数据，为进行筹资管理做好准备。另外，她还设计了资需量预测模型、长期借款筹资决策模型和最优资本结选择模型，这些模型在企业资金筹集管理中发挥了重要的作用。她认为，利用 Excel 2016 强大的财务函数也能建立投资管理模型。

8.1.2 资金需要量预测分析

财务预测是财务管理的一个重要环节，资金需要量预测是财务预测的重要内容。资金需要量预测是指企业根据生产经营的需求，对未来所需资金进行估

配套资源
第8章\资金需要量预测表——原始文件
第8章\资金需要量预测表——最终效果

计和推测。企业筹集资金时，首先要进行资金需要量预测，即对企业未来组织生产经营活动的资金需要量进行估计、分析和判断，这是企业制订融资计划的基础。企业最为常用的方法为销售百分比法，是根据销售额与资产负债表中有关项目间的比例关系，预测各项目短期资金需要量的方法，下面就对这种方法的应用步骤进行介绍。

步骤 01 打开"资金需要量预测"工作表，将 Sheet1 工作表重命名为"销售百分比法"，如图 8-1 所示。

步骤 02 在 A2 单元格输入"华联公司"，在 B2 单元格输入"2021 年 12 月 31 日"，在 D2 单元格输入"元"，如图 8-2 所示。

步骤 03 选择 B16:B23 和 D16:D23 单元格区域，打开"开始"选项卡中的"数字"选项卡组，将单元格格式设置为"百分比"，如图 8-3 所示。

图 8-1 重命名工作表

图 8-2 输入公司基本信息

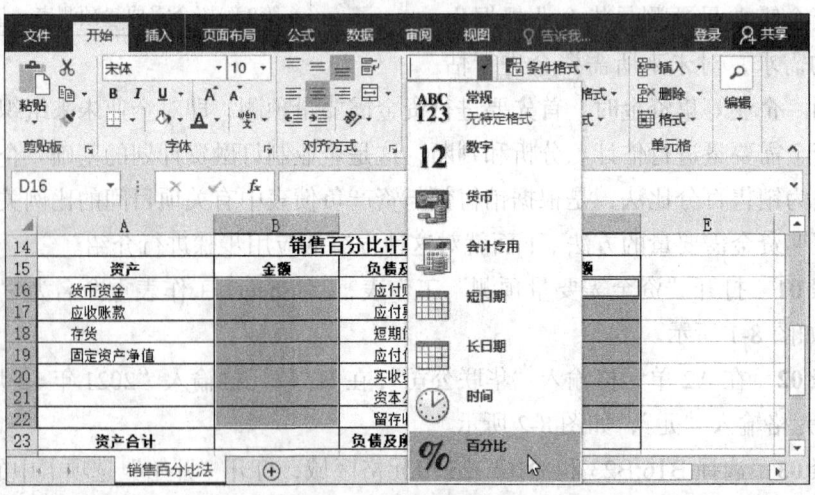

图 8-3 设置单元格格式

步骤 04 在 B 列各单元格输入以下公式“B16=B4/A29，B17=B5/A29，B18=B6/A29，B23=SUM（B16:B18）”，按 Enter 键确认，以上单元格自动显示“#DIV/0!”，最后在 B19 单元格中输入“N”，输入公式后的效果如图 8-4 所示。

A14

	A	B	C	D
14	销售百分比计算表			
15	**资产**	**金额**	**负债及所有者权益**	**金额**
16	货币资金	#DIV/0!	应付账款	
17	应收账款	#DIV/0!	应付票据	
18	存货	#DIV/0!	短期借款	
19	固定资产净值	N	应付债券	
20			实收资本	
21			资本公积	
22			留存收益	
23	**资产合计**	#DIV/0!	**负债及所有者权益合计**	

销售百分比法

图 8-4 输入 B 列公式

步骤 05 在 D 列各单元格输入以下公式“D16=D4/A29, D17=D5/A29，D23=SUM（D16:D17）”，按 Enter 键确认，以上单元格自动显示“#DIV/0!”，最后在 D18：D22 单元格中输入“N”，输入公式后的效果如图 8-5 所示。

A14

	A	B	C	D
14	销售百分比计算表			
15	**资产**	**金额**	**负债及所有者权益**	**金额**
16	货币资金	#DIV/0!	应付账款	#DIV/0!
17	应收账款	#DIV/0!	应付票据	#DIV/0!
18	存货	#DIV/0!	短期借款	N
19	固定资产净值	N	应付债券	N
20			实收资本	N
21			资本公积	N
22			留存收益	N
23	**资产合计**	#DIV/0!	**负债及所有者权益合计**	#DIV/0!

销售百分比法

图 8-5 输入 D 列公式

步骤 06 选择 B29:D29 单元格区域，右击，然后在下拉菜单中选择“设置单元格格式”，在出现的对话框中选择“数字”选项卡下“分类”中的“百分比”，最后将小数位数改为“0”，单击“确定”按钮，如图 8-6 所示。

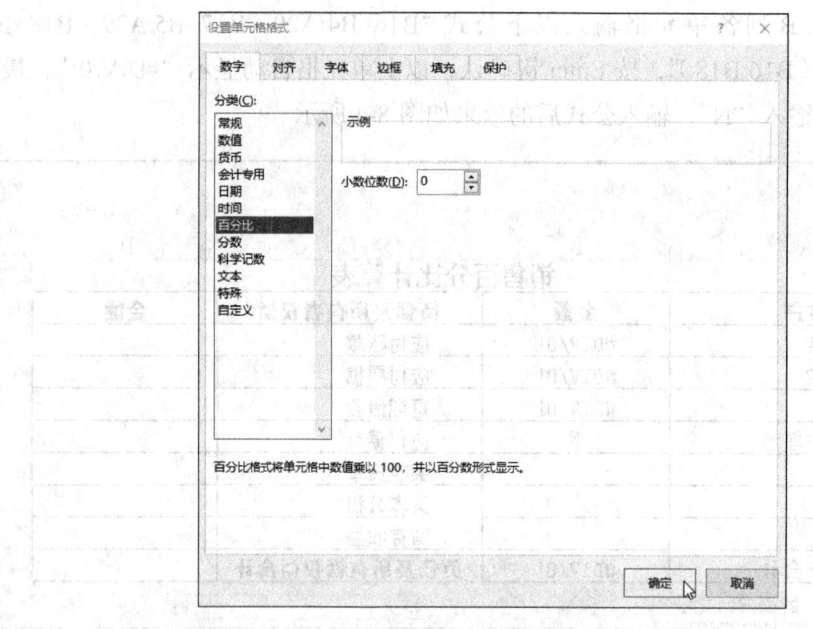

图 8-6 设置小数位数

步骤 07 在 A29：D29 单元格区域中依次输入销售额 "1100000"、销售净利率 "5%"、销售额增长率 "25%"、股利分配率 "65%"，如图 8-7 所示。

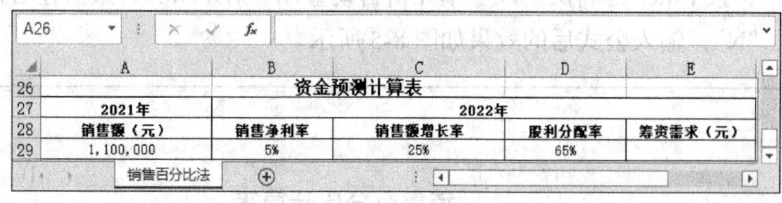

图 8-7 输入数据

步骤 08 在 E29 单元格中输入公式 "=（B23－D23）*A29*C29－A29*（1+C29）*B29*（1－D29）"，如图 8-8 所示。

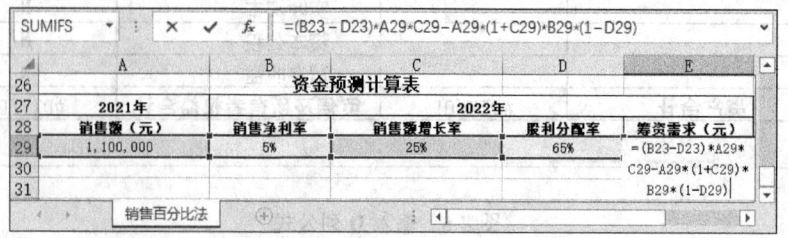

图 8-8 输入筹资需求公式

步骤 09 按 Enter 键确认，即可计算出 2022 年的资金需要量为 64688 元，如图 8-9 所示。

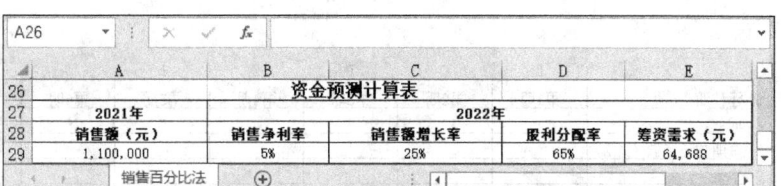

图 8-9 资金预测计算表效果图

8.2 筹资决策和最优资本结构分析

8.2.1 长期借款基本模型设计

长期借款是指企业向银行或其他非银行金融机构借入的、期限在 1 年以上的各种借款，主要用于购建固定资产和弥补企业流动资金的不足。企业对长期借款支付的利息通常在所得

配套资源
第8章\长期借款数据表—原始文件
第8章\长期借款基本模型—最终效果

税前扣除。利用长期借款基本模型，财务人员可以根据借款金额、借款年利率、借款年限、每年还款期数中任意一个或几个因素的变化来分析每期偿还金额的变化，从而做出相应的决策。下面介绍长期借款基本模型设计的操作步骤。

步骤 01 打开"长期借款数据表"工作簿，然后将 Sheet1 工作表重命名为"长期借款基本模型"，如图 8-10 所示。

图 8-10 重命名工作表

步骤 02 输入华联公司长期借款数据资料，在 A6：A11 单元格区域分别输入"还款期、期数、每期偿还金额（元）、本金、利息、本利和"，同时在 B6：G6 单元格区域分别输入"第 1 期、第 2 期、第 3 期、第 4 期、第 5 期、第 6 期"，在 B7：G7 单元格区域分别输入"1、2、3、4、5、6"，建立长期借款基本模型，如图 8-11 所示。

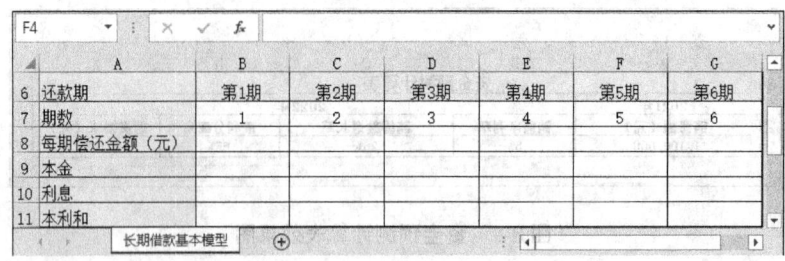

图 8-11 建立长期借款基本模型

步骤 03 输入每期偿还金额的计算公式，在 B8 单元格中输入"=ABS（PMT（$B$2/$B$4, $B$5,$B$1））"，按 Enter 键确认，便会自动显示第 1 期的偿还金额，如图 8-12 所示。

图 8-12 输入每期偿还金额的计算公式

> **函数小解析**
>
> **PMT 函数**
>
> PMT 为年金计算函数，该函数表示每期偿还金额，即根据固定付款额和固定利率计算出借款的每期付款额。该函数的语法格式为 PMT（rate, nper, pv, fv, type）。其中，参数 rate 表示贷款利率（期利率）；参数 nper 表示该项贷款的付款总期数（总年数或还租期数）；参数 pv 表示现值（租赁本金）或一系列未来付款的当前值的累积和，也称为本金；参数 fv 表示未来值（余值）或在最后一次后希望得到的现金余额；参数 type 表示数字 0 或 1，用于指定各期的付款时间是在期初还是期末。

步骤 04 输入本金的计算公式，在 B9 单元格中输入"=ABS（PPMT（$B$2/$B$4, B7, $B$5, $B$1））"，按 Enter 键确认，便会自动显示第 1 期的偿还金额中的本金数额，如图 8-13 所示。

步骤 05 输入利息的计算公式，在 B10 单元格中输入"=ABS（IPMT（$B$2/$B$4, B7, $B$5, $B$1））"，按 Enter 键确认，便会自动显示第 1 期的偿还金额中的利息数额，如图 8-14 所示。

步骤 06 本利和=本金+利息，输入本息和的计算公式，在 B11 单元格中输入"=SUM（B9:B10）"，如图 8-15 所示。

第 8 章 Excel 在筹资与投资管理中的应用

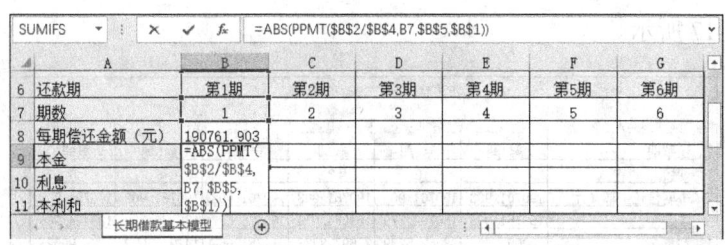

图 8-13 输入本金的计算公式

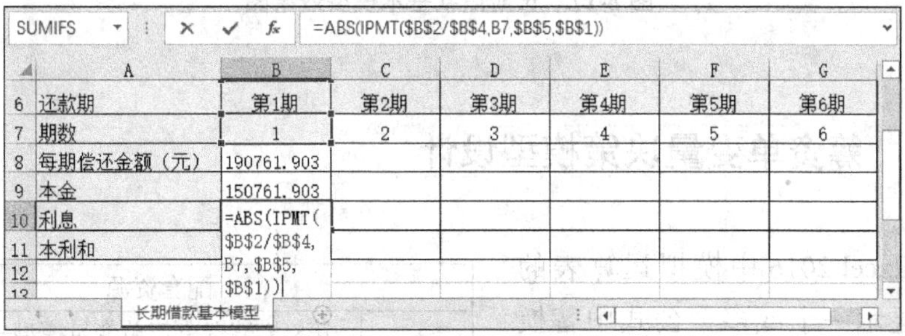

图 8-14 输入利息的计算公式

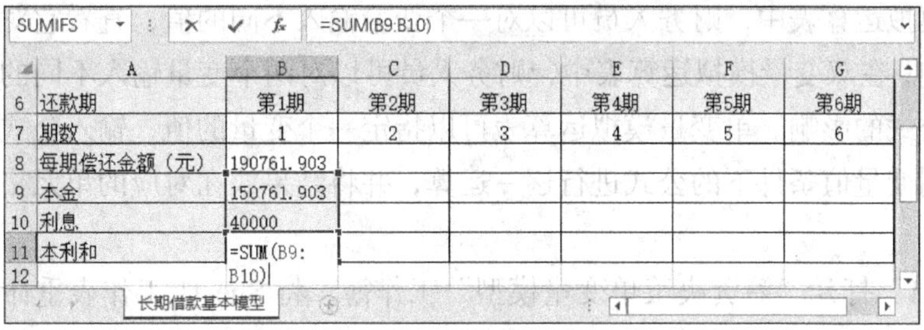

图 8-15 输入本息和的计算公式

步骤 07 选择 B8:B11 单元格区域,当鼠标放置在 B11 单元格右下角出现✚符号时,按住鼠标左键向右拖曳至 G11 单元格,如图 8-16 所示。

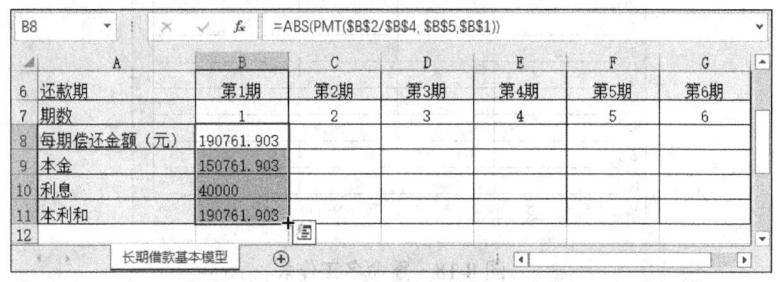

图 8-16 填充公式

步骤 08 将该区域的单元格格式填充至整个区域,长期借款基本模型效果图便完

· 213 ·

成了，如图 8-17 所示。

B8 =ABS(PMT($B$2/$B$4, $B$5,$B$1))

	A	B	C	D	E	F	G
6	还款期	第1期	第2期	第3期	第4期	第5期	第6期
7	期数	1	2	3	4	5	6
8	每期偿还金额（元）	190761.903	190761.903	190761.903	190761.903	190761.903	190761.903
9	本金	150761.903	156792.379	163064.074	169586.637	176370.102	183424.906
10	利息	40000	33969.5239	27697.8288	21175.2658	14391.8003	7336.99625
11	本利和	190761.903	190761.903	190761.903	190761.903	190761.903	190761.903

长期借款基本模型

图 8-17　长期借款基本模型效果图

8.2.2　筹资单变量决策模型设计

配套资源	
	第8章\筹资决策单变量模型—原始文件
	第8章\筹资决策单变量模型—最终效果

利用 Excel 2016 中模拟运算表的功能，可显示一个或多个公式中替换不同值时的结果。运算表可分为单变量模拟运算表和双变量模拟运算表。在单变量模拟运算表中，财务人员可以对一个变量输入不同的值，查看它对一个或多个公式的影响；在双变量模拟运算表中，财务人员可以对两个变量输入不同的值，查看它们对一个公式的影响。单变量模拟运算表可以指定一个变量的值，输入公式后，系统会自动对不同变量值条件下的公式进行逐一运算，并将结果放在对应的单元格中，操作步骤如下。

步骤 01　打开“筹资决策单变量模型”工作簿，将 Sheet1 工作表重命名为“单变量模型”，如图 8-18 所示。

A1 长期借款筹资单变量模拟运算表

	A	B	C	D
1	长期借款筹资单变量模拟运算表			
2	贷款本金（元）	年限	利率	每月偿还（元）
3				
4				
5				
6				
7				
8				
9				
10				

单变量模型

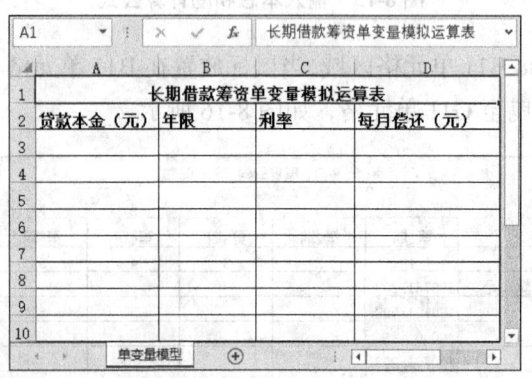

图 8-18　重命名工作表

步骤 02　华联公司需要贷款 1000000 元，可选择的利率有 4%~11%，需要在 10 年内还清该笔贷款，根据以上资料输入数据，如图 8-19 所示。

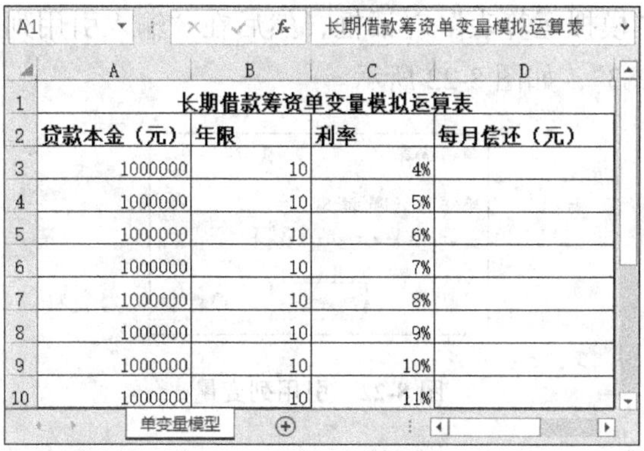

第 8 章 Excel 在筹资与投资管理中的应用

图 8-19 输入基本数据

步骤 03 根据公式"每月偿金额 =PMT（借款年利率 / 每年还款期数，借款年限 * 每年还款期数，借款金额）"，在 D3 单元格中输入公式"=PMT（C3/12,B3*12,A3）"，按 Enter 键确认，如图 8-20 所示。

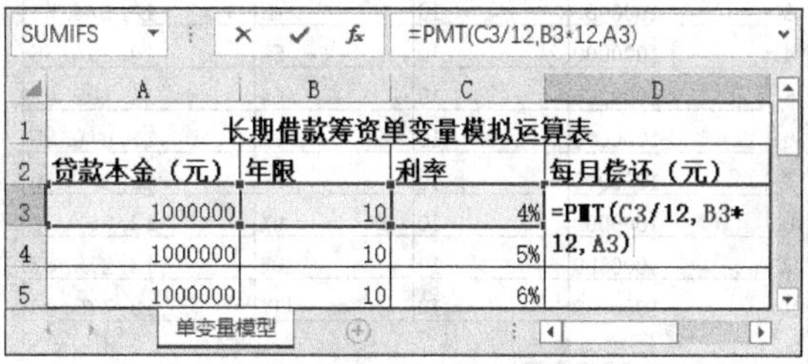

图 8-20 输入计算公式

步骤 04 选择 C3：D10 单元格区域，在"数据"选项卡的"数据工具"组中单击"预测"下的"模拟分析"按钮，在打开的列表中选择"模拟运算表"选项，如图 8-21 所示。

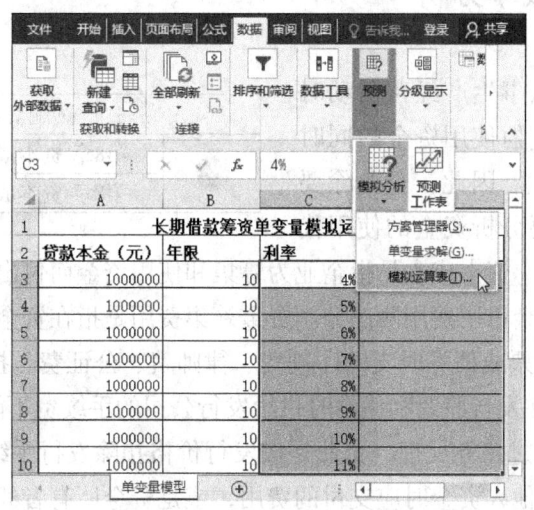

图 8-21 打开模拟运算表

步骤 05 打开"模拟运算表"对话框,然后在"输入引用列的单元格"文本框中输入列变量,即"$C$3",如图 8-22 所示。

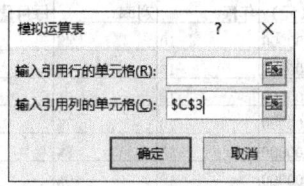

图 8-22 引用列变量

步骤 06 单击"确定"按钮,华联公司长期借款筹资单变量模拟运算结果如图 8-23 所示。

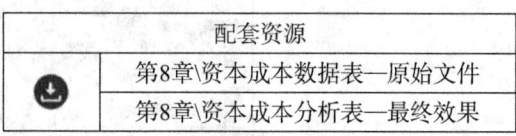

图 8-23 单变量模型效果图

8.2.3 资本成本分析

资本是企业在从事生产经营活动时必不可缺的一部分,但使用资金的同时也会伴随利息的产生。因此,企业除要节约资金外,还需要分析资金的使用代

配套资源
第8章\资本成本数据表—原始文件
第8章\资本成本分析表—最终效果

价,即分析资本成本。资本成本是指企业为筹集和使用资金而付出的代价。资本成本包括资金筹集费用和资金占用费用两部分。资金筹集费用是指在资金筹集过程中所支付的各种费用,如发行股票或债券时支的印刷费、律师费、公证费、担保费及广告宣传费。需要注意的是,企业在发行股票和债券时付给发行公司的手续费不能作为资金筹集费用,因为此手续费并未通过账务处理,企业是按发行价格扣除发行手续费后的净额入账的。资金占用费是指占用他人资金时应支付的费用,或是资金所有者凭借其对资金的所有权向资金使用者索取的报酬,如股东的股息、红利、债券及银行借款的利息。

步骤01 打开"资本成本分析表"工作簿,选中B6、B12、B18、B24、C21、C22、C23单元格,右击,在弹出的下拉列表中选择"设置单元格格式",如图8-24所示。

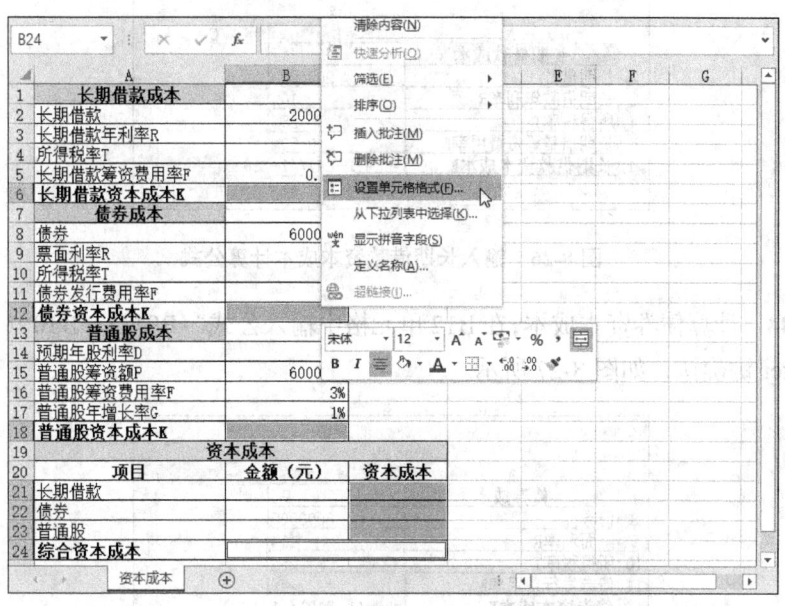

图8-24 设置单元格格式

步骤02 在"设置单元格格式"对话框中选择"数字"选项卡,在"分类"列表中选择"百分比",并在"小数位数"列表框中输入"2",单击"确定"按钮,如图8-25所示。

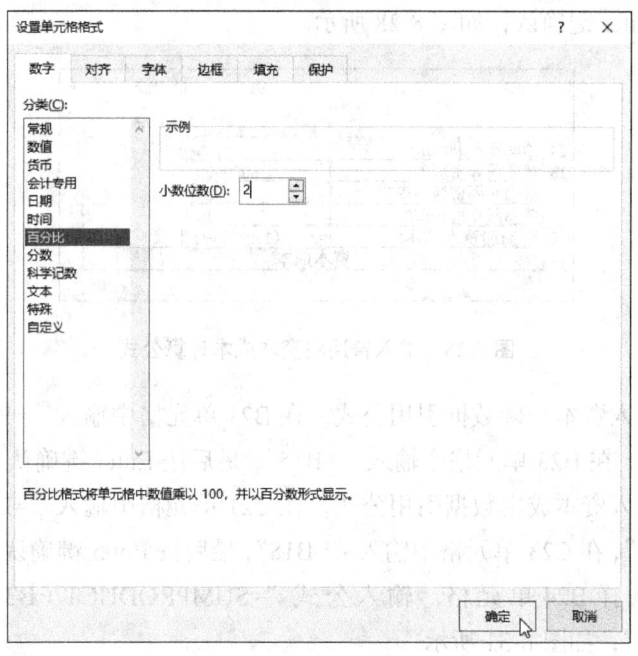

图8-25 设置小数位数

步骤 03 计算长期借款资本成本，在 B6 单元格中输入公式"=B3*（1－B4）/（1－B5）"，然后按 Enter 键确认，如图 8-26 所示。

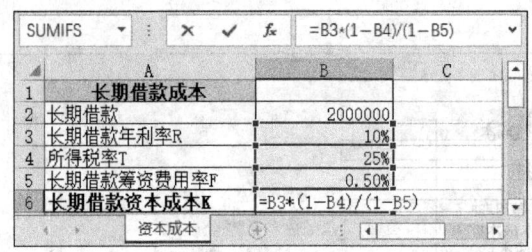

图 8-26 输入长期借款资本成本计算公式

步骤 04 计算债券资本成本，在 B12 单元格中输入公式"=B9*（1－B10）(1－B11)"，然后按 Enter 键确认，如图 8-27 所示。

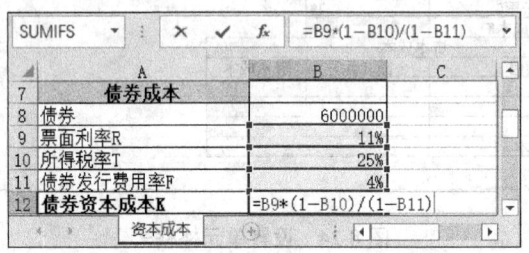

图 8-27 输入债券资本成本计算公式

步骤 05 计算普通股资本成本，在 B18 单元格中输入公式"=B14/（1－B16）+B17"，然后按 Enter 键确认，如图 8-28 所示。

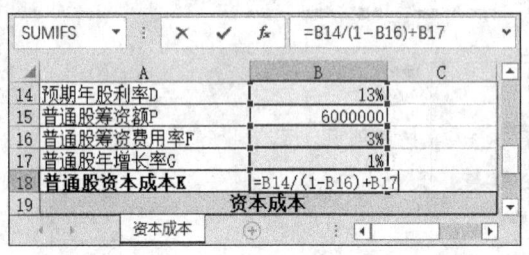

图 8-28 输入普通股资本成本计算公式

步骤 06 输入资本金额数据引用公式，在 B21 单元格中输入"=B2"，在 B22 单元格中输入"=B8"，在 B23 单元格中输入"=B15"，最后按 Enter 键确认，如图 8-29 所示。

步骤 07 输入资本成本数据引用公式，在 C21 单元格中输入"=B6"，在 C22 单元格中输入"=B12"，在 C23 单元格中输入"=B18"，最后按 Enter 键确认，如图 8-30 所示。

步骤 08 选择 B24 单元格，输入公式"=SUMPRODUCT（B21:B23,C21:C23）/SUM（B21:B23）"，如图 8-31 所示。

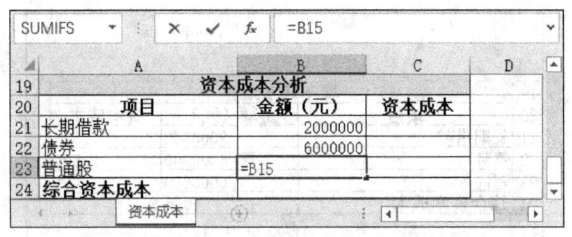

图 8-29　输入金额公式

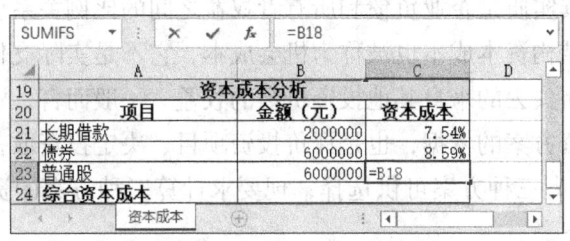

图 8-30　输入资本成本公式

图 8-31　输入综合资本成本公式

> **函数小解析**
>
> **SUMPRODUCT 函数**
>
> SUMPRODUCT 函数是在给定的几组数组中，将数组间对应的元素相乘，并返回乘积之和。该函数的语法格式为 SUMPRODUCT（array1, array2, array3, ...）。其中，参数 array1 是必需的，其相应元素需要进行相乘并求和，是第一个数组参数；参数 array2, array3 等为数组，可选 2~255 个数组参数，其相应元素需要进行相乘并求和。

步骤 09　按 Enter 键确认，资本成本分析表效果如图 8-32 所示。

8.2.4　最优资本结构分析

资本结构是指企业各种资本的组成

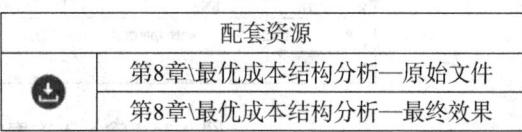

	A	B	C
19	资本成本分析		
20	项目	金额（元）	资本成本
21	长期借款	2000000	7.54%
22	债券	6000000	8.59%
23	普通股	6000000	14.40%
24	综合资本成本	10.93%	

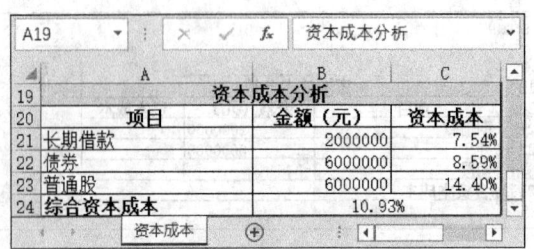

图 8-32　资本成本分析表效果图

结构和比例关系，其实质是企业负债和所有者权益之间的比例关系。它是企业筹资的核心问题。最优资本结构资本成本也被称为机会成本，它不是实际支付的成本，而是将资本用于本项目投资所失去的来自其他投资机会的收益。一般而言，资本是企业选择筹资资金来源、确定筹资方案的依据，也是评价投资项目、决定投资取舍的标准。华联公司欲筹资 1000 万元，有三种方案可供选择，现要求计算三种方案的资本成本，选择最佳筹资方案，步骤如下。

步骤 01　打开“最优成本结构分析表”工作簿，并将 Sheet1 工作表重新命名为“最优资本结构”，如图 8-33 所示。

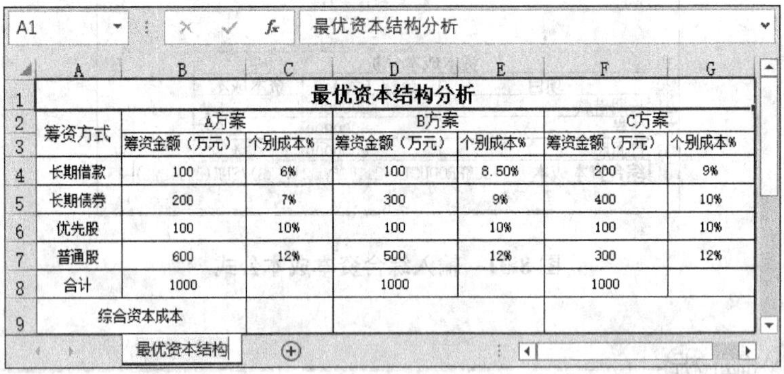

筹资方式	A方案		B方案		C方案	
	筹资金额（万元）	个别成本%	筹资金额（万元）	个别成本%	筹资金额（万元）	个别成本%
长期借款	100	6%	100	8.50%	200	9%
长期债券	200	7%	300	9%	400	10%
优先股	100	10%	100	10%	100	10%
普通股	600	12%	500	12%	300	12%
合计	1000		1000		1000	
综合资本成本						

图 8-33　重命名工作表

步骤 02　计算 A 方案的综合资本成本，选择 C9 单元格，输入公式“=SUMPRODUCT（B4:B7, C4:C7）/B8”，然后按 Enter 键确认，如图 8-34 所示。

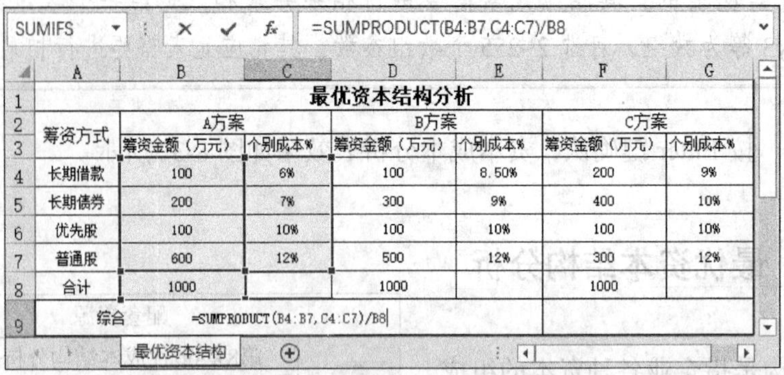

筹资方式	A方案		B方案		C方案	
	筹资金额（万元）	个别成本%	筹资金额（万元）	个别成本%	筹资金额（万元）	个别成本%
长期借款	100	6%	100	8.50%	200	9%
长期债券	200	7%	300	9%	400	10%
优先股	100	10%	100	10%	100	10%
普通股	600	12%	500	12%	300	12%
合计	1000		1000		1000	
综合		=SUMPRODUCT(B4:B7,C4:C7)/B8				

图 8-34　输入 A 方案的综合资本成本公式

步骤 03 计算 B 方案的综合资本成本，选择 D9 单元格，输入公式“=SUMPRODUCT（D4:D7, E4:E7）/D8”，然后按 Enter 键确认，如图 8-35 所示。

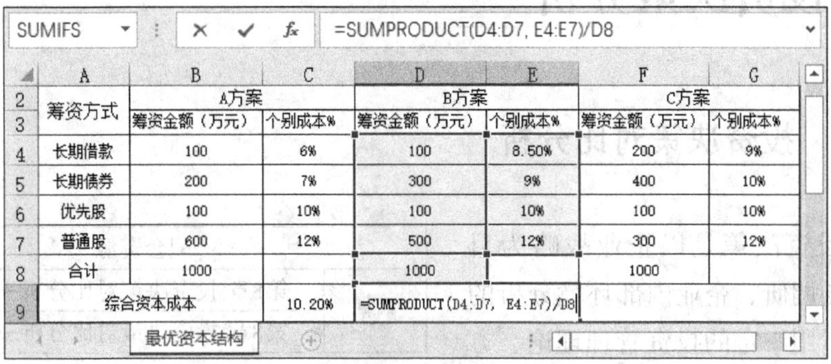

SUMIFS　=SUMPRODUCT(D4:D7, E4:E7)/D8

	A	B	C	D	E	F	G
2	筹资方式	A方案		B方案		C方案	
3		筹资金额（万元）	个别成本%	筹资金额（万元）	个别成本%	筹资金额（万元）	个别成本%
4	长期借款	100	6%	100	8.50%	200	9%
5	长期债券	200	7%	300	9%	400	10%
6	优先股	100	10%	100	10%	100	10%
7	普通股	600	12%	500	12%	300	12%
8	合计	1000		1000		1000	
9	综合资本成本		10.20%	=SUMPRODUCT(D4:D7, E4:E7)/D8			

最优资本结构

图 8-35　输入 B 方案的综合资本成本公式

步骤 04 计算 C 方案的综合资本成本，选择 F9 单元格，输入公式“=SUMPRODUCT（F4:F7, G4:G7）/F8”，然后按 Enter 键确认，如图 8-36 所示。

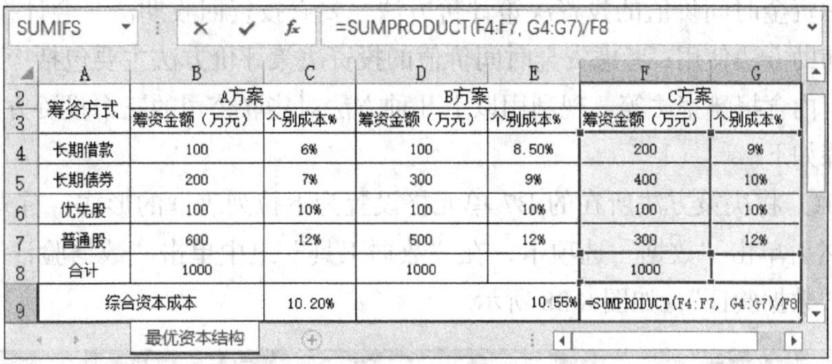

SUMIFS　=SUMPRODUCT(F4:F7, G4:G7)/F8

	A	B	C	D	E	F	G
2	筹资方式	A方案		B方案		C方案	
3		筹资金额（万元）	个别成本%	筹资金额（万元）	个别成本%	筹资金额（万元）	个别成本%
4	长期借款	100	6%	100	8.50%	200	9%
5	长期债券	200	7%	300	9%	400	10%
6	优先股	100	10%	100	10%	100	10%
7	普通股	600	12%	500	12%	300	12%
8	合计	1000		1000		1000	
9	综合资本成本		10.20%		10.55%	=SUMPRODUCT(F4:F7, G4:G7)/F8	

最优资本结构

图 8-36　输入 C 方案的综合资本成本公式

步骤 05 至此，最优资本结构分析表就完成了，如图 8-37 所示。

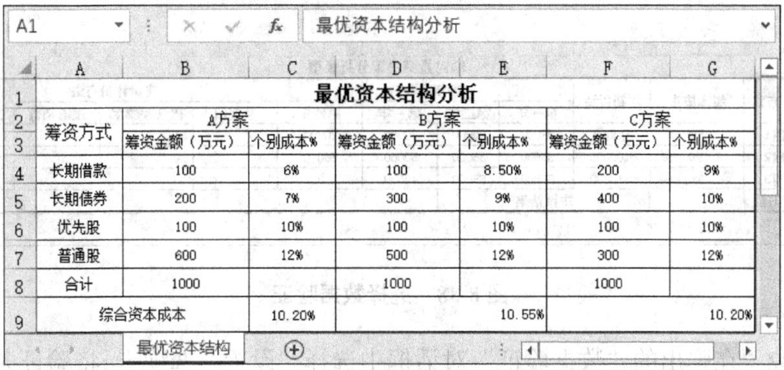

A1　最优资本结构分析

	A	B	C	D	E	F	G
1	最优资本结构分析						
2	筹资方式	A方案		B方案		C方案	
3		筹资金额（万元）	个别成本%	筹资金额（万元）	个别成本%	筹资金额（万元）	个别成本%
4	长期借款	100	6%	100	8.50%	200	9%
5	长期债券	200	7%	300	9%	400	10%
6	优先股	100	10%	100	10%	100	10%
7	普通股	600	12%	500	12%	300	12%
8	合计	1000		1000		1000	
9	综合资本成本		10.20%		10.55%		10.20%

最优资本结构

图 8-37　最优资本结构分析效果图

8.3 投资决策分析

8.3.1 投资决策对比分析

企业投资决策是以企业战略为目标，在市场调研、企业内部环境分析的基础上，运用一定的投资管理理论、方法和工具，充分考虑，采用一定的程序

配套资源
第8章\投资决策对比分析——原始文件
第8章\投资决策对比分析——最终效果

对投资的必要性、可行性、风险性进行分析，对投资规模、投资方向、投资结构、投资成本与收益等关键问题进行分析、判断和方案选择的过程。投资决策评价方法主要分为不考虑资金时间价值的投资决策评价方法与考虑资金时间价值的投资决策评价方法。其中，不考虑资金时间价值的投资决策评价方法主要有投资回收期法、会计报酬率法等，一般作为辅助方法使用；考虑资金时间价值的投资决策评价方法主要包括净现值法、现值指数法、内含报酬率法等。现利用以上几种方法对华联公司的三个投资方案进行对比分析，步骤如下。

步骤01 将决策方法所在的 B7 单元格设置为下拉列表框的形式。首先，选择 B7 单元格，然后单击"数据"选项卡，在"数据工具"组中单击"数据验证"下拉按钮，选择"数据验证"，如图 8-38 所示。

图 8-38 选择数据验证

步骤02 在弹出的"数据验证"对话框中选择"设置"选项卡，将验证条件"允许"设置为"序列"，在"来源"文本框中导入 Excel 工作表"$H$3:$K$3"单元格区域的值，最后单击"确定"按钮，如图 8-39 所示。

第 8 章 Excel 在筹资与投资管理中的应用

图 8-39 设置下拉列表框

步骤 03 计算各项目的净现值，在 H4 单元格中输入公式"=NPV（B4,C4:G4）"，计算出项目 1 的净现值，然后按 Enter 键确认，如图 8-40 所示。

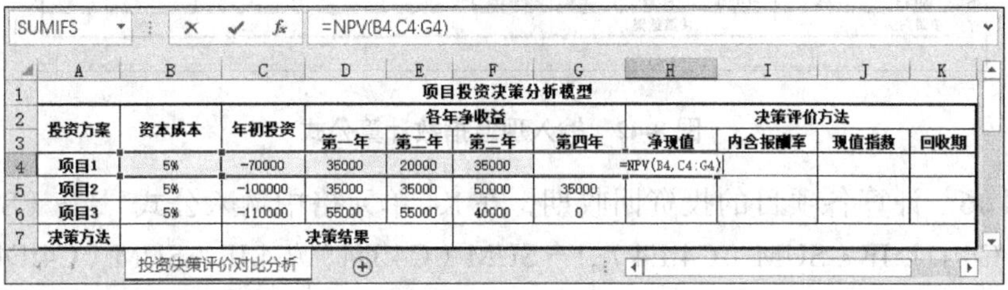

图 8-40 输入净现值计算公式

函数小解析

NPV 函数

净现值函数 NPV 属于财务函数，其作用是基于贴现率和一系列未来支出和收入，返回项目投资的净现值。该函数的语法结构为 NPV（rate,value1,value2,...）。其中，参数 rate 表示一期的整个阶段的贴现率；参数 value1,value2... 表示各期的收支，时间间隔相等，并出现在每期末，其中 value1 不可省略。

步骤 04 计算项目的内含报酬率，在 I4 单元格中输入公式"=IRR（C4:G4,B4）"，计算出项目 1 的内含报酬率，然后按 Enter 键确认，如图 8-41 所示。

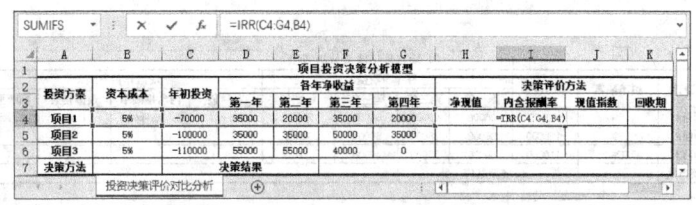

图 8-41 输入内含报酬率计算公式

> **函数小解析**
>
> **IRR 函数**
>
> 内含报酬率函数 IRR 属于财务函数，其作用是返回由数值代表的一组现金流的内含报酬率。该函数的语法结构为 IRR（values,guess）。其中，参数 values 表示多笔投资现金支出（负数）及投资现金收入的参数值；参数 guess 表示函数计算结果的估计值。如果省略该参数，则猜测值为 01（10%），然后进行相应的迭代计算。

步骤 05 计算各项目的现值指数，在 J4 单元格中输入公式"=NPV（B4,D4:G4）/–C4"（由于初始投资额设置为负数，故此公式中分母用"–C4"来表达），计算出项目 1 的现值指数，然后按 Enter 键确认，如图 8-42 所示。

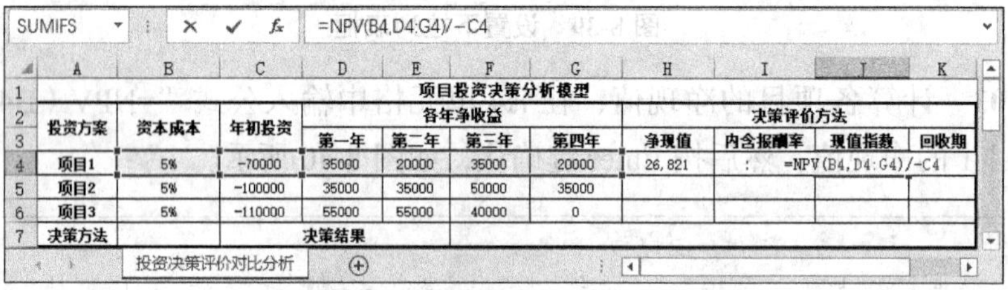

图 8-42 输入现值指数计算公式

步骤 06 计算各项目的投资回收期，在 K4 单元格中输入公式"=IF（SUM（C4:D4）>0,–C4/D4,IF（SUM（C4:E4）,1–SUM（C4:D4）/E4,IF（SUM（C4:F4）>0,2–SUM（C4:E4）/F4,3–SUM（C4:F4）/G4)))"，计算出项目 1 的投资回收期，然后按 Enter 键确认，如图 8-43 所示。

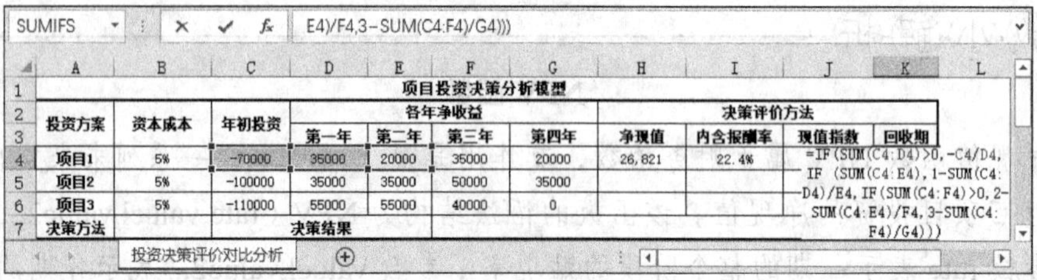

图 8-43 输入回收期计算公式

步骤 07 选中 H4：K4 单元格区域，将鼠标放置在 K4 单元格的右下角，当出现 ✚ 符号时，按住鼠标左键向下拖曳至 K6 单元格，完成公式填充，如图 8-44 所示。

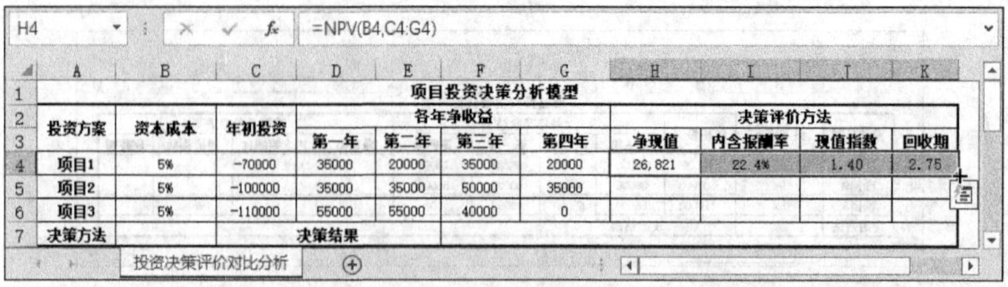

图 8-44 填充公式

第 8 章　Excel 在筹资与投资管理中的应用

步骤 08　判断选择决策结果，在"决策方法"的下拉菜单中选择"净现值"，然后在 F7 单元格中输入公式"="建议您选择"&IF（MATCH（B7,H3:K3,0）<=3,INDEX（A4:A6,MATCH（MAX（OFFSET（H4:H6,0,MATCH（B7,H3:K3,0）−1,3,1））,OFFSET（H4:H6,0,MATCH（B7,H3:K3,0）−1,3,1）,0）），INDEX（A4:A6,MATCH（MIN（OFFSET（H4:H6,0,MATCH（B7,H3:K3,0）−1,3,1）），OFFSET（H4:H6,0,MATCH（B7,H3:K3,0）−1,3,1）,0）））"，计算出不同决策方法下的决策结果，然后按 Enter 键确认，如图 8-45 所示。

图 8-45　输入决策结果公式

OFFSET 函数

OFFSET 函数属于查找与引用函数，其作用是以指定的引用（可以为单元格或单元格区域）为参照系，通过给定偏移量（行数、列数）返回新的引用（指定行数与列数，可以为单元格或单元格区域）。该函数的语法结构为 OFFSET（reference,rows,cols,[height],[width]）。其中，参数 reference 是参照系的引用单元格、单元格区域或单元格、数据区域名称，其左上角单元格是偏移量的起始位置；参数 rows 是相对于引用参照系左上角的单元格上（下）偏移的行数；参数 cols 是相对于引用参照系左上角的单元格,左（右）偏移的列数；参数 height 是新引用区域的行数，可以省略；参数 width 是新引用区域的列数。如果省略 height 或 width，则假设其高度或宽度与 reference 相同。

MATCH 函数

MATCH 函数表示返回特定值在数组中的相对位置。该函数的语法结构为 MATCH（lookup_value,lookup_array,match_type）。其中，参数 lookup_value 表示在数组中所要查找配的值，可以是值、文本、逻辑值或上述型的引用；参数 lookup_array 是含有要查找的值的连续单元格区域、一个数组或对某数组的引用；参数 match_type 是数字 10 或 1，用于指定查找值与数组中的值进行匹配查找的方法（升序、无序和降序），可以省略，如果省略，默认值为 1，一般用 0 表示。

> **函数小解析**
>
> **INDEX 函数**
>
> INDEX 函数属于查找与引用函数，其作用是在给定的单元格区域中，返回指定相对列或行序号单元格的值或引用。该函数的语法结构为 INDEX（array, row_num, column_num）。其中，参数 array 表示单元格区域或数组常量；参数 row_num 表示数组或引用中要返回值的行序号；参数 column_num 表示数组或引用中要返回值的列序号，可以省略。

步骤 09 在决策方法的下拉菜单中，选择不同的决策方法便会自动显示对应的决策结果，如图 8-46 所示。

图 8-46　投资决策分析效果图

8.3.2 投资决策风险分析

在企业项目投资决策过程中，一般假设项目的现金流量、市场利率等指标都是确定的，然而，现实情况中，企业的项目投资决策大多是在不确定的条件

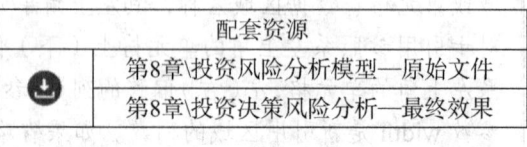

下进行的，即存在一定的风险，必须对投资决策的风险收益进行正确评价，才能区别不同投资决策的优劣。投资决策风险主要包括系统风险和非系统风险。系统风险可通过投资分散风险。一般非系统风险是偶发的风险，无法控制。因此，在风险投资决策中，一般只关心系统风险。现华联公司有 A 和 B 两个投资方案，风险分析步骤如下。

步骤 01 打开"投资风险分析模型"工作簿，将 Sheet1 工作表重命名为"风险分析"，如图 8-47 所示。

步骤 02 计算各投资方案的期望收益率，在 A 方案期望收益率的 D10 单元格中输入公式"=SUMPRODUCT（$C$5:$C$7,D5:D7）"，按 Enter 键确认，如图 8-48 所示。

步骤 03 选中 D10 单元格，将鼠标移至右下角，当出现 ✚ 图标时，向右拖曳至 E10 单元格，填充公式，如图 8-49 所示。

第 8 章 Excel 在筹资与投资管理中的应用

图 8-47 重命名工作表　　　　图 8-48 输入期望收益率计算公式

步骤 04 计算预期风险收益率，根据"预期风险收益率＝期望收益率－无风险收益率"公式计算，在 A 方案的预期风险收益率所在的 D12 单元格中输入公式"=D10－$D$11"，并按 Enter 键确认，如图 8-50 所示。

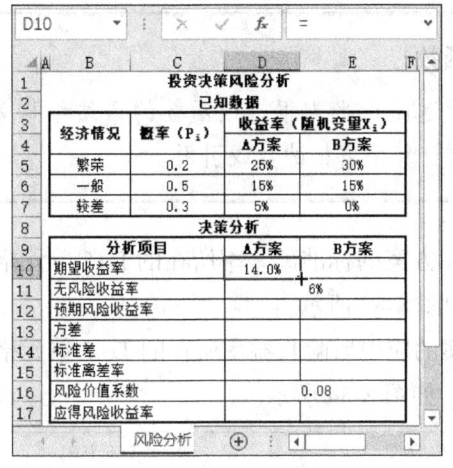
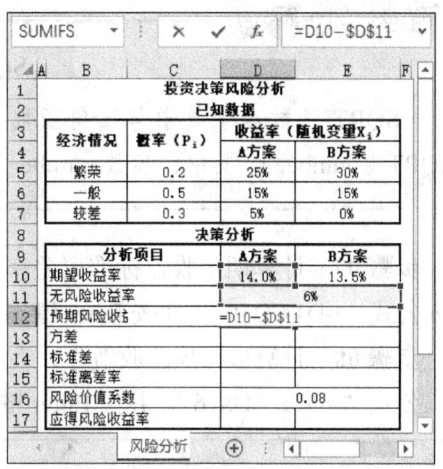

图 8-49 填充公式（一）　　　　图 8-50 输入逾期风险收益率计算公式

步骤 05 计算期望收益方差，在 A 方案的期望收益率方差所在的 D13 单元格中输入公式"=DEVSQ（$C$5:$C$7*D5:D7）"，由于是数组函数，输入公式后按 Ctrl+Shift+Enter 组合键确认，如图 8-51 所示。

> **函数小解析**
>
> **DEVSQ 函数**
>
> DEVSQ 函数属于统计函数，用于返回数据点与各自样本平均值之差（数据偏差）的平方和。该函数语法的结构为 DEVSQ（number1, number2, …）。其中，参数 number1 必选；参数 number2, …可选，该函数可以引用 1~255 个参数，可以用包含数字的数组或数组的引用、单元区域或名称代替各参数。

步骤 06 计算期望收益标准差,在 A 方案的期望收益率标准差所在的 D14 单元格中输入公式"=SQRT(D13)",并按 Enter 键确认,如图 8-52 所示。

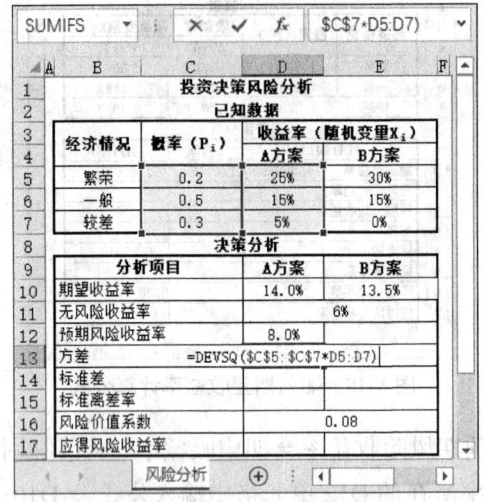

图 8-51 输入方差计算公式

图 8-52 输入标准差计算公式

SQRT 函数

SQRT 函数属于数学与三角函数,用于返回正平方根。该函数的语法结构为 SQRT(number)。其中,参数 number 表示要计算平方根的数或引用。

步骤 07 计算期望收益标准离差率,在 A 方案的标准离差率所在的 D15 单元格中输入公式"=D14/D10",并按 Enter 键确认,如图 8-53 所示。

步骤 08 计算应得风险收益率,在 A 方案的应得风险收益率所在的 D17 单元格中输入公式"=D15*$D$16",并按 Enter 键确认,如图 8-54 所示。

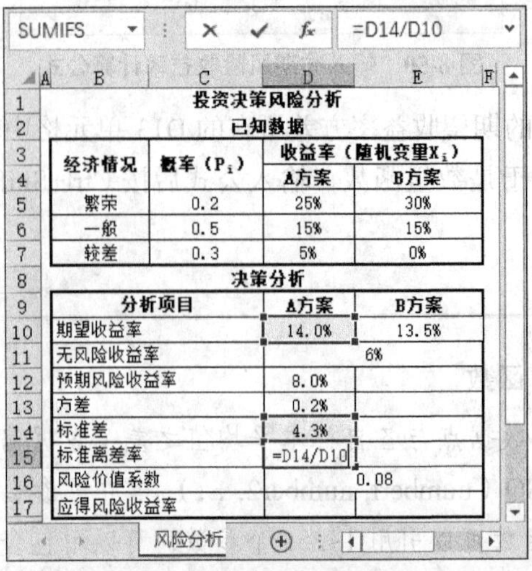

图 8-53 输入标准离差率计算公式 　　图 8-54 输入应得风险收益率计算公式

步骤 09　选中 D12：D15 单元格区域，将鼠标移动至 D15 单元格区域的右下角，当出现形状的图标时，按住鼠标左键向右拖曳至单元格 E15，用同样的方法，完成 E17 单元格的公式填充，如图 8-55 所示。

步骤 10　至此，投资决策风险分析表便完成了，如图 8-56 所示。

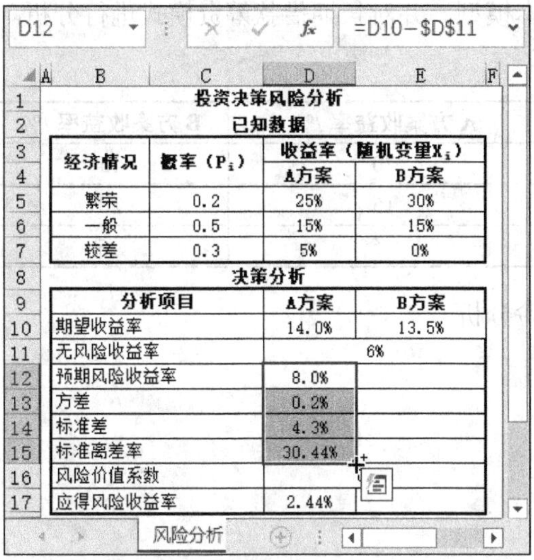

D12　=D10-$D$11

投资决策风险分析			
已知数据			
经济情况	概率（P_i）	收益率（随机变量 X_i）	
		A方案	B方案
繁荣	0.2	25%	30%
一般	0.5	15%	15%
较差	0.3	5%	0%
决策分析			
分析项目		A方案	B方案
期望收益率		14.0%	13.5%
无风险收益率		6%	
预期风险收益率		8.0%	
方差		0.2%	
标准差		4.3%	
标准离差率		30.44%	
风险价值系数			
应得风险收益率		2.44%	

风险分析

图 8-55　填充公式（二）

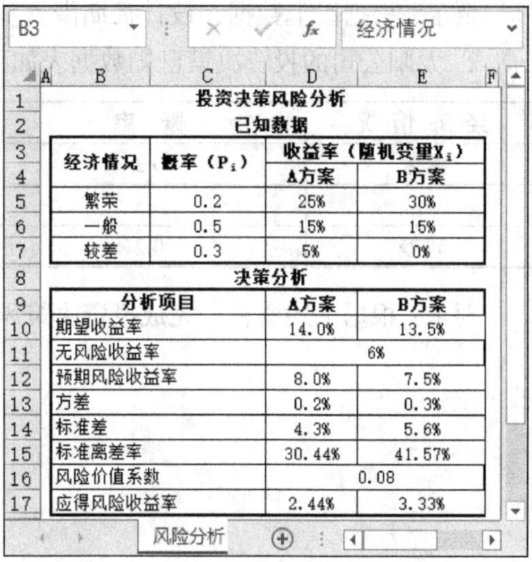

B3　经济情况

投资决策风险分析			
已知数据			
经济情况	概率（P_i）	收益率（随机变量 X_i）	
		A方案	B方案
繁荣	0.2	25%	30%
一般	0.5	15%	15%
较差	0.3	5%	0%
决策分析			
分析项目		A方案	B方案
期望收益率		14.0%	13.5%
无风险收益率		6%	
预期风险收益率		8.0%	7.5%
方差		0.2%	0.3%
标准差		4.3%	5.6%
标准离差率		30.44%	41.57%
风险价值系数		0.08	
应得风险收益率		2.44%	3.33%

风险分析

图 8-56　投资决策风险分析效果图

本章小结

本章介绍了如何运用 Excel 2016 进行资金需要量的预测分析、长期借款筹资管理，通过学习筹资单变量决策模型的设计，使使用者能够顺利进行投资决策分析；然后进一步进行资本成本分析及最优资本结构分析等；最后顺利完成筹资决策的选择，为企业进行投资决策分析奠定良好的基础。此外，本章还介绍了 PMT 函数、SUMPRODUCT 函数、NPV 函数、IRR 函数、OFFSET 函数、MATCH 函数、INDEX 函数、DEVSQ 函数及 SQRT 函数等。

思考练习

利用 Excel 2016 的函数和公式对大阳公司的筹资与投资业务进行管理。

1. 大阳公司的长期借款数据表如下。

借款金额 / 元	2000000
借款年利率 /%	7%

续表

借款年限 / 年	3
每年还款期数 / 期	2
总还款期数 / 期	6

要求：根据以上数据，设计长期借款基本模型，并对长期借款筹资模式进行分析。

2. 大阳公司的投资决策已知数据表如下。

经济情况	概　率	A 方案收益率 /%	B 方案收益率 /%
繁荣	0.3	20	15
一般	0.5	15	20
较差	0.2	5	5

要求：根据上述资料，完成投资决策风险分析。

Excel 在本量利分析中的应用

第9章

学习目标

（1）了解本量利分析的数学模型。
（2）掌握本量利分析的计算公式。
（3）学会制作本量利基本分析表及动态分析表。

课程思政

（1）将理论知识运用于实践，提升财务综合素养。
（2）以严谨的态度对待财务分析工作，积极主动地参与企业的财务管理工作。

学习重点

（1）掌握本量利基本分析模型的创建方法。
（2）掌握利润数据表的编制方法，能够对利润数据进行分析。
（3）掌握盈亏平衡数据表的制作方法。

学习难点

（1）掌握滚动条窗体控件的应用方法。
（2）掌握散点图的绘制方法。
（3）掌握保本点的核算方法。

本量利分析是对"成本—业务量—利润分析"三者关系的简称，是指在成本分析的基础上，通过对本、量、利三者关系的分析，建立定量化分析模型，进而揭示变动成本、固定成本、产量、销售单价和利润等变量之间的内在规律，为企业利润预测和规划、决策和控制提供信息的一种定量分析方法。本量利分析又称保本点分析或盈亏平衡分析，是根据对产品的业务量（产量、销量）、成本、利润之间相互制约关系的综合分析，以预测利润、控制成本、判断经营状况的一种数学分析方法。

9.1 本量利分析初始化设置

9.1.1 背景资料

小王把 Excel 2016 运用到财务会计和财务管理工作中,取得了很好的效果。随着企业的发展,领导认识到管理会计对公司盈利的重要性,要求财务部不仅要懂核算,还要会管理,要加强管理会计的学习并尽快应用到工作中。小王接受了这项任务,开始学习本量利分析的知识,整理销售数据,为进行本量利分析做好准备。

9.1.2 创建本量利分析模型

本量利分析是管理会计的基本方法之一,在规划企业经济活动、正确进行经营决策和成本控制等方面具有广泛的应用,将本量利分析和预测技术结合起来,可以进行保本预测;将本量利分析用于目标控制,可以确定

配套资源
第9章\本量利分析基本模型—原始文件
第9章\本量利分析基本模型—最终效果

实现目标利润所需要控制的目标销售量、目标销售额及目标成本水平,从而有效地进行目标管理;将本量利分析和风险分析结合起来,可以分析企业的经营安全性指标。根据企业管理者的需求,华联公司运用 Excel 2016 进行本量利分析时,需要完成创建本量利分析模型的任务。下面介绍创建本量利分析模型的步骤。

步骤 01 打开"本量利分析基本模型"工作簿,在 B1 单元格中输入"华联公司",并将 Sheet1 工作表重命名为"本量利分析",如图 9-1 所示。

图 9-1 重命名工作表

步骤 02 华联公司在 2021 年 5 月生产和销售了一批设备，产品销售量为 5000 件，固定成本为 800000 元，单位变动成本为 500 元，单位售价是 1000 元，将以上数据填至"本量利分析模型"工作表中，如图 9-2 所示。

图 9-2 输入基础数据

步骤 03 计算销售总额。选择 C8 单元格，输入公式"=C4*C7"，然后按 Enter 键确认，如图 9-3 所示。

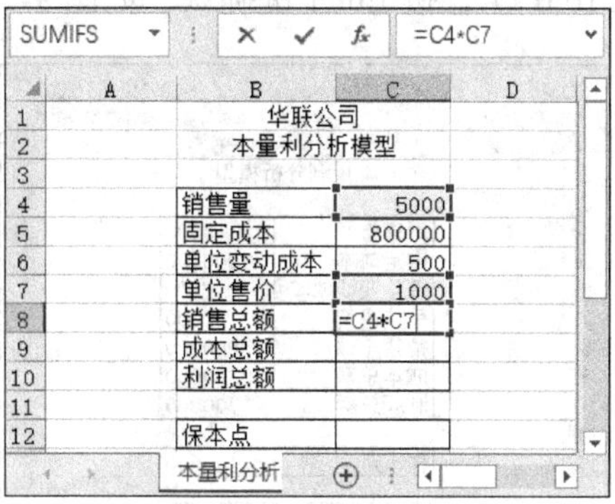

图 9-3 输入销售总额计算公式

步骤 04 计算成本总额。选择 C9 单元格，输入公式"=C5+C4*C6"，然后按 Enter 键确认，如图 9-4 所示。

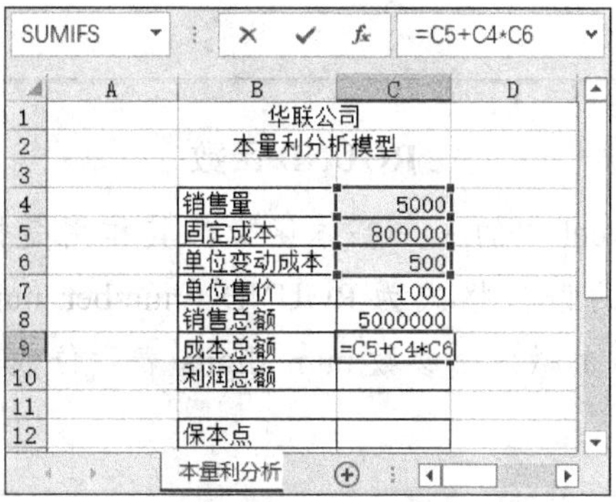

图 9-4 输入成本总额计算公式

步骤 05 计算利润总额。选择 C10 单元格，输入公式"=C8－C9"，然后按 Enter 键确认，如图 9-5 所示。

步骤 06 计算保本点。选择 C12 单元格，输入公式"=INT（C5/（C7－C6））"，然后按 Enter 键确认，如图 9-6 所示。

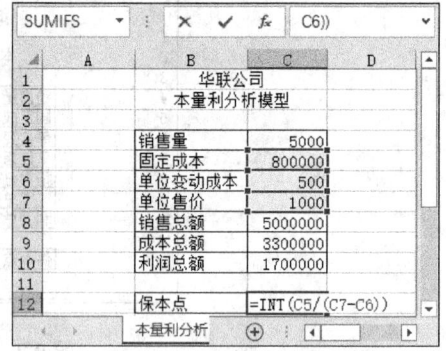

图 9-5　输入利润总额计算公式　　　　　图 9-6　输入保本点计算公式

步骤 07 在 B14 单元格中输入公式"=IF（C10>0," 利润总额 "&ROUND（C10,0），" 亏损额 "&－ROUND（C10,0））"，按 Enter 键确认，如图 9-7 所示。

图 9-7　输入利润总额的条件公式

ROUND 函数

ROUND 函数是 Excel 中的一个基本函数，其作用是按指定的位数对数值进行四舍五入。该函数的语法格式为 ROUND（number, num_digits）。其中，参数 number 表示要四舍五入的数字；参数 num_digits 表示位数，指按此位数对 number 参数进行四舍五入。

第 9 章　Excel 在本量利分析中的应用

步骤 08　至此，本量利分析模型便完成了，如图 9-8 所示。

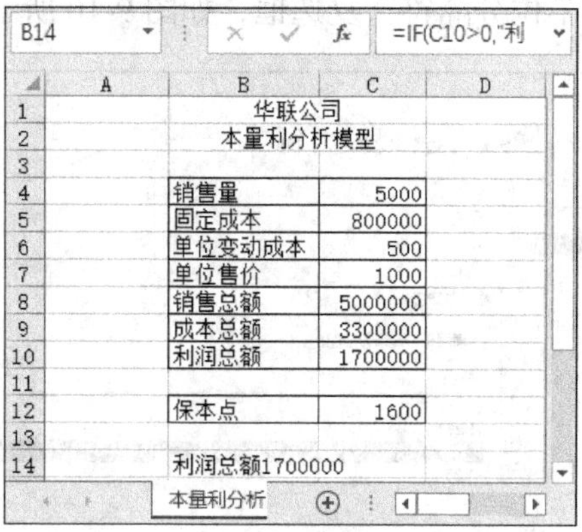

图 9-8　本量利分析模型效果图

9.2 本量利基本分析表

9.2.1 创建本量利数据表

本量利就是对成本、销量和利润的分析。成本、销量和利润三者之间的变化关系是决定企业是否盈利的关键，本量利分析是定量分析出企业成本、销量和利润三者之间的变化关系，为找到盈亏平衡点奠定基础。盈亏

平衡点指标是企业盈亏分界线，它也是由本量利分析引出的。下面介绍本量利数据表的创建步骤。

步骤 01　新建一个工作簿，将其保存并命名为"本量利数据表"，将 Sheet1 工作表重命名为"本量利分析"，如图 9-9 所示。

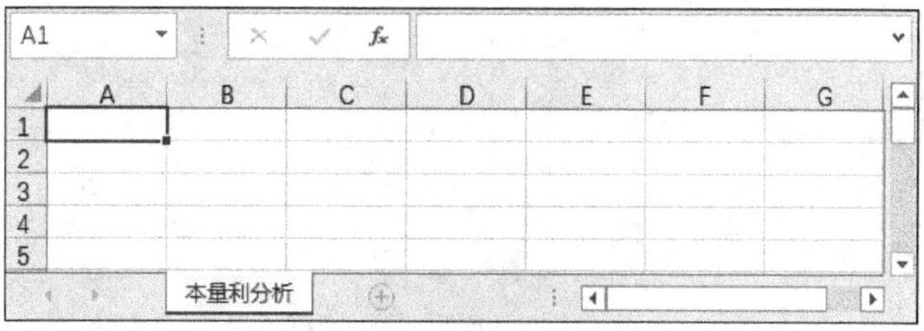

图 9-9　创建本量利数据表

步骤 02　在 B2：E2 单元格区域中依次输入各字段名"销量""成本""收入""利润"，

235

然后在 B3：B18 单元格区域中输入销量数据，并设置单元格格式为"数字"，小数位数为"0"，同时勾选"使用千位分隔符"复选框，如图 9-10 所示。

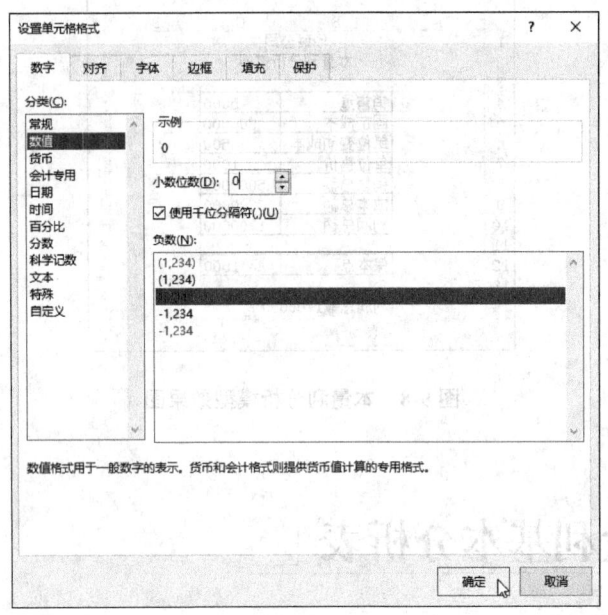

图 9-10 设置销量数据格式

步骤 03 在 B28 单元格中输入"固定费用"，在 C28 单元格中输入"600000"，在 G26 单元格中输入"售价"，在 H26 单元格中输入"70"，在 J26 单元格中输入"单位成本"，在 K26 单元格中输入"50"，如图 9-11 所示。

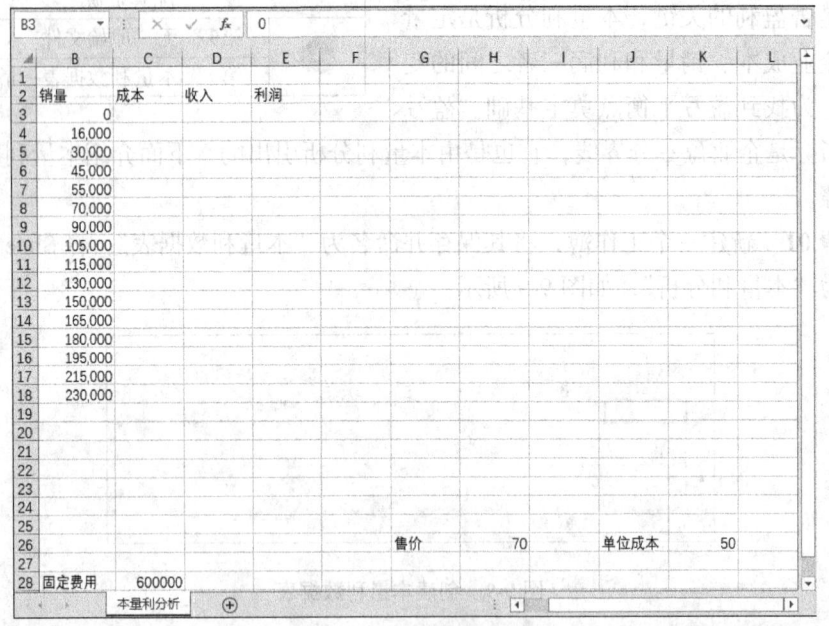

图 9-11 输入基础数据

步骤 04 选中 B2 单元格，按 Ctrl+1 组合键，弹出"设置单元格格式"对话框，单击"数字"选项卡，然后在"分类"列表框中选择"自定义"选项，在右侧的"类型"文本框中输入"@"（KG）""，最后单击"确定"按钮，如图 9-12 所示。

图 9-12　设置销量格式

步骤 05 选中 C2:E2 单元格区域，按 Ctrl+1 组合键，弹出"设置单元格格式"对话框，单击"数字"选项卡，然后在"分类"列表框中选择"自定义"选项，在右侧的"类型"文本框中输入"@"（万元）""，最后单击"确定"按钮，如图 9-13 所示。

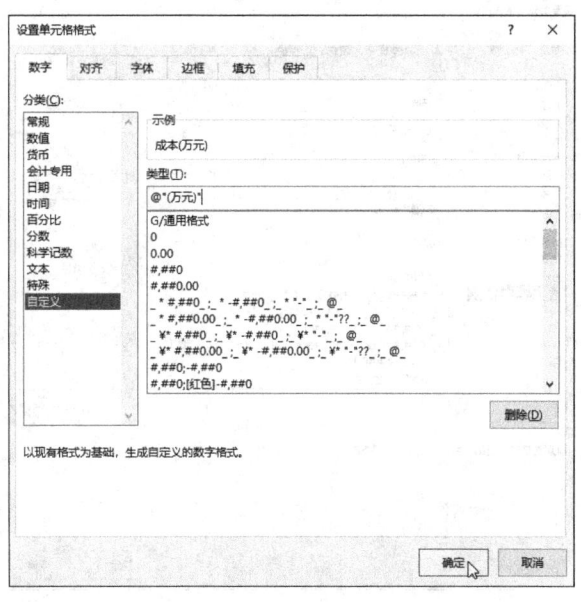

图 9-13　设置成本收入及利润格式

步骤06 选中C28单元格，按Ctrl+1组合键，弹出"设置单元格格式"对话框，单击"数字"选项卡，在"分类"列表框中选择"自定义"选项，在右侧的"类型"文本框中输入"#,##0"元""，单击"确定"按钮，如图9-14所示。

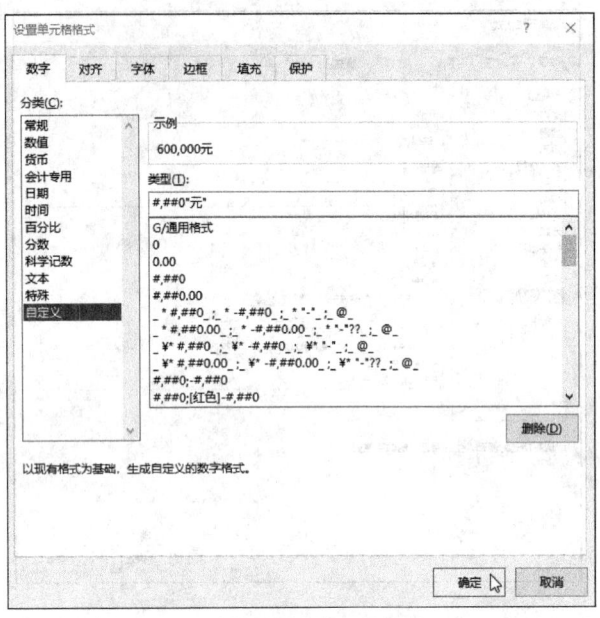

图9-14 设置固定费用格式

步骤07 采用类似上述步骤的方法，按Ctrl+1组合键，同时选中H26和K26单元格，设置自定义格式为"0"（元/千克）""，最后单击"确定"按钮，如图9-15所示。

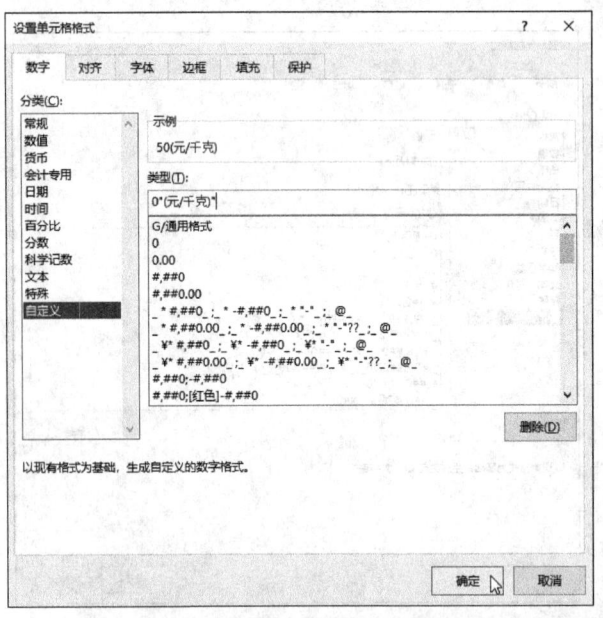

图9-15 设置售价单位成本格式

步骤08 设置了自定义格式的单元格效果如图 9-16 所示。

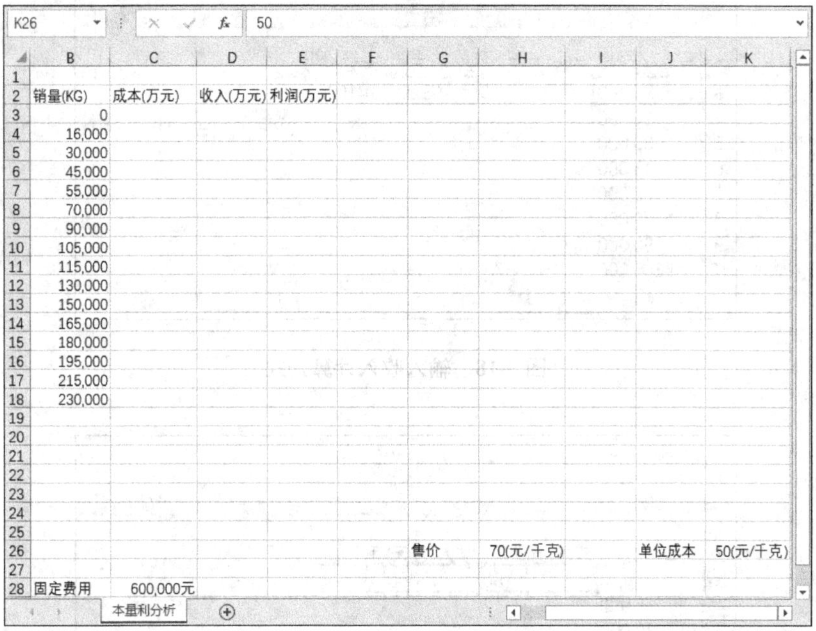

图 9-16　单元格效果图

步骤09 选中 C3 单元格，输入公式"=（$K$26*B3+$C$28）/10000"，然后按 Enter 键确认，如图 9-17 所示。

步骤10 选中 D3 单元格，输入公式"=（$H$26*B3）/10000"，然后按 Enter 键确认，如图 9-18 所示。

步骤11 选中 E3 单元格，输入公式"=D3－C3"，然后按 Enter 键确认，如图 9-19 所示。

步骤12 选中 C3:E3 单元格区域，将鼠标指针放在 E3 单元格的右下角，待鼠标指针变成➕形状后双击，即可在 C4:E18 单元格区域中快速复制填充公式，如图 9-20 所示。

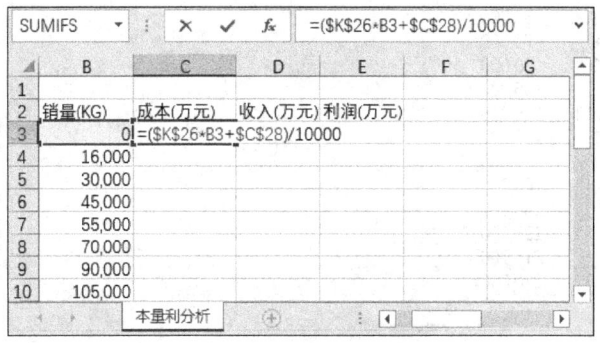

图 9-17　输入成本计算公式

图 9-18 输入收入计算公式

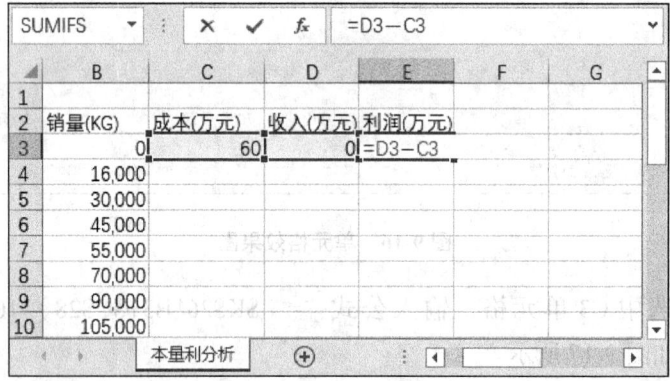

图 9-19 输入利润计算公式

图 9-20 复制公式

步骤 13 选中 D3:E18 单元格区域，按 Ctrl+1 组合键，弹出“设置单元格格式”对话框，单击“数字”选项卡，然后在“分类”列表框中选择“自定义”选项，在右侧的“类型”文本框中输入“#,##0.00”，最后单击“确定”按钮，如图 9-21 所示。

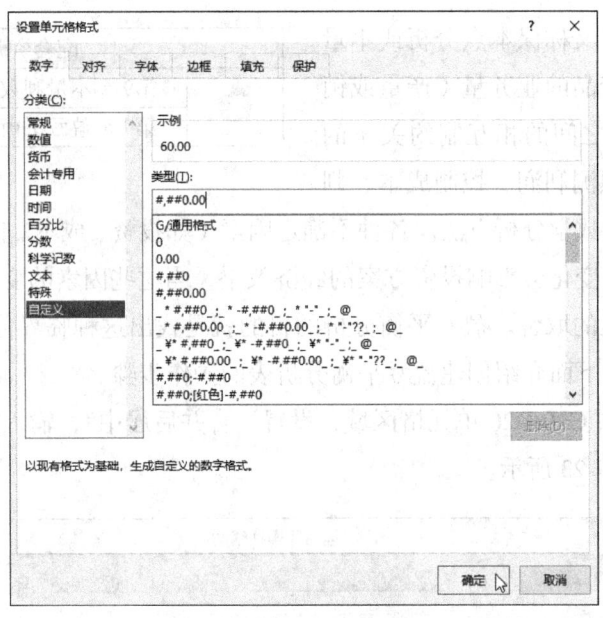

图 9-21 自定义金额格式

步骤 14 本量利数据表效果如图 9-22 所示。

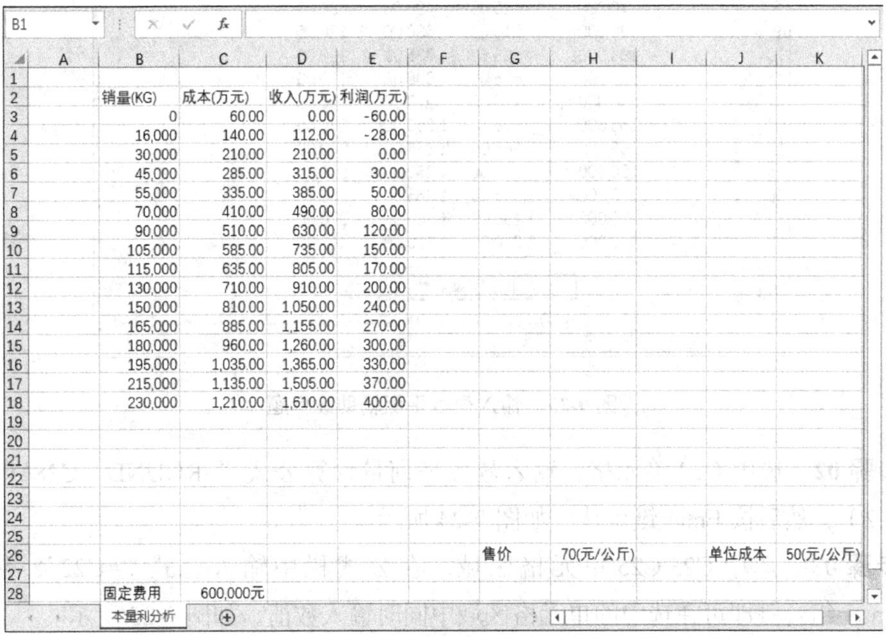

	A	B	C	D	E	F	G	H	I	J	K
1											
2		销量(KG)	成本(万元)	收入(万元)	利润(万元)						
3		0	60.00	0.00	-60.00						
4		16,000	140.00	112.00	-28.00						
5		30,000	210.00	210.00	0.00						
6		45,000	285.00	315.00	30.00						
7		55,000	335.00	385.00	50.00						
8		70,000	410.00	490.00	80.00						
9		90,000	510.00	630.00	120.00						
10		105,000	585.00	735.00	150.00						
11		115,000	635.00	805.00	170.00						
12		130,000	710.00	910.00	200.00						
13		150,000	810.00	1,050.00	240.00						
14		165,000	885.00	1,155.00	270.00						
15		180,000	960.00	1,260.00	300.00						
16		195,000	1,035.00	1,365.00	330.00						
17		215,000	1,135.00	1,505.00	370.00						
18		230,000	1,210.00	1,610.00	400.00						
19–25											
26							售价	70(元/公斤)		单位成本	50(元/公斤)
27											
28		固定费用	600,000元								

图 9-22 本量利数据表效果图

9.2.2 创建盈亏平衡分析表

盈亏平衡分析又称保本点分析或本量利分析，是根据产品的业务量（产量或销量）、成本、利润之间的相互制约关系的综合分析，用于预测利润、控制成本、判断经营状况的一种数学分析方法。各种不确定因素（如投资、成本、销售量、产品价格、项目寿命期等）的变化会影响投资方案的经济效果，当这些因素的变化达到某一临界值时，就会影响方案的取舍。盈亏平衡分析的目的就是找出这种临界值，即盈亏平衡点，为决策提供依据。下面介绍创建盈亏平衡分析表的操作步骤。

配套资源
第9章\本量利数据表—原始文件
第9章\盈亏平衡分析表—最终效果

步骤 01 选中 C20:D20 单元格区域，设置"合并后居中"，输入标题"盈亏平衡线辅助数据"，如图 9-23 所示。

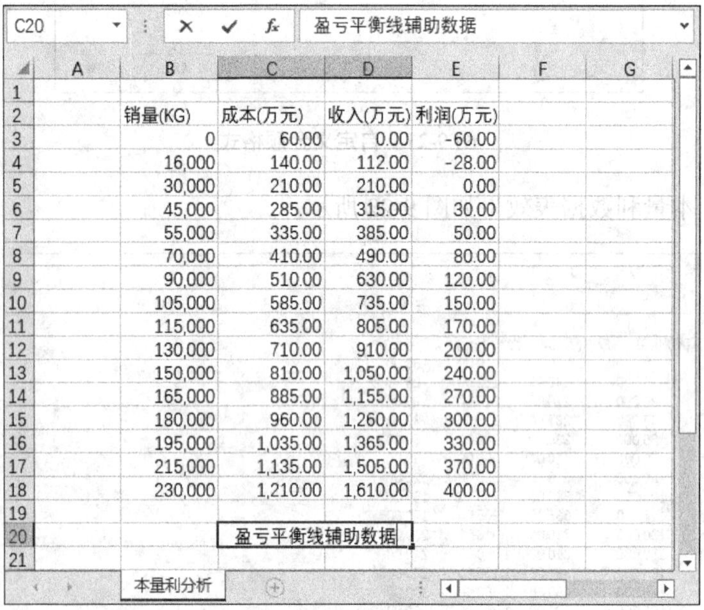

图 9-23 输入盈亏平衡辅助线标题

步骤 02 选中 C22 单元格，输入盈亏平衡量计算公式"=ROUND（C28/（H26－K26）,2）"，然后按 Enter 键确认，如图 9-24 所示。

步骤 03 选中 C23:C25 单元格区域，在公式栏中输入公式"=C22"，然后按 Ctrl+Enter 组合键即可在选中的单元格区域中同时输入数值，如图 9-25 所示。

步骤 04 在 D22 单元格中输入"1800"，然后选中 D23 单元格，输入公式"=（C23*H26）/10000"，最后按 Enter 键确认，如图 9-26 所示。

第 9 章 Excel 在本量利分析中的应用

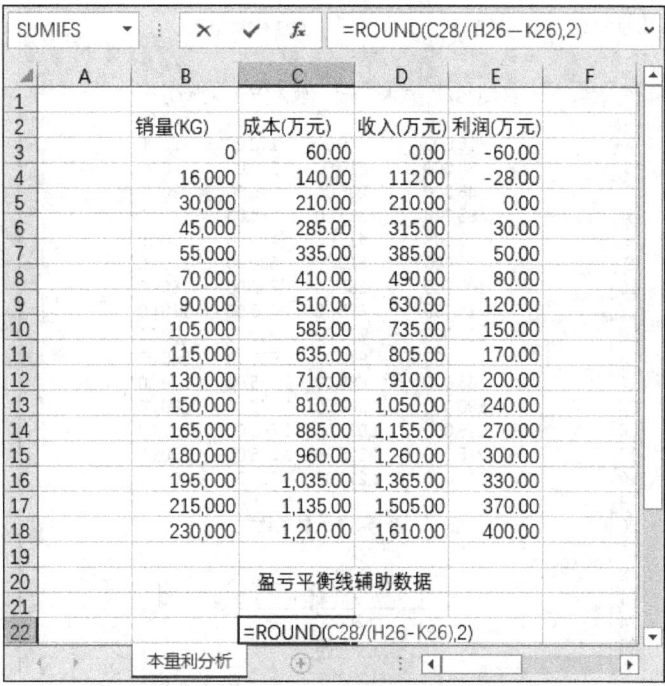

图 9-24 输入盈亏平衡量计算公式

图 9-25 同时输入数值

SUMIFS =(C23+H26)/10000

	A	B	C	D	E	F
2		销量(KG)	成本(万元)	收入(万元)	利润(万元)	
3		0	60.00	0.00	-60.00	
4		16,000	140.00	112.00	-28.00	
5		30,000	210.00	210.00	0.00	
6		45,000	285.00	315.00	30.00	
7		55,000	335.00	385.00	50.00	
8		70,000	410.00	490.00	80.00	
9		90,000	510.00	630.00	120.00	
10		105,000	585.00	735.00	150.00	
11		115,000	635.00	805.00	170.00	
12		130,000	710.00	910.00	200.00	
13		150,000	810.00	1,050.00	240.00	
14		165,000	885.00	1,155.00	270.00	
15		180,000	960.00	1,260.00	300.00	
16		195,000	1,035.00	1,365.00	330.00	
17		215,000	1,135.00	1,505.00	370.00	
18		230,000	1,210.00	1,610.00	400.00	
19						
20			盈亏平衡线辅助数据			
21						
22			30000	1800		
23			30000	=(C23+H26)/10000		
24			30000			
25			30000			

本量利分析

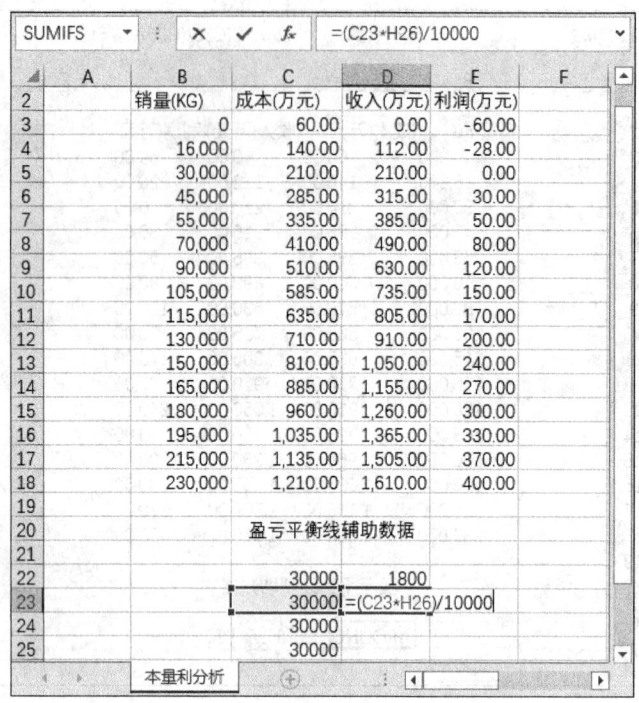

图 9-26 设置盈亏平衡线纵坐标数据

步骤 05 在 D24 单元格中输入“0”,在 D25 单元格中输入“–100”,如图 9-27 所示。

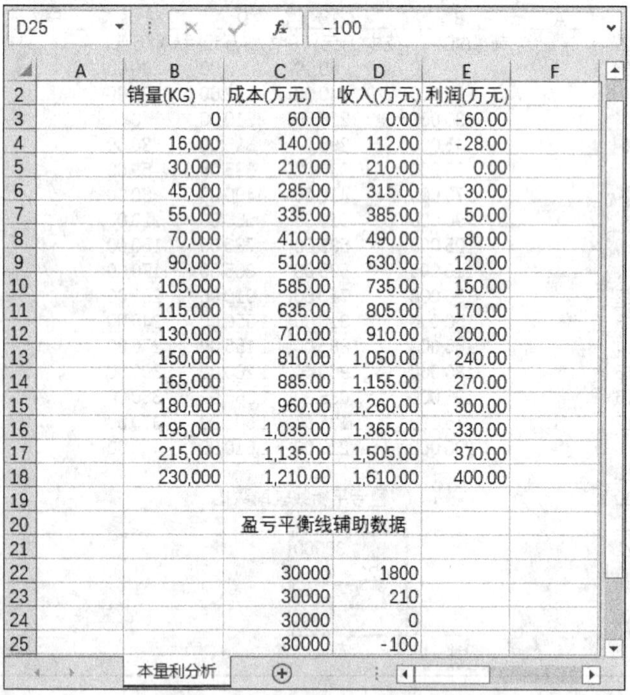

D25 -100

	A	B	C	D	E	F
2		销量(KG)	成本(万元)	收入(万元)	利润(万元)	
3		0	60.00	0.00	-60.00	
4		16,000	140.00	112.00	-28.00	
5		30,000	210.00	210.00	0.00	
6		45,000	285.00	315.00	30.00	
7		55,000	335.00	385.00	50.00	
8		70,000	410.00	490.00	80.00	
9		90,000	510.00	630.00	120.00	
10		105,000	585.00	735.00	150.00	
11		115,000	635.00	805.00	170.00	
12		130,000	710.00	910.00	200.00	
13		150,000	810.00	1,050.00	240.00	
14		165,000	885.00	1,155.00	270.00	
15		180,000	960.00	1,260.00	300.00	
16		195,000	1,035.00	1,365.00	330.00	
17		215,000	1,135.00	1,505.00	370.00	
18		230,000	1,210.00	1,610.00	400.00	
19						
20			盈亏平衡线辅助数据			
21						
22			30000	1800		
23			30000	210		
24			30000	0		
25			30000	-100		

本量利分析

图 9-27 输入盈亏平衡线辅数据

第 9 章　Excel 在本量利分析中的应用

步骤 06　选中 B30 单元格，输入"盈亏平衡量"，然后选中 C30 单元格，输入公式"=C23"，最后按 Enter 键确认，如图 9-28 所示。

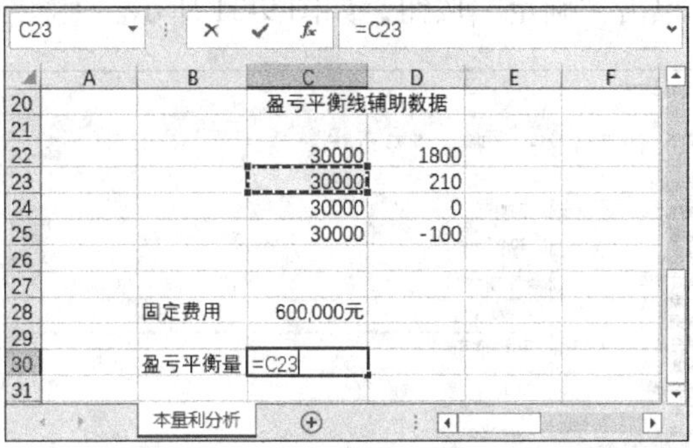

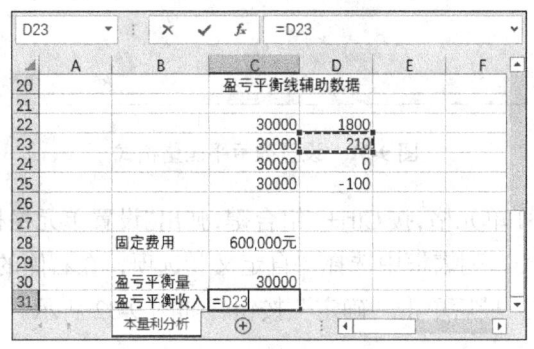

图 9-28　输入盈亏平衡量

步骤 07　选中 B31 单元格，输入"盈亏平衡收入"，然后选中 C31 单元格，输入公式"=D23"，最后按 Enter 键确认，如图 9-29 所示。

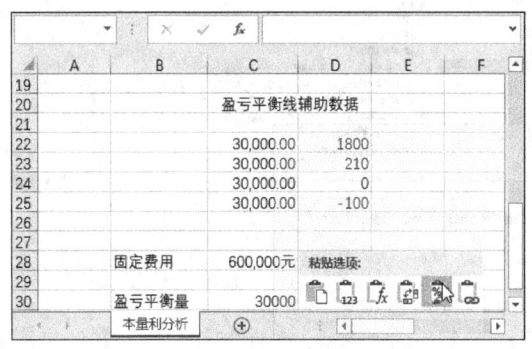

图 9-29　输入盈亏平衡收入

步骤 08　选中 E3 单元格，按 Ctrl+C 组合键复制，再选中 C22:C25 单元格区域，右击，在弹出的快捷菜单中单击"粘贴选项"下方的"格式"按钮，此时，C22:C25 单元格区域就复制了 E3 单元格区域的格式，如图 9-30 所示。

图 9-30　粘贴格式

步骤09 选中C30单元格,按Ctrl+1组合键,弹出"设置单元格格式"对话框,单击"数字"选项卡,在"分类"列表框中选择"自定义"选项,在右侧的"类型"文本框中输入"#,##0"kg"",最后单击"确定"按钮,如图9-31所示。

图 9-31　设置盈亏平衡量格式

步骤10 选中C31单元格,按Ctrl+1组合键,弹出"设置单元格格式"对话框,单击"数字"选项卡,在"分类"列表框中选择"自定义"选项,在右侧的"类型"文本框中输入"#,##0.00" 万元 "",最后单击"确定"按钮,如图9-32所示。

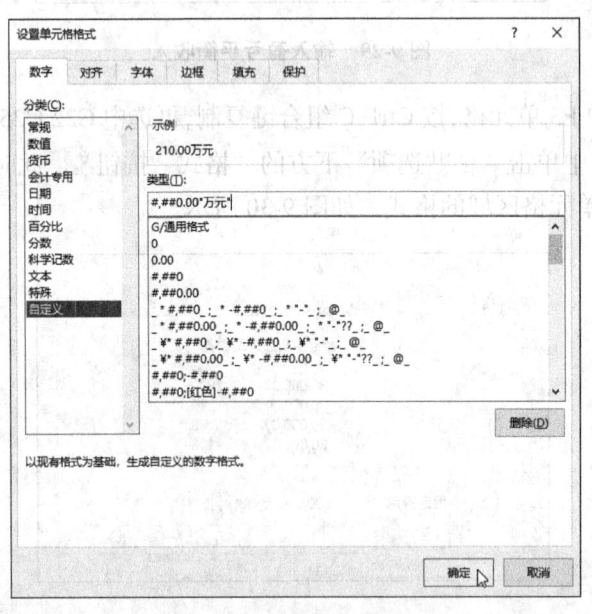

图 9-32　设置盈亏平衡收入格式

步骤 11　至此，盈亏平衡分析表就完成了，如图 9-33 所示。

图 9-33　盈亏平衡分析表效果图

9.3　本量利动态分析表

9.3.1　创建滚动条窗体

在编制图表或者绘制图形时，添加滚动条窗体控件可以更加方便地分析数据变化对图形的影响，使用鼠标拖动滚动条窗体控件比改变单元格中的数值要容易一些。滚动条窗体控件可以添加到工作表或者图表中。在添加了滚动条的图表中，

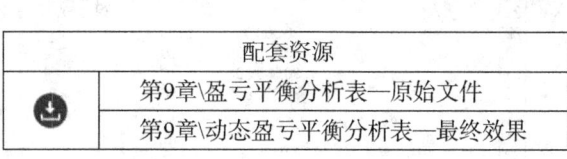

配套资源
第9章\盈亏平衡分析表—原始文件
第9章\动态盈亏平衡分析表—最终效果

随着图表的移动，滚动条也随着移动。下面介绍创建滚动条窗体的步骤。

步骤 01　单击"文件"选项卡，打开下拉菜单后，选择"选项"命令，弹出"Excel 选项"对话框，然后单击"自定义功能区"选项卡，在最右侧"自定义功能区"下方保留"主选项卡"选项，在下方列表框中勾选"开发工具"复选框，最后单击"确定"按钮，如图 9-34 所示。

步骤 02　单击"开发工具"选项卡，在"控件"命令组中单击"插入"按钮，并

在打开的下拉菜单中选择"表单控件"中的"滚动条（窗体控件）"图标，如图9-35所示。

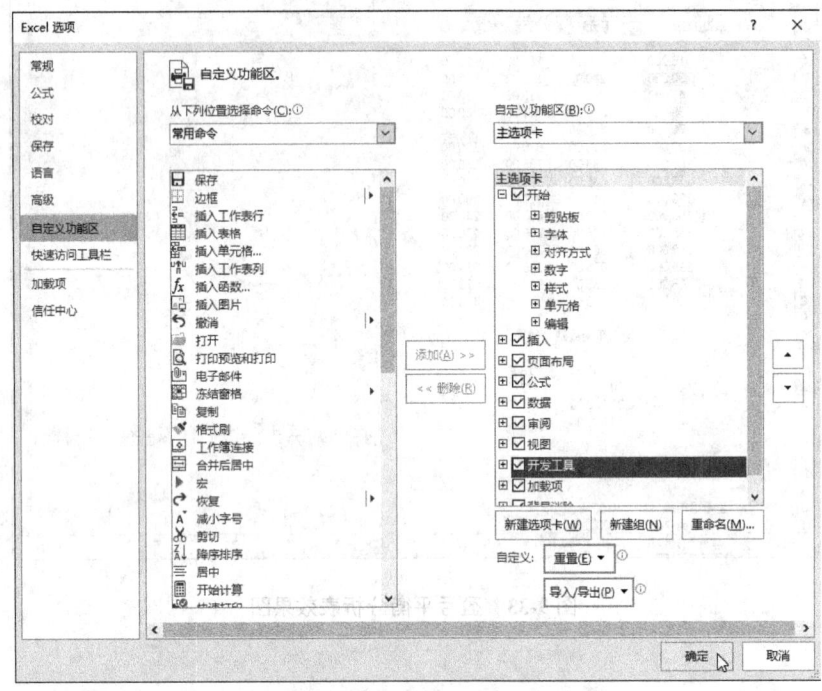

图9-34 添加开发工具选项卡

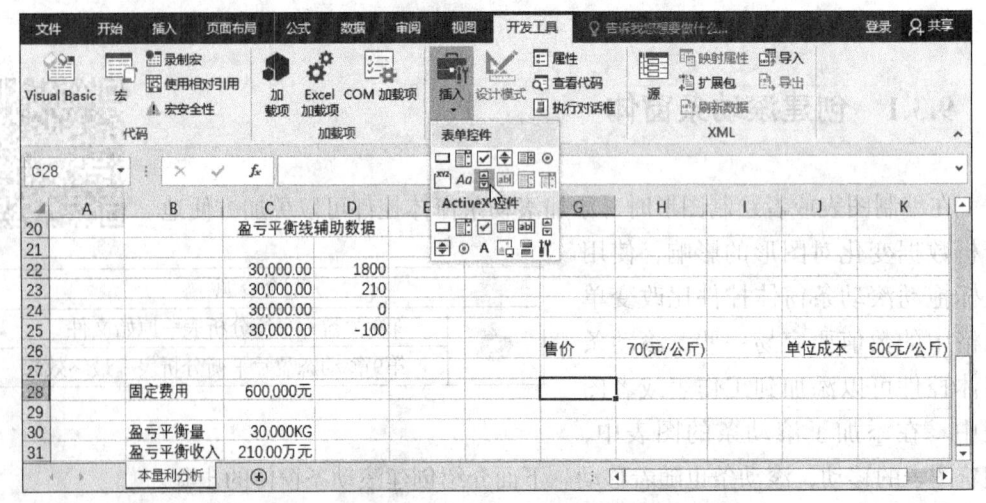

图9-35 选择插入滚动条图标

步骤03 此时鼠标指针变成+形状，在工作表的G28：H29单元格区域绘制出第1个滚动条，然后重复操作，在J28：K29单元格区域绘制出第2个滚动条，如图9-36所示。

第 9 章 Excel 在本量利分析中的应用

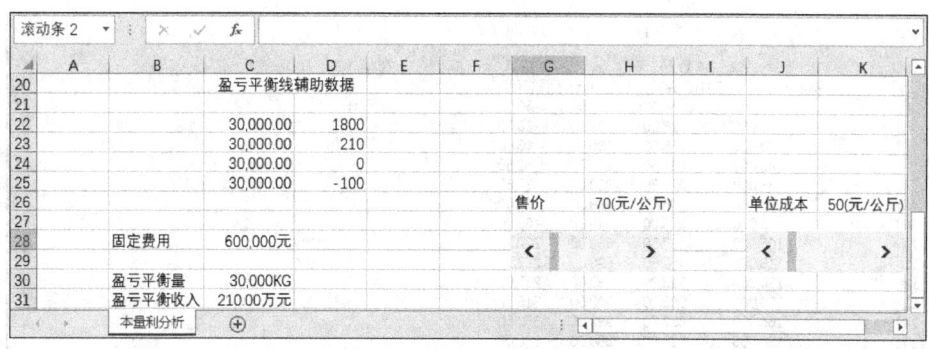

图 9-36 绘制滚动条

步骤 04 选中第 1 个滚动条,在"开发工具"选项卡的"控件"命令组中单击"属性"按钮,弹出"设置对象格式"对话框,单击"控制"选项卡,在"最小值"和"最大值"文本框中分别输入"60"和"80",然后单击"单元格链接"右侧的按钮,在弹出的区域选择框中选中 H26 单元格,最后单击"确定"按钮,完成第 1 个滚动条格式的设定,如图 9-37 所示。

步骤 05 右击第 2 个滚动条,在弹出的快捷菜单中选择"设置控件格式",在弹出的"设置对象格式"对话框中单击"控制"选项卡,在"最小值"和"最大值"文本框中分别设置值为"35"和"60",然后单击"单元格链接"右侧的按钮,在弹出的区域选择框中选中 K26 单元格,最后单击"确定"按钮,完成第 2 个滚动条格式的设定,如图 9-38 所示。

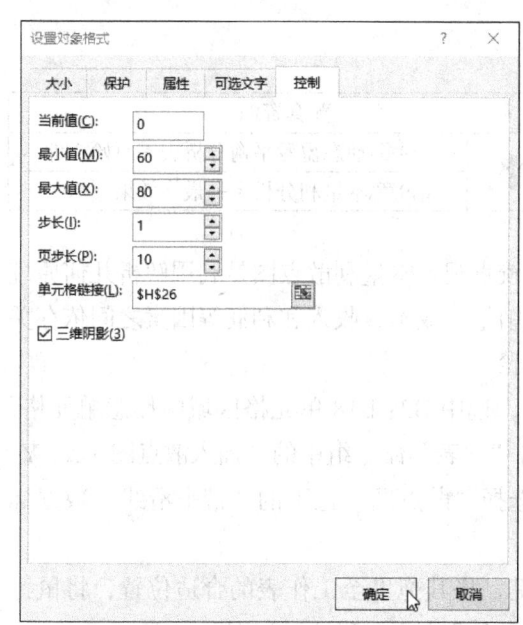

图 9-37 设置第 1 个滚动条格式

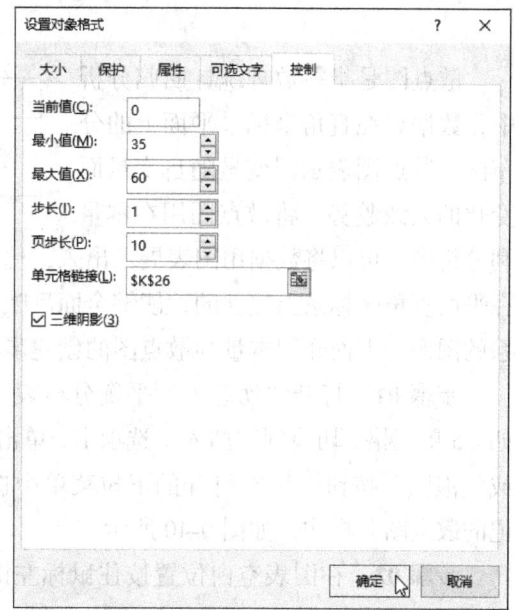

图 9-38 设置第 2 个滚动条格式

步骤 06 至此,动态盈亏平衡分析表便完成了,如图 9-39 所示。

图 9-39 动态盈亏平衡分析表效果图

9.3.2 绘制本量利分析散点图

散点图是指在数理统计回归分析中，数据点在直角坐标系平面上的分布图，散点图表示因变量随自变量而变化的大致趋势。将散点图用在本量

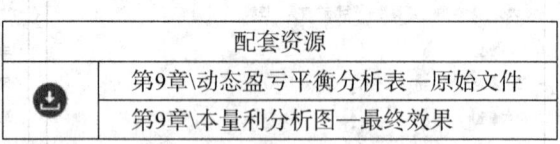

利分析中，可以将数据用图表展示出来，比较直观。本量利散点图是利用解析几何原理在平面直角坐标系上建立的，能够全面反映销量、成本、收入和利润等因素之间依存关系的图像。下面介绍本量利散点图的创建步骤。

步骤01 打开"动态盈亏平衡分析表"，选中B2：E18单元格区域中任意单元格，如C5单元格，切换到"插入"选项卡，单击"图表"命令组中的"插入散点图（X、Y）或气泡图"按钮，在打开的下拉菜单中选择"散点图"栏下的"带平滑线和数据标记的散点图"样式，如图9-40所示。

步骤02 在图表空白位置按住鼠标左键，将其拖曳至工作表的合适位置，将鼠标指针移至图表的右下角，拖曳鼠标将其调整至合适大小时释放，如图9-41所示。

步骤03 单击"图表工具"的"设计"选项卡，在"数据"命令组中单击"选择数据"按钮，如图9-42所示。

第9章 Excel 在本量利分析中的应用

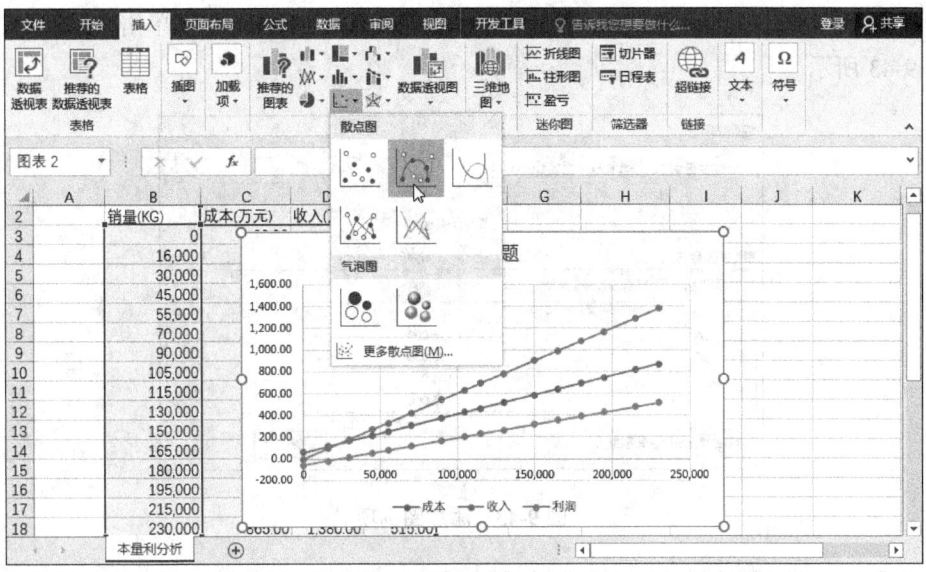

图 9-40 插入散点图

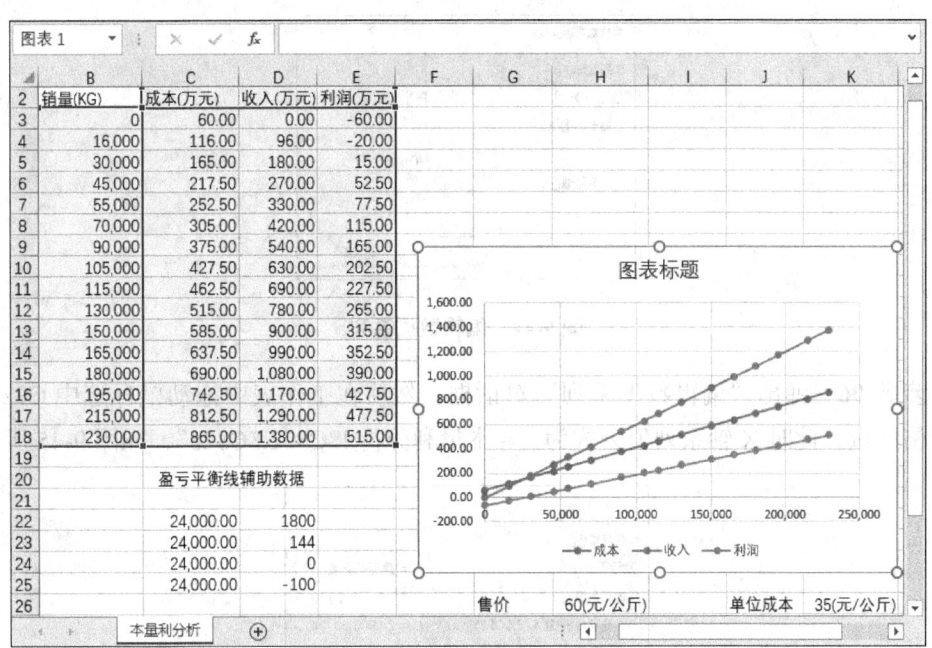

图 9-41 调整图表大小及位置

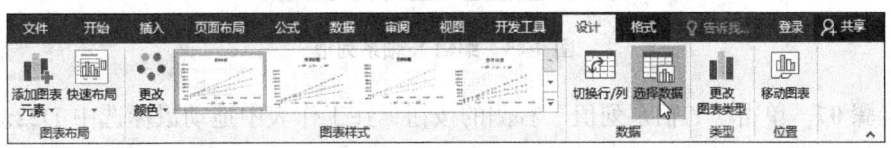

图 9-42 单击图表工具

步骤 04 弹出"选择数据源"对话框,在"图例项(系列)"下单击"添加"按钮,如图 9-43 所示。

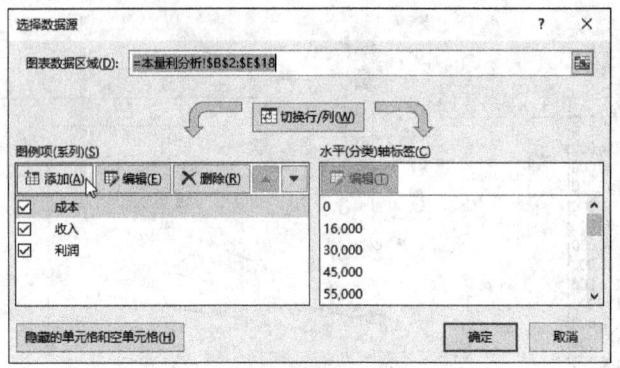

图 9-43 添加图例项

步骤 05 弹出"编辑数据系列"对话框,在"系列名称"输入框中输入"盈亏平衡线",然后单击"X 轴系列值"右侧的按钮,如图 9-44 所示。

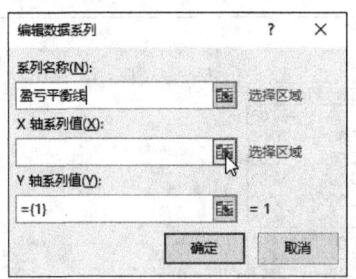

图 9-44 编辑数据系列

步骤 06 弹出"编辑数据系列"对话框,然后在工作表中拖动鼠标选中 C22:C25 单元格区域,此时 X 轴系列值公式为"= 本量利分析!$C$22:$C$25",如图 9-45 所示。

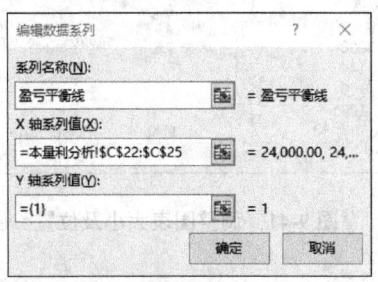

图 9-45 编辑 X 轴系列值

步骤 07 单击"Y 轴系列值"右侧的按钮,在工作表中拖动鼠标选中 D22:D25 单元格区域,此时 Y 轴系列值公式为"= 本量利分析!$D$22:$D$25",最后单击"确定"按钮,如图 9-46 所示。

第 9 章　Excel 在本量利分析中的应用

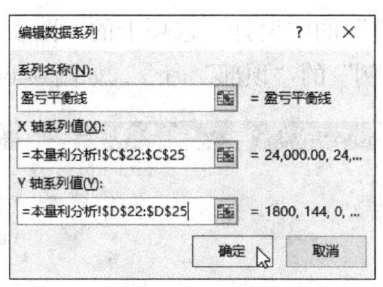

图 9-46　编辑 Y 轴系列值

步骤 08　返回"选择数据源"对话框，单击"确定"按钮，此时生成散点图，如图 9-47 所示。

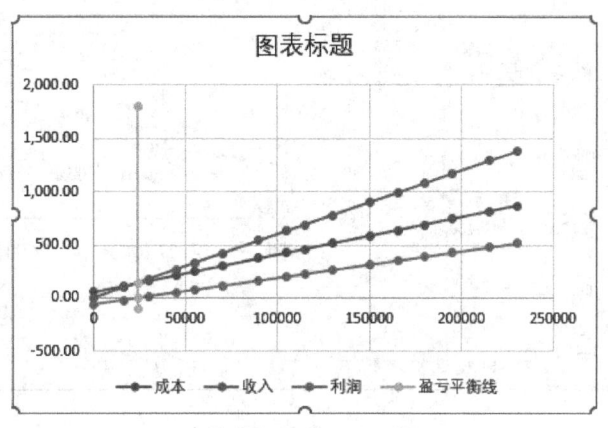

图 9-47　生成散点图

步骤 09　选择图表标题，然后右击，在下拉菜单中选择"编辑文字"，将图表标题命名为"本量利分析图"，如图 9-48 所示。

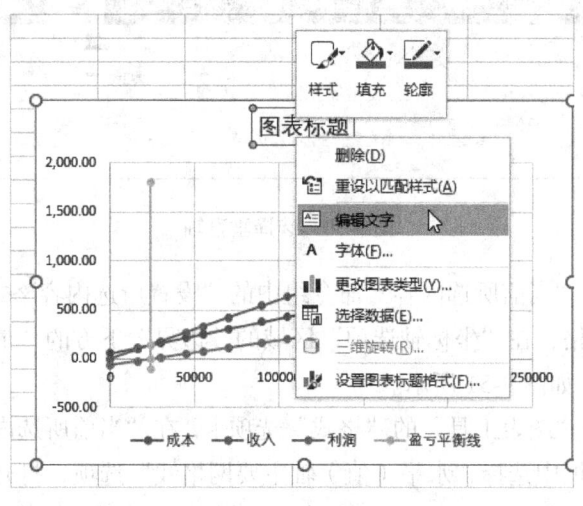

图 9-48　命名图表

步骤 10 在"图表工具"的"设计"选项卡的"图表布局"命令组中选择"添加图表元素"下拉选项中"图例"的"顶部"命令,如图 9-49 所示。

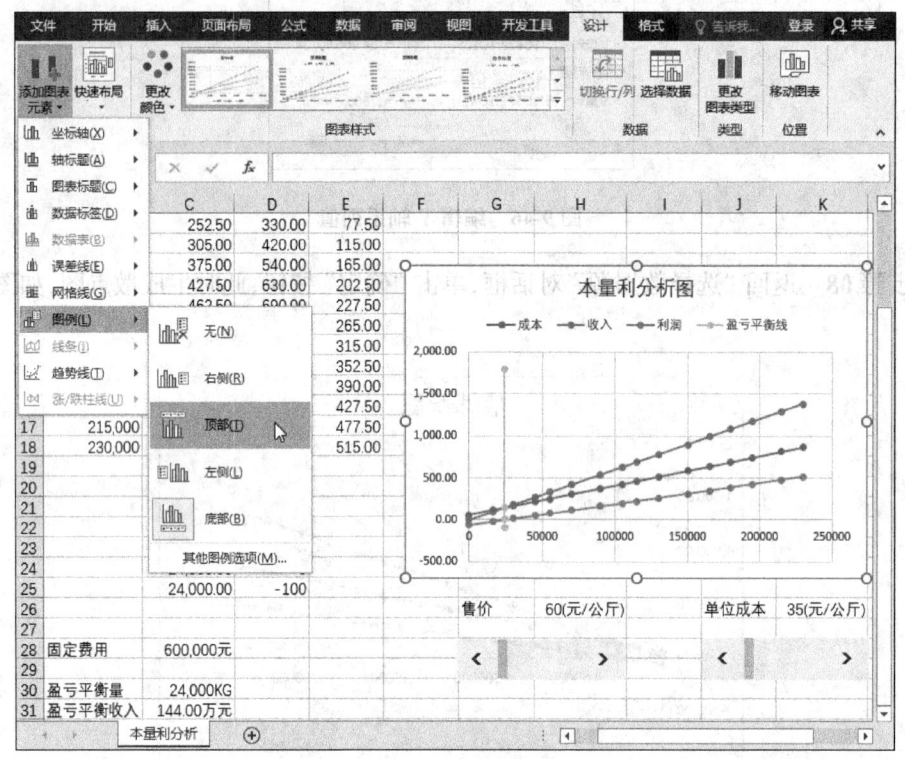

图 9-49 添加图表元素

步骤 11 单击"图表工具"的"格式"选项卡,在"当前所选内容"命令组的"图表元素"下拉列表框中选择"垂直(值)轴"选项,如图 9-50 所示。

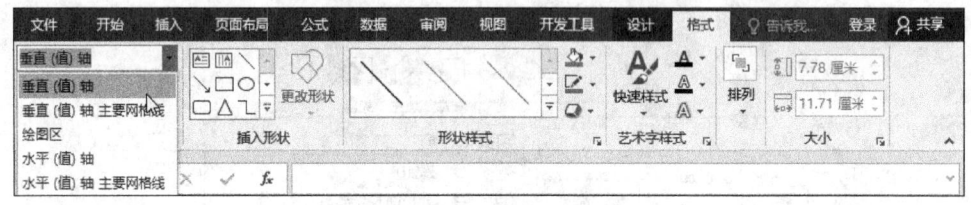

图 9-50 选择垂直轴

步骤 12 单击"当前所选内容"命令组中的"设置所选内容格式"按钮,打开"设置坐标轴格式"窗格,在"坐标轴选项"区域的"边界"下方的"最小值"右侧的文本框中输入"-100",如图 9-51 所示。

步骤 13 单击"图表工具"的"格式"选项卡,在"当前所选内容"命令组的"图表元素"下拉列表框中选择"水平(值)轴主要网格线"选项,打开"设置主要网格线格式"窗格,在"线条"区域选中"无线条",最后单击"关闭"按钮,如图 9-52 所示。

图 9-51　设置垂直轴格式

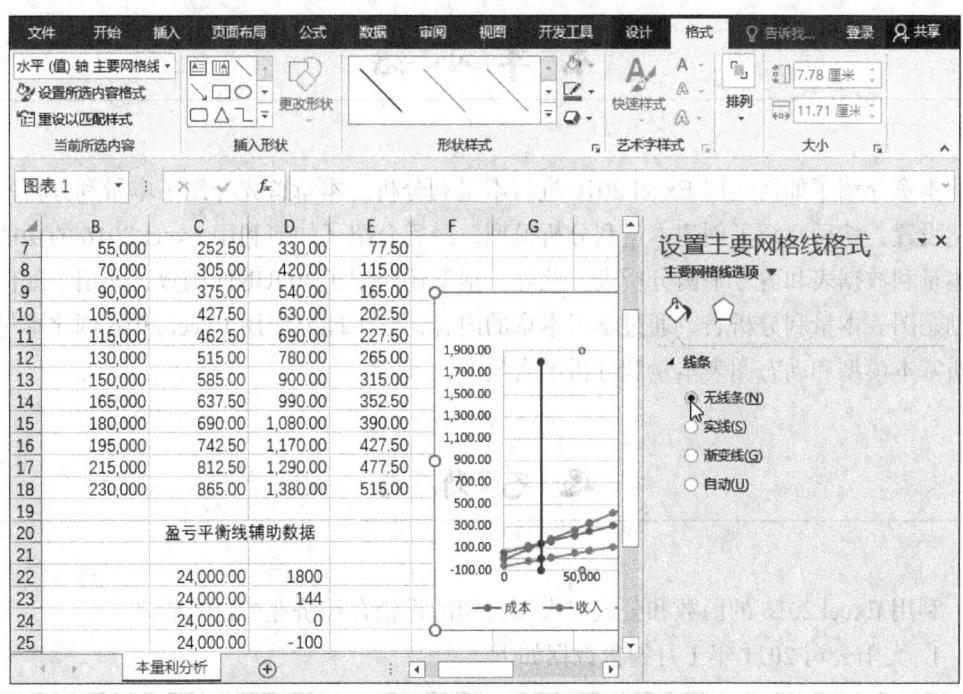

图 9-52　设置水平轴网格线格式

步骤 14　经过以上步骤，就完成了本量利分析图的绘制和基本设置，如图 9-53 所示。

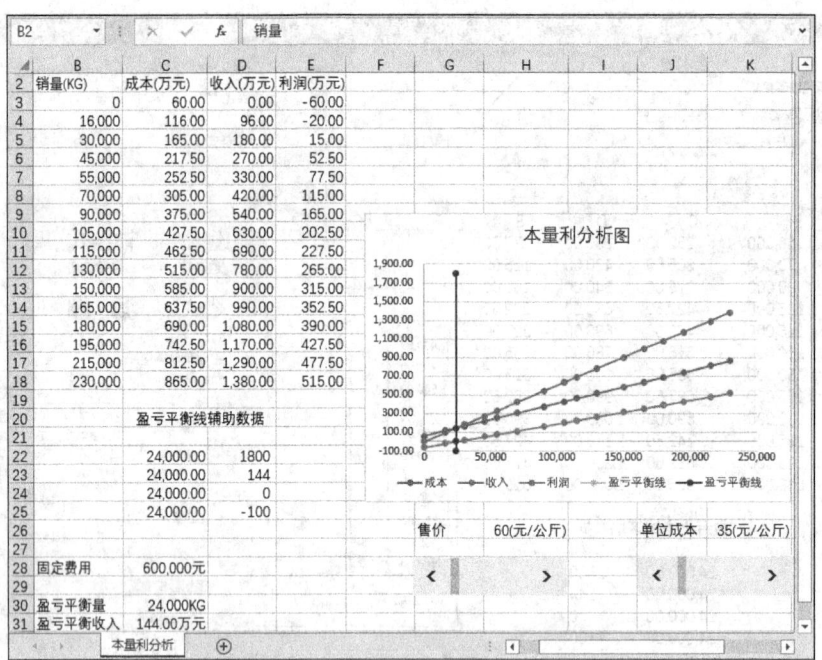

图 9-53 设置水平轴网格线格

本 章 小 结

本章介绍了如何运用 Excel 2016 进行本量利分析。本章首先介绍了本量利分析的初始化设置，然后介绍了创建本量利分析模型，最后介绍了如何利用 Excel 2016 的功能创建本量利数据表和盈亏平衡分析表。此外，本章还介绍了 ROUND 函数，介绍了如何创建动态图表本量利分析表。通过学习本章的内容，学生能够应用 Excel 2016 创建本量利分析基本模型和动态图表本量利分析图表模型。

思 考 练 习

利用 Excel 2016 的函数和公式对大阳公司的进销存经济业务进行管理。

1. 大阳公司 2021 年 1 月销售数据如下。

销售量	2000
固定成本	400000
单位变动成本	600
单位售价	1000

续表

销售总额	
成本总额	
利润总额	
保本点	

要求：根据以上数据创建本量利分析模型。

2. 大阳公司销量数据如下。

销量 /kg	成本 / 万元	收入 / 万元	利润 / 万元
0			
17000			
32000			
46000			
60000			
85000			
100000			

已知：大阳公司产品生产的固定费用为 500000 元，售价 60 元 /kg，单位成本为 40 元 /kg。

要求：

（1）根据以上数据，创建盈亏平衡分析表。

（2）为盈亏平衡分析表添加滚动条窗体。

（3）绘制本量利分析散点图。

参 考 文 献

[1] 黄新荣 .Excel 2010 在会计与财务管理中的应用 [M].4 版 . 北京：人民邮电出版社，2015.

[2] 神龙工作室 .Excel 2010 在会计与财务管理日常工作中的应用 [M]. 北京：人民邮电出版社，2015.

[3] Excel Home.Excel 2016 函数与公式应用大全 [M]. 北京：北京大学出版社，2018.

[4] 周庆麟，胡子平 .Excel 数据分析思维、技术与实践 [M]. 北京：北京大学出版社，2019.

[5] 张敦力 .Excel 在财务管理中的应用 [M]. 北京：中国人民大学出版社，2019.

[6] 会计实操辅导教材研究院 .Excel 数据处理与分析 [M]. 广州：广东人民出版社 ,2019.

[7] Excel Home.Excel 2016 数据处理与分析 [M]. 北京：人民邮电出版社，2019.

[8] 梅斯·肖申克 . 财务分析以 Excel 为分析工具 [M]. 赵叶灵，李静，赵根德，等译 . 北京：机械工业出版社，2019.

[9] Excel Home.Excel 2016 高效办公财务管理 [M]. 北京：人民邮电出版社，2019.

[10] 孙一玲，李煦，刘鹏 .Excel 在财务中的运用（Excel 2016 版）[M]. 上海：立信会计出版社，2020.

[11] 崔婕 . Excel 在会计和财管中的应用 [M].4 版 . 北京：人民邮电出版社，2020.

[12] 华文科技新编 Excel 会计与财务管理应用大全（2016 实战精华版）[M]. 北京：机械工业出版社，2017.

[13] 钟爱军 .Excel 在财务与会计的用 [M] 北京：高等教育出版社，2019.

[14] 格雷罗 . 基于 Excel 的数据分析建模和模拟 [M]. 杜玉林，译 . 北京：化学工业出版社，2020.

[15] 中国注册会计师协会 . 财务成本管理 [M]. 北京：中国财政经济出版社，2020.

[16] 中华人民共和国财政部 . 企业会计准则（合订本）[M]. 北京：经济科学出版社，2020.